하나님께서 감동하시는
설교를 하라

이름 없는 처소와 빛이 없는 강단에서

오직 하나님의 말씀과 그 음성에 감동하여

생명을 바쳐 설교하는

수많은 동역자들에게 이 책을 헌신한다.

신본주의 강해설교 작성의 실제

# 하나님께서 감동하시는 설교를 하라

## PREACH TO MOVE GOD

이재창 지음

# 설교자

**설교자는**
오직 하나님의 말씀만 선포할 때
비로소 설교자의 시작이다.
왜냐하면 설교는 살아계신 하나님의 음성을 대언하는 소명이기 때문이다.

**설교자는**
자신의 삶으로 설교할 때
온전한 설교자로 헌신된다.
왜냐하면, 설교를 부탁하신 하나님께서 말씀을 선포하는 자는
선포된 말씀 따라 살라 명하셨기 때문이다.

**설교자는**
기도의 무릎으로 설교를 준비할 때
완성된 설교자로 나아갈 수 있다.
왜냐하면, 오직 성령의 임재와 능력이 설교를 선포할 수 있는
힘이 되기 때문이다.

이런 설교를 할 때
하나님을 향한 마음이 열린 자들이 영혼에 새 힘을 얻고
그 말씀을 주신 살아계신 하나님은
감동하시며 기쁨을 이기지 못하시리라.

하나님께서 감동하시는 설교가 온 세상에 선포되기를 소원하는

**이재창** 형제

## 추천사

### 박정근 목사
(영안침례교회 담임목사)

강해설교에 대해 많이 말하지만 여전히 진정한 강해설교를 찾아 보기 어려운 때에 강해설교자들이 읽고 도움을 얻을 수 있는 좋은 책이 나온 것을 기쁘게 생각한다. 이 책은 설교자가 가져야 할 가장 중요한 신학적 바탕은 물론 강해설교의 실제적 방법론까지 모두 갖춘 그야말로 단단한 설교학 도서이다. 특히 주해에서부터 설교에 이르기까지 한 본문을 다룸으로써 설교자는 마치 훌륭한 코치의 첨삭지도를 받는 듯한 도움을 얻을 수 있을 것이다. 강해설교를 꿈꾸는 모든 설교자들에게 이 책을 추천한다.

### 임도균 교수
(침례신학대학교 신학대학원 설교학)

현재 한국 사회는 좀 더 인권(human right)을 강화하려는 경향이 있습니다. 이러한 거센 물결 가운데 가장 두드러진 설교적 특징은 청중의 역할과 권한의 강조입니다. 물론 청중을 설교의 메시지를 일방적으로 받아들이는 피동적인 위치로 놓는 것도 바람직하지 않습니다. 하지만 설교 중 청중의 권한을 너무 강조하여 마치 청중이 메시지의 의미와 설교의 주제까지 결정하도록 하는 것은 바람직하지 않습니다.

본 도서『하나님이 감동하시는 설교를 하라』는 하나님이 설교의 가장 중요한 청중이라고 간주합니다. 바로 이점이야말로 우리가 놓치고 있었던 본질이자 오늘날 설교에서 가장 핵심적으로 가져야 할 생각입니다. 저자 이재창 목사님께서는 하나님께서 기뻐하는 설교가 되기 위해서 설교 신학과 정의뿐만 아니라 성경에 충실한 설교를 작성하는 과정을 친절히 설명하였습니다. 우리의 최고의 청중 되시는 하나님을 기쁘시게 하는 설교를 꿈꾸는 설교자들에게 본 도서를 기쁜 마음으로 추천해 드립니다!

## 이명희 목사(Ph.D.)

(전) 침례신학대학원 실천신학 교수, 대학원장, (전) 한국복음주의 실천신학회 회장

(현) 생명빛침례교회 담임 목사

하나님께서는 거룩한 경륜을 이루시기 위한 자신의 계획을 예언자들을 통해 말씀하셨다. 하나님의 뜻을 따라 예언 했던 예언자들의 역할이 바로 현대의 선지자인 설교자의 본분이다.

저자 이재창 박사는 교육학을 전공한 분으로서 미국 유학 중 하나님의 부르심을 받아 강해설교로 유명한 달라스신학원에서 설교학을 전공한 손에 꼽히는 설교학의 대가이다. 그동안 현장 목회와 설교 클리닉, 강해설교 세미나를 진행했고, 침례신학대학교 등 여러 신학교에서의 설교학 관련 과목 강의를 통하여 설교신학자로서 그리고 설교자로서의 능력을 인정받았다. 이재창 박사의 관심은 늘 성경 본문이 말하는 바를 따라 설교해야 한다는 설교자의 기본 사명에 충실한 설교를 강조하는 데에 있다. 사람을 기쁘게 하는 설교가 되기를 바라기보다는 설교의 주인이신 하나님을 기쁘시게 해드리는 설교자가 되어야 한다는 저자의 외침은 현대 설교를 깨우는 경고의 나팔소리가 아닐

수 없다.

　많은 설교 관련 책들이 단순히 딱딱한 이론적 설명에 그치는 경우가 많은데 이 책은 탄탄한 이론적 바탕 위에 감칠 맛 나는 구어체적 서술로 한번 손에 잡으면 놓기가 쉽지 않다. 그리고 설교 준비와 작성 그리고 전달 과정을 각각의 단계별로 실증적 예시와 함께 설명하고 있어서 설교를 시작하는 초보 설교자들에게는 설교사역을 위한 매뉴얼이 될 것이며, 설교사역의 베테랑들에게도 자신의 설교를 점검해보는 훌륭한 다림줄이 될 것이다. 목사님들과 신학도들 그리고 교회학교 연령별 사역자들과 구역 목자들과 평신도 사역자들에게 일독을 권하며 늘 곁에 두고 말씀사역의 지침서로 삼기를 강력 추천하는 바이다.

## 머리말

# 오늘날 설교의 위기는
# 설교자로부터인가? 청중으로부터인가?

- 설교는 독백이 아니다.
- 설교는 반드시 설교를 듣는 청중이 있다.
- 그래서 설교자는 청중을 의식하고, 청중을 향하며, 청중에게 호소한다.
- 그런데 때론 가장 중요한 제일의 청중을 잊거나 무시한다.
- 그 청중은 바로 설교를 명하신 살아계신 하나님이시다.

로마 신학자였던 칼 라너는 "많은 사람이 교회를 떠나가는 것은 설교 강단에서 흘러나오는 말들이 그들에게 아무런 의미가 없기 때문이다"라고 지적했다. 그의 지적은 일면 청중에게 감동과 의미를 주지 못하는 현대 설교의 위기를 말하고 있다는 공감을 얻을 수 있다. 오늘날 설교자들은 너나 할 것 없이, 어떻게 하면 '청중이 듣는 설교'나 '청중이 기뻐하는 설교' 혹은 '청중을 교회에 붙드는 설교'를 할 것인가에 대해 온 노력을 기울이고, 또 새로운 방법을 개발하는데 시간을 아끼지 않는다.

손에 꼽히는 대형교회들 대부분은 청중을 감동시키는 설교에 성공한 케이스이고, 이런 설교자들을 '성공한 설교자'로 자타가 인정한다. 대형 교회 강단에서 선포되는 말씀의 스타일은 마치 유행과도 같다. 교단을 초월한 많은 교회들은 청중을 매료하는 대형교회 설교 스타일이나 패턴을 벤치마킹하기도 한다. 이러한 현상은 곧 청중을 모으는 설교가 곧 성공적인 설교라는 이상한 공식으로 상식화된다. 설교의 내용이 어떻든 사람이 모이는 설교에 사활을 거는 모순에 이르게 되었다.

필자는 바로 이러한 '사람 중심' '청중 감동 중심'의 설교가 실로 가장 위험하고 해악적인 현대 설교의 위기라고 지적하고 싶다. 설교자 예수 그리스도 이후로 기독교에 유일무이한 표준적 설교자는 사도 바울이라는데 이의를 제기할 사람은 없을 것이다. 그가 예루살렘으로 들어가기 전 에베소의 장로들을 모아놓고 간곡하게 당부한 말을 통하여 우리는 사도바울의 설교에 대한 관점을 파악할 수 있다.

"유익한 것은 무엇이든지 공중 앞에서나 각 집에서나 거리낌이 없이 여러분에게 전하여 가르치고… 이는 내가 꺼리지 않고 하나님의 뜻을 다 여러분에게 전하였음이라"(행 20:20, 27)

바울이 말하는 그의 설교의 생명은 청중의 기쁨이나 청중의 감동에 있는 것이 아니라 전적인 '하나님의 뜻의 전달'이었다. 왜냐하면 그것이 그들에게 오직 유익한 것이기 때문이었다. 이것이 순교를 앞둔 바울이 에베소 장로들에게 그리고 지금의 설교자들과 목사들에게 신신당부한 설교명령이었다.

문제는 청중이 운집하고, 청중이 감동하고 청중이 떠나지 않는 설교에 "전적인 하나님의 뜻이 선포되고 있는가?"이다. 만약 그렇다면 진정 감동이 있는, 성공적 설교임에 틀림이 없을 것이다. 그러나 불행히도 그와 반대의 경우로, 사람은 감동하고, 모이고, 기뻐하는데, 하나님의 전적인 뜻의 선포가 아닌, 사람을 위한, 사람을 향한, 사람의 소리로 일관된 설교라면, 게다가 그것이 성공한 설교라고 칭송받는다면 이것은 가공할 설교의 위협이 아닐 수 없다. 이런 설교가 '청중을 깨우는 설교'라면 진실한 설교자가 피해야 할 최악의 설교 방법일 것이다. 이런 최악의 경우는 이미 사도바울이 예언하여 경고한 사건이다.

"그러나 성령이 밝히 말씀하시기를 후일에 어떤 사람들이 믿음에서 떠나 미혹하는 영과 귀신의 가르침을 따르리라 하셨으니"(딤전 4:1) "때가 이르리니 사람이 바른 교훈을 받지 아니하며 귀가 가려워서 자기의 사욕을 따를 스승을 많이 두고 또 그 귀를 진리에서 돌이켜 허탄한 이야기를 따르리라"(딤후 4:3-4)

사도바울은 후일 진리가 아닌 사욕을 따르는 사람들이 늘어날 것을 염려한다. 이것은 단순히 자신의 설교를 듣는 사람들이 모이지 않을 것에 대한 걱정이 아니다. 많은 사람이 모이고, 따르는 사건이 '후일' 곧 '현대'에 있을 것이다. 그런데 그 동기와 목적이 하나님의 전적인 뜻을 기뻐하는 데 있는 것이 아니라, 인간의 귀를 속이고, 귀신의 영으로 허탄한 신화와 거짓 가르침을 만들어 속고, 속이는, 거짓 설교의 미래를 경고한 것이다. 세대가 악해지고 패역 할수록 종교성은 강하나, 인간의 욕망을 채울 설교를 요구한다.

오늘날 설교자는 이 강력한 귀신적인 요구 앞에 서 있다. 만약 조금이라도 인간적 요구와 청중의 바라는 감동에만 설교의 중심을 둔다면, 이미 그는 사탄의 밥이 된 것이다. 청중의 마음을 먼저 살피는 설교자는 하나님의 절대 도덕과 성결을 사람들에게 당당하게 말하지 못한다. 치장하고 감싸거나 그럴듯하게 포장하여 매우 인격적인 가면으로 가린다. 이혼에 대하여 하나님께서 싫어하시는 것임을 말하지 못하고, 동성애를 유전적 선택이라고 설득하며, 잔인하고 교활한 학정에는 숨을 죽이고, 회개라는 단어조차 싫어하며, 사람들에게 젠틀맨 설교자라는 칭호 받기를 추구한다.

때로는 하나님의 말씀과 상관없는 개그를 개발한다든지 각종 매스컴에 오르내리는 설교자들도 있다. 혹은 집회에 강사로 초빙되어 자신이 얼마나 많은 집회에 강사로 초빙되고 있는지 자랑을 늘어놓는 설교자들도 있다. 귀신의 가르침으로 선한 성도들을 귀신의 뜰로 인도하는 악령의 설교자가 횡행하고 있다. 이런 설교자들의 설교는 인간적으로 볼 때 역동적이며 움직이는 힘이 있다. 그러나 분명한 것은 그것이 불행히도 하나님을 대적하는 설교라는 것이다. 사람을 모아야 인정받는 설교자로 대우받는 현실에서 설교자는 자신의 안에서 일어나는 이 첨예한 영의 도전과 싸움을 감당해야 한다.

자타가 인정하는 성경적 설교의 대가인 로이드존스는 일찍이 『설교와 설교자』라는 그의 저서에서 설교자와 '설교꾼'(Pulpiteer)을 구별할 것을 경고했다.

"설교꾼들은 설교 단상을 점령하고 휘두르면서 청중을 압도한다. 그들은 사람의 마음을 사는데 전문 꾼들이며 아주 잘한다. 그들은 쇼맨십에 능란하고 설교를 듣는 청중을 감성적으로 요리하는데 특출하다. 설교꾼들은 궁극적으로 자신의 목적이 무엇이든 청중을 그 목적으로 이용하는데 탁월한 자들이다. 나에게 이런 설교꾼들은 모욕적이고 구역질 나는 이들이다."

엄청난 수의 청중의 감성을 자극하여 울리기도 하고, 웃기기도 하는 능란함으로 청중이 설교 내내 깨어있는 설교, 분명 이것은 설교라는 형식과 강단이라는 모양새를 갖췄을지는 모르지만 진정한 의미의 설교라고 할 수 없을 것이다. 그렇다고 듣는 사람을 아예 고려하지 않을 수 있는 것도 아니다. 그런 면에서 설교자는 마치 하나님과 청중의 중간지대에 선 법정의 변호사와 같다. 누구를 변호하고 누구를 위할 것인가.

진정 설교가 하나님의 말씀을 선포하는 거룩한 사역이라면 당연히 그 변호사는 말씀의 주체인 하나님을 변호하는 데에 생명을 걸어야 한다. 왜냐하면 이 변호가 곧 사람을 살리는 유일한 길이기 때문이다.

그러나 하나님 앞에서 사람을 위하여 사람의 마음을 사고, 사람의 입장을 내세우며, 하나님의 말씀을 변호함이 아니라 그 흠을 찾아내려고 애쓰고, 평범한 하나님의 진리를 왜곡하여 이런저런 사상과 철학, 인본주의 신학의 입장을 내세우며, 청중의 지성과 감성에 몰두하는 설교자는 그 변론의 수고에 대해 사람의 수임료를 받고자 한다. 돈과 명예와 종교적 권력과 사람들의 칭찬과 교단의 윗자리를 탐하는 자들의 수임료가 그것이다. 이 시대의 흐름이 무엇인가? 나를 대우하라는 것이다. 나를 즐겁게 하라는 것이다. 나에게 감동을 주라는 요구이다. 그러나 하나님 자신과 하나님의 말씀을 생명으로 변론하는 설교자는 그 수임료를 하늘에서 받는다. 예수 그리스도의 날까지 하나님 앞에서 받을 상급, 그것이 전부이다.

최근 어느 교회에서 지적설계 우주 생성론을 강연하는 세미나에서 한 대학생을 만났다. 지적 설계론은 창조과학과는 다른 순수과학의 입장에서 우주의 생성을 바라보는 입장이다. 진화론적 과학입증과 지적 설계의 과학입증을 과학적 원칙을 가지고 비교하면서, 통계학적 가능성을 토론하는 자리였다. 마음 같아서는 많은 젊은이들이 이런 세미나에 참석하길 바랐지만, 그리 많이 참석하지는 않았다.

그래서 한 대학생에게 물었다. "왜 요즘 젊은이들이 이런 모임에 관심이 이렇게 적죠?" 그러자 그 학생은 한순간의 망설임도 없이 대답했다. "기독교 냄새가 나잖아요. 기독교는 일단 절대화된 진리를 말하는데, 요즘 아이들은 그런 절대 진리를 지독히 싫어하거든요. 너도 옳고 나도 옳을 수 있고, 모두가 옳을 수 있는 다원주의를 신봉하죠. 젊은이들에게 다원주의는 이제 신앙인걸요. 글쎄요, 어느 부자가 학생 한 사람당 5만 원씩 주면 올라나? 아마 그래도 안 올 거예요."

그 학생의 말은 충격이기보다 내가 평상시에 느끼던 이 시대의 흐름을 요약해서 설명해 준 느낌이었다. 진리의 부재를 요구하는 다원주의 문화는 단순한 젊은이들의 충동이 아니다. 이 세대의 소위 말하는 쿨한 대세가 되었다. 그것은 인권이라는 파도를 타고 도도히 교회 안에 진입하고 있다. 정치계와 법조계의 강력한 지원 아래 하나님의 고유한 절대 진리와 우주질서, 그리고 사람의 사람 된 근원적 인권을 교수대에 서슴없이 올린다.

몰려오는 교회 내의 파도 앞에 설교자는 당황한다. 아니 당황하는 것이 아니라 아주 약삭빠르게 그 물결의 파도를 타고, 청중의 요구에 적응하며, 자신의 입지를 구축 하는데 급급하다 해도 과언이 아니다. 성서적 진리선포는 구시대적, 비인권적 설교로 낙인찍힌다. 포스트모더니즘의 유행 옷을 수 없이 갈아입으며 소위 '청중이 감동하는 설교'에 목을 맨다. 청중이 감동한다는 것은 너무나 고상한 표현이다. 원색적으로 표현하자면 '청중의 입맛에 맞는 설교'에 목을 맨다고 보는 것이 더 정확할 것이다.

설교는 결코 청중의 요구에 대한 설교자의 인본주의 설교 응답이 되어서는 안 된다. 설교는 현대 청중의 요구에 대한 하나님의 응답을 명백하게 제시해야 한다. 무섭게 쳐들어오는 포스트모더니즘의 폭풍 앞에서 "하나님! 내가 하나님의 전적인 뜻에 생명을 걸고 설교하게 도와주십시오"라고 기도해야 한다. 나는 이런 설교자의 설교를 '하나님을 감동시키는 설교'라고 말한다.

정녕 이 시대의 설교 위기를 극복할 하나님의 설교자는 매주 청중의 눈치에 연연하는 더 많은 청중의 운집을 자랑삼는 설교자가 아니다. 하나님의 선한 뜻과 의지에 생명을 건 진솔한 설교자, 보이지 않는 곳에서 하나님의 음성과 그 선한 손을 붙잡는 이름 없는 설교자들일 것이다. 설교에서 청중은 왕이 아니다. 하나님이 설교의 왕이시다. 설교는 왕이신 하나님을 선포하고, 알리는 것이다. 또한 왕의 뜻을 거스르는 세대에 대범하게 도전하는 싸움이다. 싸움에서 승리함으로써 청중을 하나님 앞에 굴복시키고 그를 섬기도록 하는 성역이다. 그러므로 우리는 설교의 인본주의를 타파하고 신본주의 설교로의 설교 개혁을 이루어야 한다. 이 책을 읽는 모든 독자가 하나님의 뜻을 온전히 전하는 신본주의 설교 개혁의 중추가 되길 바란다.

## 이 책의 쓰임에 대하여

이 책은 하나님께서 기뻐하시고 감동하시는 설교를 하기를 소원하고 듣기를 소원하는 모든 성도를 위하여 쓴 책이다. 또한 이 책은 왜 이 시대에 사람을 감동시키는 설교가 아닌 하나님이 감동하시는 설교로 전환되어야 하는지를 설명한다. 동시에 어떻게 그런 설교를 준비하고 선포할 수 있는가에 대해 설교의 준비 과정에서부터 끝마무리까지의 과정을 단계적으로 그리고 구체적으로 설명하고자 했다. 여러 종류의 설교원문들을 예시하기보다는, 누가복음 5:27-32의 본문을 택하여 이 본문이 설교원문으로 어떻게 진화, 발전되어 가는지를 제시함으로써 성서적 설교의 부분적 이해를 넘어 전반적 흐름의 과정을 이해하고 자신의 설교에 접목시킬 수 있도록 구성했다.

각 장의 마지막에 토의 질문을 통해 각 장의 핵심 부분을 정리하고 설교에 대한 관점들을 나눌 수 있도록 배려했다. 토의 질문의 적절한 사용을 통해 설교자들은 서로의 생각을 공유하며 더 나은 설교를 작성하기 위해 힘을 모을 수 있을 것이다.

필자가 달라스 신학원 목회학 박사과정에서 논문의 일환으로 제출했던 '지역교회 설교자를 위한 강해 설교 열 단계 매뉴얼'과 지난 7년

동안 신학교에서 가르쳤던 성서적 강해 설교의 강의안을 기초로 이 책을 집필했다. 끝으로 책을 출간할 수 있도록 허락하시고 여러모로 도와주신 요단 출판사 이요섭 원장님께 감사드린다. 또한 나의 거친 원고를 책 되게 만들어준 카리그마 성경연구원의 박명희 전도사님과 요단 출판사의 강성모 간사님께 심심한 감사를 드린다.

**목차**

# 왜
## 하나님께서 감동하시는 설교여야 하는가

006 **추천사**
010 **머리말**
018 **이 책의 쓰임에 대하여**

025 **제 1장**
   누구를 위하여 종을 울리는가?

043 **제 2장**
   설교와 하나님의 나라

072 **제 3장**
   설교의 정의

# 2부
# 어떻게
하나님께서 감동하시는
설교를 할 수 있는가

# 3부
# 누가
하나님께서 감동하시는
설교를 할 수 있는가

095 **제 4장**
설교 본문의 선정 과정과
선정 원리

112 **제 5장**
본문을 잘 읽고 자세히 관찰하라

145 **제 6장**
성경 본문 해석과정과 원리

185 **제 7장**
해석된 내용을 강해하라

205 **제 8장**
청중에게 들려지는 설교

218 **제 9장**
설교적 주제의 설정

229 **제 10장**
하나님께서 감동하시는 설교의
구성

245 **제 11장**
보조 자료를 적절히 활용하라

256 **제 12장**
무엇을 적용할 것인가를 분명히
제시하라- 적용

265 **제 13장**
설교의 마지막 힘과 처음의
신선함을 유지하라

281 **제 14장**
하나님께서 감동하시는 설교를
전달하라

316 **제 15장**
반드시 당신의 설교를 냉철하게
평가하라

329 **제 16장**
하나님을 감동시키는
설교자로서의 부름

354 맺는말

360 참고문헌

## 1부

# 왜

## 하나님께서 감동하시는 설교여야 하는가

사자가 부르짖은즉 누가 두려워하지 아니하겠느냐
주 여호와께서 말씀하신즉 누가 예언하지 아니하겠느냐

(아모스 3:8)

아! 하나님 아모스 선지자에게 주셨던
설교의 영을 내게도 주옵소서

# 제 1장

# 누구를 위하여 종을 울리는가?

## 1. 설교의 근본의의

**설교란 무엇인가?**

설교자 사무엘 루터포드는 자신의 설교에 대하여 "나는 내가 설교할 때 다시는 또 설교할 수 없다는 간절한 마음으로 죽어가는 자가 또 다른 임종의 문턱에 있는 자에게 부탁하는 말처럼 설교했노라"라고 말했다. 그의 설교자를 향한 외침은 설명 없이도 느낄 수 있는 설교의 위대함과 장엄함, 그리고 더 나아가서 그 진지함의 깊이를 능히 보여 준다. 유언의 절규와도 같은 설교, 과연 설교란 무엇인가?

> 나는 내가 설교할 때 다시는 또 설교할 수 없다는 간절한 마음으로 죽어가는 자가 임종 문턱에 있는 자에게 부탁하는 말처럼 설교했노라
> – 사무엘 루터포드

이 평범하면서도 근본적인 질문은 설교자나 설교를 듣는 자가 반드시 던져야 할 질문이고, 확인해야 할 답변이다. 왜냐하면 모순과 혼돈 때문이다. 무슨 이야기인가? 설교자의 측면에서 볼 때 이 질문에 대한 답변의 확신이 없다면 본인이 설교하면서도 자신이 하는 것이 무엇인지 모르는 모순에 빠질 수 있다. 반대로 청중의 측면에서도 설교자의 설교를 들으면서도 지금 내가 들은 이 말이 설교인지, 아니면 연설이나 강연 같은 것인지 분간이 어려운 혼돈에 빠질 수 있다. 그러므로 설교에 대한 정의를 분명히 하는 것은 중요하다. 설교는 기독교 신앙생활에서 절대로 빠질 수 없는 근본적 요소이고, 예배드림의 핵심내용이기 때문이다.

그렇다면 설교는 무엇인가? 이 질문에는 설교학적인 다양한 정의가 가능할 것이다. 학구적인 정의를 내리기보다 우리는 설교가 다른 여타의 유사한 행위와 무엇이 다른가를 생각할 필요가 있다. 설교는 반드시 말하는 자가 있고, 반드시 이 말을 듣는 청중이 있다. 스피커와 청중, 이 두 가지 요소를 갖는 행위는 때마다 길거리서 보고 듣는 선거 연설에서나, 어떤 특정 주제를 놓고 하는 학술, 혹은 생활 세미나에서 흔히 볼 수 있다. 이 모든 행위의 목적은 듣는 자를 설득하고 감동하게 하여, 말하는 자의 주장을 심어 청중의 행위 변화 또는 말하는 자의 권위의 증진을 꾀하는 데에 있다. 그렇다면, 이런 일반적 말하기 행위와

설교가 근본적으로 다른 것은 무엇인가?

설교는 말하는 자의 주장이나 이념 혹은 종교적 신념을 설득하는 것이 아니다. 설교 메시지의 원천은 하나님께 있다. 설교자는 자신의 신념이 아닌 하나님의 뜻과 의지를 깨달아 그것을 청중들에게 전달하는 철저한 '전달자'의 역할을 수행한다.

그래서 보편적으로 교회에서 설교자를 하나님 말씀의 선포자, 혹은 대언자라고 말하는 것은 아주 당연한 표현이다. 설교가 아닌 모든 청중을 상대로 한 말이 말하는 자의 사상, 연구, 학식, 이념, 논리를 원천으로 출발한다면, 설교는 인간의 내면이 아닌 하나님으로부터 온 메시지를 그 출발점으로 하는 전달이라는 점에서 확실한 차이가 있다. 설교는 기독교적인 신학 강연이나 종교적인 언어 행위가 아니다. 사람의 입술을 통해 하나님의 음성을 대언하는 엄중함과 영적 권위를 드러내는 행위이다.

> 설교와 청중연설이 근본적으로 다른 이유는 메시지의 근원이 하나님께 있기 때문이다.

이렇게 볼 때 설교자나 청중의 입장에서 지금 전하고 듣는 이 말씀이 설교인가를 반문하는 것은, 이 말씀의 원천이 이 시대의 청중에게 하시고자 하는 하나님의 직접적인 메시지인가에 대한 질문이다. 그렇다면 이것을 어떻게 검증할 것인가? 그 과제가 설교자와 청중에게 동일하게 주어진다.

설교자들은 너나 할 것 없이 설교 후 청중들에게서 "은혜 받았습니다." 혹은 "감동적이었습니다." 등의 반응을 보기 원한다. 그런데 이 반응의 크기가 과연, '전한 말씀'이 하나님 말씀의 선포였다는 충분한 증거가 될 수 있는가? 소위 말하는 '명 설교가'라는 칭호는 세상의 관점에서 '얼마나 청중의 동의, 동감, 감동 혹은 은혜를 끼쳤는가?'로 얻어지는 명성이다. 청중은 자연적으로 이 감동을 주변 사람들에게 말하여 그 감동을 함께 받도록 권유하는 것으로 교회가 성장하고, 규모를 확장하는 것이 아주 일반적이다.

언제나 청중은 감동 받기 원한다. 그리고 스피커는 그 욕구를 충족시키기 위해 노력한다. 이것은 일반적인 화자와 청중 사이에서 벌어지는 자연스러운 상호작용이다. 그리고 현대 교회는 이러한 일반적인 상호작용을 교회에 접목하고자 노력한다. 감동을 원하는 청중, 감동을 주기 위해 노력하는 목회자, 일반적 관점에서는 문제 될 것이 없는 자연스러운 것이며 당연히 그래야 한다고 생각하기 마련이다. 그러나 이것이 하나님의 말씀을 전하는 설교의 영역이라면 이러한 일반적 관점이 당위성을 발휘할 수 있는가?

## 2. 인본주의 설교의 유혹과 도전

청중의 감동에 초점이 맞추어진 설교는 아주 자연스럽게 설교자로 하여금 현대인의 생각의 기호, 감성의 흐름, 사상의 공감대 등에 민감하게 반응하게 만든다. 하나님의 절대가치, 혹은 변치 않는 진리의 선포보다는 현대 청중이 동의하고 공감할 수 있는 제안을 이끌어 내려는 노력을 하게 만든다. 그러기에 청중이 싫어하는 언어, 주장을 회피하고, 현대 청중이 부담 없이 공감하고, 격려받고 감동받기에 합당한 언어주장 표현에 전념한다. 나는 이 현상을 '설교의 인본주의화'라고 말한다.

수년 전, 미국의 가장 영향력 있는 설교자라고 자타가 공인하는 조엘 오스틴 목사가 정규방송 프로그램에서 인터뷰하는 것을 들은 적이 있다. 인터뷰 진행자가 이런 질문을 던졌다.

"조엘 목사님, 당신의 설교가 미국의 많은 사람들에게 용기와 격려, 그리고 긍정적, 적극적, 사고를 일으켜 주는 것을 보며 대단한 분이라고 많은 사람들이 칭찬을 아끼지 않습니다. 그런데 어떤 분들은 당신의 설교를 계속 듣다 보면 설교 가운데 '회개'라는 용어를 사용치 않는 것을 주의 깊게 보고 언급하는 분들이 있습니다. 이 점에 대한 목사님의 생각은 어떠신가요?" 조엘 목사는 웃으면서 조금도 망설임 없이 대답했다. "회개요? 회개라는 단어를 사람들이 싫어합니다. 사람들이 싫어하는 말을 내가 왜 하겠습니까?"

미국 내에서 텍사스 휴스턴에서 목회하는 조엘 오스틴 목사가 섬기는 교회만큼 그렇게 엄청난 영향력을 미치며 교세의 위용을 자랑하는 교회도 드물 것이다. 그러나 어쩌면, 현대의 가장 영향력 있는 설교자인 그의 대답이야말로 필자가 말하는 인본주의 설교를 가장 단적으로 설명해 주는 일화가 될 것이다. 사람이 듣고 싶어 하는 말만 골라 하고 듣고 싶어 하지 않는 말을 하지 않는 설교자의 주장이 곧 인본주의 설교의 핵심이다.

일찍이 사도바울이 디모데에게 쓰는 경계의 글 가운데 "때가 이르리니 사람이 바른 교훈을 받지 아니하며 귀가 가려워서 자기의 사욕을 따를 스승을 많이 두고 또 그 귀를 진리에서 돌이켜 허탄한 이야기를 따르리라"(딤후 4:3-4)라고 하지 않았던가.

이렇게 말씀하신 것은 오늘날의 현대설교의 인본 중심의 설교 현상에 대한 예언적 말씀이요, 인본주의적 설교가 얼마나 위험한 도전인가를 경계한 말씀임에 틀림없다. 이 말씀의 핵심은 선포된 진리의 말씀이 사람을 움직이는 감동의 힘이 되는 것이 아니다. 사람이 자기를 감동하고 유익하게 하고, 기쁘게 할 설교를 찾아 움직인다는 것이 바울의 지적이다. 설교가 진리보다 사욕에 귀를 기울이게 만드는 매체가 된다는 것이다. 이런 하나님 말씀의 요구보다 청중의 요구를 잘 파악하여 그 요구를 채움으로써 청중의 감동을 이끌어 내는 설교를 '인본주의 설교'라고 말한다.

"만약 개신교회가 칼에 맞아 죽는다면 그 등 뒤에 꽂힌 비수는 설교일 것이다." 이런 가슴이 섬뜩한 설교의 해악을 지적한 말은 분명 설교의 원천이 하나님 중심에서 오지 않고, 인본주의적 설교가 교회를 점령할 때 일어날 심판을 경고하는 말이다.

## 3. 인권과 포스트모더니즘의 설교에 대한 도전

"포스트모던 현대사회에서 설교자가 갖게 되는 최대의 갈등이 있다면, 객관적 진리와 주관적 진리가 충돌하는 갈등과 긴장일 것이다"라고 지적한 윌리엄 그래함의 말처럼 이 시대에 가장 흔히 들을 수 있는 단어가 있다면, '당신이 뭐라고 하든지'(Whatever), 와 '나한테 통한다면야 뭐'(It works for me)일 것이다. 절대적이거나 변할 수 없는 진리의 선포를 전제로 하는 설교가 직면할 수밖에 없는 절벽과 같은 인간성의 모습이다. 자신이 선호하는 것이 곧 자기에게 진리라는 비논리가 설교의 객관적 진리를 배격하고 호불호의 개인적 선택을 '인권'이라 포장한다.

오늘날 사회와 정치 현장에 가장 많이 쓰이는 단어가 '인권'일 것이다. 풀어서 말한다면 사람의 권리에 대한 가치존중이라는 점에서 모두가 묵시적으로 공감하는 화두다. 그러나 인권과 인본주의는 그 궤를 같이한다. 인본주의는 사람 중심의 사상이다. 모든 것의 기준은 사람에 있다. 인간의 기호가 기준이 됨은 뿌리 깊은 사조요, 역사의 흐름이다. 그리고 이런 현상을 가리켜 사회적 개념으로 '포스트모더니즘'이라는 학구적 단어를 쓰기도 한다.

스탠리 그랜츠는 "오늘날의 포스트모더니즘의 두드러진 특징은 정

> 하나님의 말씀의 요구보다 청중의 요구를 잘 파악하여 그 요구를 채움으로써 청중의 감동을 이끌어내는 설교를 '인본주의 설교'라고 한다.

설로 여겨온 지식의 확실성을 부정하고, 진리의 객관성을 부정하며, 지식이 선한 것이라는 반 모더니즘으로부터 출발하여 현대인의 생활의 뼛속까지 스며들었다"고 말한다. 근대 모더니즘이 인간 가치의 기준을 보다 과학적, 합리적, 변증적, 논리적, 당위성에서 찾고 있다면, 포스트모더니즘은 진리의 보편성보다는 사람 개개인의 취향과 주관적 가치에 우위를 두고 모든 가치 결정을 개개인의 자유의지에 힘을 실어주어 인간 개인의 존중을 극대화한 사회현상이다.

그러기에 포스트모더니즘 인본주의는 존 맥아더가 말한 바처럼, 어떤 절대 진리의 원칙제시를 싫어한다. 포스트모더니즘 인본주의는 명확성보다는 불투명한 논리를 선호하고 합리적 확신보다는 남겨진 불확실성에 더 가치를 두고자 한다. 이런 현대 청중의 흐름을 잘 파악하는 설교자들은 청중의 인권에 가치를 두어 진리의 선포보다 생각할 거리를 남김으로 청중의 감동을 구걸하기도 한다. 결정의 권한을 청중에게 맡기어 포스트모더니즘의 선봉적 설교자의 모습을 만들어 가고자 한다는 것이다.

그러므로 현대 청중의 감동을 찾아가는 설교는 포스트모더니즘의 물결과 인권, 인본주의의 도도한 흐름 속에 있다. 그것은 설교자들에게 끊임없는 도전과 유혹을 번갈아 던진다. 교회의 물량적 확장을 목표로 하는 현대 설교자들에게 설교의 본질적 가치를 잃어버리거나 혼돈하게 만든다.

그러나 설교자가 반드시 기억해야 할 것이 있다. 표면적으로 포스트모더니즘의 다원주의 유행과 절대가 없는 상대적·주관적 인권을 주장하는 이들의 내면에 말할 수 없는 공허가 있음을 알아야 한다. 겉으로는 다원주의는 인간적 권한과 주장을 표방한다. 그러나 실제 그들은 절대적 진리에 목말라 있다. 진정한 절대 도덕, 절대 신앙에 대한 그리움에 젖어 있다.

> 겉으로는 다원주의의 인간적 권한을 표방하지만 실상 그들은 절대적 진리에 목말라 있고 진정한 절대 도덕, 절대 신앙에 대한 그리움에 젖어 있다.

포스트모더니즘을 인정하는 것이 자신의 포용성을 드러내는 것 같아 보이지만 청중들은 그런 설교나 가르침에 가치를 부여하지 않는다. 설교는 절대 진리와 절대 하나님과 절대 도덕을 선포하는 능력이다. 이 능력을 성령에 의지하여 담대하게 선포할 때 포스트모더니즘 사회에서 진리를 모르고 방황하는 많은 영혼이 진리를 깨닫고 주께로 돌아오게 될 것이다!

## 4. 예수 그리스도의 신본주의 설교

인간의 역사 가운데 아주 짧은 삶을 사셨던 우리 구주 예수님은 탁월한 설교자였다. 회당에서나 갈릴리 바닷가에서나 밀밭 길에서나 우물가에서나 예수님은 설교자의 삶을 사셨다. 예수님의 청중들은 다양했다. 주님은 때에 따라, 소수의 사람에게, 혹은 열두 제자, 수많은 군중 앞에서 하나님의 말씀을 선포하셨다. 그는 어디에 계시든 하나님께서 자신에게 주신 말씀을 그대로 전달하셨다. 청중들의 상태나 마음, 혹은 그들이 예수님에 대해서 가진 감정에 휘둘리지 않으셨다. 예수님이 우리의 구세주이시오, 하나님의 외아들이시며, 구원자임을 믿는 우리 성도들은 예수님이 설교자란 점을 간과해서는 안 된다. 말씀이신 예수님이 설교자로서 우리에게 주신 경고는 청중의 감동받는 설교를 추구하는 설교자들에게 그리고 설교를 듣는 성도들에게 매우 의미심장한 가르침을 주고 있기 때문이다.

"예수께서 대답하여 이르시되 내 교훈은 내 것이 아니요 나를 보내신 이의 것이니라 사람이 하나님의 뜻을 행하려 하면 이 교훈이 하나님께로부터 왔는지 내가 스스로 말함인지 알리라 스스로 말하는 자는 자기 영광만 구하되 보내신 이의 영광을 구하는 자는 참되니 그 속에 불의가 없느니라"(요 7:16-18)

이 말씀은 예수님께서 초막절에 예루살렘 성전에 개인적으로 가셔서 설교하실 때의 일을 다룬다. 예수님의 설교를 두고 '유대인들의 미혹자라는 비방과 배움 없는 자의 가르침'이라는 무시를 당하실 때 자신의 설교에 대하여 변호하시며 주신 말씀이다. 예수님의 변증은 명확하다. "유대인들아 내가 하는 말이 내 스스로 만들어서 청중을 흔들려고 하는 말이냐? 나를 보내신 하나님의 말을 대언하는 것이냐? 너 스스로 판단하라. 이 판단이 바를 때 가히 하나님의 뜻을 행할 수 있는 하나님의 사람이 되는 것이 아니냐." 즉, 예수님은 자신이 분명 하나님 자신이면서 이 땅에 사역하시는 동안 설교자로서 자기가 청중을 위하여 만들어 낸 말을 하지 않는다는 것을 천명하셨다. 동시에 이 땅에 두 종류의 설교자가 있음을 경고하셨다. 또한 그 분별의 기준까지 제시하셨다.

예수님은 이 땅에 어떤 종류의 설교자가 있다고 하셨는가? 첫 번째로는 '스스로 말하는 자'이다. 스스로 말한다는 것은 하나님 아버지로부터 받은바 말씀이 없고, 자기가 자기를 위하여, 혹은 청중의 감동을 얻기 위해 지어낸 말을 하는 설교자를 말한다. 그의 설교의 동기와 목적은 자기의 영광이다. 즉 설교를 통하여 자신의 지위와 명성 그리고 칭찬을 얻어내는 것이 이 설교자가 설교하는 이유이다. 이런 사람에 대하여 예수님은 '불의한 사람'이라고 규정지었다. 실로 예수님의 가르침은 이미 예레미야 선지자를 통하여 예고된 말씀이며 그 불의의 결과가 얼마나 치명적인가를 뼈아프게 선포한 말씀이다.

"여호와의 말씀이라 그러므로 보라 서로 내 말을 도둑질하는 선지자들을 내가 치리라 여호와의 말씀이니라 보라 그들이 혀를 놀려 여호와가 말씀하셨다 하는 선지자들을 내가 치리라 여호와의 말씀이니라 보라 거짓 꿈을 예언하여 이르며 거짓과 헛된 자만으로 내 백성을 미혹하게 하는 자를 내가 치리라 내가 그들을 보내지 아니하였으며 명령하지 아니하였나니 그들은 이 백성에게 아무 유익이 없느니라 여호와의 말씀이니라"(렘 23: 30-32)

하나님의 말씀을 듣지도, 받지도, 부탁받은 일도 없이 자신의 더러운 이익을 위해 하나님의 말씀을 이용하는 설교자에 대한 책망과 경고와 심판의 말씀을 예레미야를 통해 선포하셨다. 불행히도 오늘날 이런 심판과 책망을 피할 수 없는, 자기 자신의 말을 하는 설교자가 적지 않다는 사실이 너무나 뼈아프게 다가온다.

두 번째 설교자는 '보내신 이의 것을 말하는 자'이다. 이 설교자는 자기 자신의 말을 지어내려 애쓰지 않는다. 뿐만 아니라 청중의 감동 여부에 목매지도 않는다. 이 설교자는 오직 하나님 아버지께서 내려주시는 말씀을 전달하는데 생명을 건다. 이 설교자의 설교 동기와 목적은 하나님의 영광에 있다. 즉 설교를 통하여 하나님의 의지를 바르게 전달하고, 하나님의 이름과 성품이 드러나게 하며, 오직 하나님이 존귀하게 되기를 전념하는 설교자이다. 이런 설교자에게 예수님은 그 속에 불의가 없는 사람 즉 '참 의로운 사람'이라고 규정하셨다.

예수님의 말씀은 진리다. 진리의 말씀을 선포하시는 주님이 말씀하신 두 종류의 설교자는 예전에도 있었고, 지금도 있으며 앞으로도 있을 것이다. 현대 청중을 감동시키고 그들의 감성에 호소하며 그들의 공감을 얻어 설교 잘하는 설교자로 명성을 얻고자 한다면, 예수님의 말씀에 자신의 내면을 비춰 볼 필요가 있다. 이 두 설교자의 그룹 중에

나는 어디에 소속되어 있는가를 스스로 점검해야 한다. 왜냐하면 자칫 사람에게 칭찬받는 설교자 할지라도 하나님께서 불의한 자라 말씀하시면, 그 모든 사역은 수포로 돌아가며, 무의미한 말을 하는 설교자로 귀결되기 때문이다.

> 현대 청중을 감동시키고 그들의 감성에 호소하며 그들의 공감을 얻어 설교 잘하는 설교자로 명성을 얻고자 한다면, 예수님의 말씀에 자신의 내면을 비춰볼 필요가 있다.

청중에게 감동을 주고 청중의 칭찬을 받는다는 것 자체로 설교자를 정죄할 수는 없다. 하나님은 우리에게 정죄할 권리를 주지 않으셨다. 다만 문제는 현대 청중 속에서 설교를 듣는 청중 속의 제일의 청중이신 '하나님께서 설교자의 말씀을 듣고 감동하시는가?'이다.

하나님은 인격이시다. 하나님은 살아계시며 어디에나 계신다. 그러므로 어디에나 계신 하나님이시라면, 당신의 설교 가운데 계셔야 하지 않겠는가? 말씀을 부탁하신 분이 하나님이시라면 그 부탁하신 말씀이 전달되는 순간을 당연히 지키시지 않겠는가? 하나님께서 당신의 설교의 제일 청중이라는 것을 생각해 보았는가? 가장 앞자리에 앉아 당신의 설교를 청취하시는 하나님의 관점이 무엇이겠는가? '얼마나 말을 잘 하는가'이겠는가? 얼마나 청중을 감동시키는가의 능력이겠는가?

만약 그런 것들이 아니라면 무엇일까? 예수님의 말씀이 판단의 기준이다. "자신의 것을 말하는가? 아니면 내가 전달한 말씀을 말하는가?" 그것이 제일 청중이신 하나님의 최대 관심사이다. 만약, 당신이 보내신 의의 말씀을 거침없이, 정성을 다하여, 어떤 비난이나 고난에도 유념치 아니하고, 하나님의 심정으로 피를 토하듯 선포할 때 청중 가운데 제일 청중인 하나님이 일어나셔서 박수를 치며 감동하실 것이다. 청중 되신 하나님이 감동하실 때 하나님의 영이신 성령이 감동하여 청중들의 심령에 회개와 눈물과 돌이킴과 부흥의 역사를 이루는 것이 정녕 청중의 감동을 이끌어내는 설교일 것이다. 나는 이런 설교를 '하나님이 감동하시는 설교'라고 칭하고자 한다. 그리고 이 책의 모든 핵심은 어떻게 하면 이런 설교를 준비하고 작성하여 전달할 것인가에 있다.

청중의 감동만을 만들어 내고자 하는 인본주의 설교는 폐기되어야 한다. 설교는 철저히 신본주의 중심으로 개혁되어야 한다. '신본주의 설교'는 설교의 원인이 하나님 자신에게서 왔기 때문에 가장 근본적이며 지극히 당연하다.

## 5. 하나님이 감동하시는 신본주의 설교로 돌아서라

청중의 감동은 설교의 필연적 요소이다. 감동 없는 설교는 들으나 마나 한 설교이고, 신학 강좌와 같은 설교는 결코 바람직한 방향이 아니다. 문제는 감동의 원인, 즉 근원이 어디서 오는가의 문제이다. 그 감동이 포스트모더니즘의 취향에 아부하는 인본주의에 기초를 둔 것이라면 그 감동은 불의한 설교의 감동이다. 그러나 그 감동이 설교를 명하시고 부탁하신 하나님의 메시지에 근원을 둔, 그래서 하나님께서 감동하신 설교라면 참 의로운 청중의 감동이다.

인생을 살아가면서 누군가 내 마음에 있는 진심을 잘 풀어서 다른 이들에게 호소하고 나를 변호하고 나의 뜻을 명확하게 풀어서 말해 준다면, 그것처럼 나를 감동시킬 것이 없다. 그러나 나와는 전혀 상관없는 말을 들어서 나를 대신하여 말하는 것처럼 행동하고, 그것으로 청중의 감동을 끌어내려 한다면, 나는 그것에 대해 분하고, 억울하고, 가증하게 느껴질 것이다.

진정 하나님이 감동하시는 설교는 설교자를 통하여 하나님의 진심이 변증 되는 설교이다. 또한 부탁하신 메시지가 명확하게 전달되어야 한다. 현대 청중의 선호도와 관계 없이 하나님 중심으로 말씀이 선포되어야 한다. 이런 설교에 하나님은 감동하실 것이다. 하나님의 감동하심은 곧 성령의 감동하심으로 청중에게 나타난다. 설교를 통한 성령의 감동하심은 바로 하나님을 사랑하는 성도들의 영혼에 감동으로 다가온다. 이 감동을 통한 성령의 역사와 부흥의 불길이 바로 하나님께서 이루시기를 소원하시는 청중의 감동이다. 억지 감동이 아닌 하나님의 감동하심으로 청중이 감동하는 설교가 곧 '하나님이 감동하시는 설교'이며 '청중을 감동시키는 설교'이다.

하나님을 감동시키는 설교자는 예수님께서 말씀하신 '스스로 말하는 자'가 아닌 '보내신 이의 말을 하는 사람들'이다. 이 사람들은 하나님의 영광을 위한 설교의 사명을 가진 사람들이다. 이런 사람들은 그 속에 불의가 없는 사람들이다. 또한 예수님이 말씀하신 두 부류의 설교자에 대한 가르침은 성서적 설교의 대가인 로이드존스가 구별한 '설교자인가 설교꾼인가'의 지적과 같은 맥락에서 이해된다. 인본주의 설교꾼은 아주 자연스럽게 "하나님이 자기에게 무엇을 말씀하시는가."에는 관심이 없고 오직 사람들이 무슨 말을 듣기를 원하는가에 지대한 관심을 두고 연구한다. 내가 무슨 말을 해서 그들의 욕구를 충족시키고, 칭찬과 감동을 이끌어 낼 것인가에 전념한다.

따라서 인본주의 설교꾼은 이러한 감동의 결과로 얻어지는 '청중 동원력'에 집중하고, 만족하며, 스스로가 '말 잘하는 설교자'라는 자타의 평가와 인정에 기뻐한다. 이런 설교자에게 있어 설교의 성경 본문은 기독교의 형식을 빌려 '신적 권위'를 이용하기 위한 수단에 지나지 않는다. 이런 설교자를 향해 예수님께서 자신의 영광을 위해 사람 중심의 설교를 하는 인본주의 설교자라고 말씀하신 것은 매우 자명하다.

그러나 하나님 중심의 설교자는 자연스럽게 자신의 모든 시간과 묵상과 에너지를 "하나님께서 자신에게 무엇이라 말씀하시는가"에 집중한다. '청중이 무엇을 듣기 원하는가'보다, '하나님께서 청중에게 무엇을 전달하기를 원하시는가'에 민감하다. 당연히 하나님의 메시지가 자신의 삶에 어떻게 적용되고, 이루어지고 있는가를 자신에게 묻는다. 그리고 이것을 가지고 청중의 아픔과 모자람에 공감을 얻는다. 뿐만 아니라, 설교 전 이미 자신에게 선행적 회개가 이루어져 자신의 영혼에 각인된다. 이러한 과정을 통하여 준비된 하나님의 메시지이기에 특별한 전달의 기술이 없어도 자신의 살과 피가 묻어나는 진정성이 전달된다.

이런 설교자는 청중의 찬사나 반응 또는 거절에 마음을 빼앗기지 않는다. 구름같이 몰려드는 청중의 찬사에도, 쓸쓸히 돌아서는 현대 청중의 냉대에도 흔들리지 않는다. 오직 그의 관심은 '하나님'이다. 그래서 설교 후에 그는 기도의 골방에서 자신이 전한 설교의 메시지를 가지고 하나님과 대화하며 하나님의 위로와 격려를 기뻐한다. 자신이 전한 말씀에 성령의 역사를 의탁하는 거룩한 설교자이다. 하나님을 감동하게 하는 설교자는 반드시 하나님의 사람들을 감동하게 한다.

필자는 이 책에서 "어떻게 하나님을 감동하시게 할 수 있는가?" "성령에 속하여 하나님의 음성을 사모하는 청중에게 하나님의 음성을 대언할 수 있겠는가?" 하는 대전제 질문을 두고, 아주 작은 시도나마 차근차근 독자들과 함께 조심스레 그 길을 찾아 나가고자 한다.

### 나가는 말

우리가 설교자이든 설교의 청중이든 설교의 정체성을 살아계신 하나님의 관점에서 정립해야 한다. 또한 설교를 명하시고 부탁하신 하나님의 입장에서 설교하고 설교를 듣는 생각의 변화가 절대적으로 필요한 시대에 살고 있다. 포스트모더니즘의 인본주의가 주도하는 사회풍토가 도도히 흘러 교회의 설교 강대상까지 점령하고 있다. 현대의 강단은 하나님 말씀의 본질이 선포되는 공간이라고 보기 어렵다. 물론 모든 강단이 오염되었다고 볼 수는 없지만, 현대의 강단은 설교하는 사람의 목적과 영광을 위해 말하기 쉽고, 듣는 이의 필요와 기호에 부응하는 설교가 득세하고 있는 것이 사실이다. 그 내용이 어떻든 사람이 많이 모여들면 멋진 설교, 정석적 설교로 받아들여지는 시대에 살아가고 있다. 이러한 세태 속에서 설교자는 '사람을 감동시키는 설교'에서 '하나님께서 감동하시는 설교'로 설교의 초점을 옮겨야 한다. 하나님이 감동하시는 설교는 하나님께서 부탁하신 대로 말씀하는 설교이다.

### 생각의 관점

- 이 달에 내가 들은 설교는 정녕 하나님이 원하신 말씀입니까? 나는 그것을 어떻게 확인할 수 있습니까?
- 내가 주일에 전파한 설교는 과연, 내 스스로 이것이 하나님께서 내게 주신 음성이라고 얼마나 확신하고 전한 말씀입니까? 어떻게 그렇다고 입증할 수 있습니까?

# 제 2장

# 설교와 하나님의 나라

　설교는 이 땅에서 사람이 할 수 있는 가장 존귀하고 위대한 일이다. 그러나 '설교' 혹은 '설교한다'는 보편적 언어에 대한 인식은 불행히도 그렇게 긍정적이지 않다. 종교인이 아니라도 일반인들 사이에서 '설교'라는 단어에 대한 인식은 거룩한 진리의 선포라기보다 왠지 일방적 주장 혹은 듣고 싶지 않은 원리주의적 잔소리 등으로 인식되기 때문이다. 그래서 대화의 상대방이 일방적으로 장구한 말을 늘어놓거나 주입식 자기주장을 하면 "당신, 지금 나한테 설교하는 거요?"라는 투의 말로 상대방의 잔소리를 막으려 한다.

　그런 의미에서 필자는 설교자나 설교를 듣는 청중에게 필히 물어

볼 질문이 있다. "설교한다는 것, 설교를 듣는다는 것, 그것은 당신에게 어떤 진중한 의미가 있습니까?" 다른 말로 표현한다면, "왜 당신은 설교합니까?"이다. 만약, 이런 질문을 사도바울에게 했다면, 그 즉각적인 답변은 이랬을 것이다.

"내가 복음을 전할지라도 자랑할 것이 없음은 내가 부득불 할 일임이라 만일 복음을 전하지 아니하면 내게 화가 있을 것이로다 내가 내 자의로 이것을 행하면 상을 얻으려니와 내가 자의로 아니한다 할지라도 나는 사명을 받았노라"(고전 9:16-17)

> 세인들이 설교에 대하여 어떤 인식을 하던 설교는 위대하고 존귀하다. 어쩌면 그보다 더 위대하고 존귀한 일은 없다.

이 단순하고 명백한 사도바울의 답변 속에서 그는 '설교'라는 단어 Preach(κηρύσσω)를 세 번 사용하면서, 설교의 당위성과 절대성, 그리고 그 위대한 존귀함을 강조하고 있다.

세인들이 설교에 대하여 어떤 인식을 하던 설교는 위대하고 존귀하다. 어쩌면 그보다 더 위대하고 존귀한 일은 없다. 왜 그런가? 설교는 설교자가 자신의 생명을 담아 청중에게 선포하여 죽어가는 영혼을 살리고, 쓰러져 가는 인간성을 회복시키며, 죽음의 절망에서 부활의 소망을 생산하는 능력을 나타내기 때문에 위대하고 존귀하다. 설교 이외에 인간의 어느 삶의 영역도 이것을 대신할 수 없다. 그러기에 바울은 단연코 이 위대한 일을 포기할 수 없는 소명으로 간증하고 있다.

## 1. 설교는 하나님 나라의 선포

예수님의 구속사의 시작을 알리는 마태복음에서 그 사역의 첫 시작이 예수님의 설교였다는 사실은, 설교를 통한 하나님 나라의 확장이 지극히 당연한 하나님의 원대한 섭리임을 명백히 드러낸다. 이 땅에 오신 하나님이요, 구세주이신 예수님께서 선포하신 설교, 즉 "회개하라 천국이 가까웠느니라"(마 4:17) 라는 메시지는 짧지만, 무엇을 선포하는가에 대해 매우 함축적이며 충분하게 입증해 준다.

우리가 사복음서에 기록된 예수님의 사역을 주의 깊게 관찰한다면, 예수님의 마음이 전적인 하나님 나라의 소개와 선포에 맞춰진 사실을 즉시 확인할 수 있다. 예수님의 모든 구속사역을 하나님의 나라의 선포로 종합할 수 있다. 예수님은 설교를 통해 하나님 나라를 선포하셨다. 예수님만이 할 수 있는 치유와 기적의 사역을 통해 설교의 말씀을 입증하여 절망과 공포에 있는 민중에게 소망을 제시하셨다. 뿐만 아니라, 하나님의 나라에 들어갈 준비를 명하셔서 회개와 심령의 준비를 촉구하고 계신다는 사실을 쉽게 확인할 수 있다.

그러므로 설교는 곧 하나님 나라의 선포이다. 하나님은 설교자를 하나님 나라를 선포하고 확장하는 역할로 부르셨다. 이것은 오직 설교자만이 가지는 특권이다. 그러한 도구로 이 땅의 한정된 시간 가운데 쓰임을 받는 일보다 더 위대한 일이 어디 있겠는가? 따라서 설교란 어떤 종교적 규례나 의식의 형태, 혹은 신앙인의 의무조항 제시나 성공하는 현대인의 매뉴얼 따위가 아니다. 모든 초점이 하나님의 나라의 선포, 하나님 나라의 묘사, 하나님 나라의 준비에 맞추어져야 한다.

당연히 하나님의 나라의 신학적, 성서적 강해가 제시된다. 하나님의 나라가 우리의 죽음 후에 이르는 장소적, 물리적 하나님의 나라이든 성도가 이 땅에서 살아가는 동안 느끼고, 경험하고, 소유하는 현세적 의미의 하나님 나라이든 포인트는 명백히 하나님의 나라이다. 그래서 설교를 듣는 청중은 하나님의 나라에 대한 소망, 체험을 이 어둠의 세상 가운데서 소유하고, 간직하고, 드러냄을 통해 현세의 삶을 역동적으로 살도록 하는 것이 설교의 모든 것이다.

> 하나님께서 우리에게 주신 성경을 달리 표현한다면 한 편의 설교이다. 이 설교의 주제는 하나님 나라이다.

### 설교의 역사, 하나님 나라 확장의 기록

하나님께서 우리에게 주신 성경은 달리 표현한다면 한편의 설교이다. 이 설교의 주제는 하나님의 나라이다. 하나님의 가장 위대한 창조의 섭리 속에 존재하는 인간의 나라는 한정적이다. 그러나 성경은 인간의 나라 너머에 있는 영원하고 위대한 하나님의 나라가 실재함을 미리부터 선포한다. 그리고 그 나라를 하나님의 백성들이 맛보아 알기를 소원하는 하나님 마음의 메시지이다. 따라서 하나님의 나라는 위대한 설교의 역사를 통하여 그 맥을 이어 왔다.

신명기에서 모세가 이 땅의 나라를 떠나기 전에 이스라엘에게 선포한 설교를 보자

"온 이스라엘이 네 하나님 여호와 앞 그가 택하신 곳에 모일 때에 이 율법을 낭독하여 온 이스라엘에게 듣게 할지니 곧 백성의 남녀와 어린이와 네 성읍 안에 거류하는 타국인을 모으고 그들에게 듣고 배우고 네 하나님 여호와를 경외하며 이 율법의 모든 말씀을 지켜 행하게 하고 또 너희가 요단을 건너가서 차지할 땅에 거주할 동안에 이 말씀을 알지 못하는 그들의 자녀에게 듣고 네 하나님 여호와 경외하기를 배우게 할지니라"(신 31:11-13)

### "너희가 요단을 건너가서 차지할 땅에 거주할 동안에"

앞으로 주어질 새로운 땅, 새로운 나라의 선포와 더불어 하나님이 준비하신 땅에 들어갈 백성이 무엇을 어떻게 준비할지를 신명기 말씀은 다룬다. 새 나라를 준비하시는 여호와 하나님의 말씀을 경청하고 준행하여 그를 경외함을 배우게 하라는 이 설교는 다음에 열거된 설교들과 맥을 같이한다.

즉 아브라함에게 약속하신 하나님이 준비하신 땅과 나라, 다윗 왕

에게 계시하신 하나님의 나라와 왕권, 그리고 예수님께서 가르치신 기도의 중심인 '나라가 임하시오며'와, 그 나라와 그 의를 구하라는 설교가 그것이다. 하나님의 말씀을 경청하고 준행하며 그분을 경외하는 것을 배우는 것은 성경 가운데 말씀하는 설교자들의 일치된 중심 주제 중 하나이다. 또한, 이 중심주제가 성경 속의 설교자들을 통해 수시로 변화하는 인간의 역사 속에 이어져 왔다.

하나님의 목적과 의도가 명백한 만큼 하나님을 대적하는 사탄의 의도와 목적도 분명하다. 하나님의 목적이 이 땅의 성도들에게 하나님의 준비하신 하나님의 나라에 있다면, 사탄은 당연히 하나님의 나라에 대한 파괴와 모호함, 무의미와 심지어 조롱 섞인 멸시를 심어주는 것이 그의 목적이다. 이 목적을 성취하는데 가장 중요한 전략은 하나님의 음성을 듣지 못하게 하는 것, 즉 설교를 없애거나 설교를 위장된 사탄의 설교로 대치하거나, 설교의 혼선을 초래하여 그 가치를 소멸하는 것 등이다. 사탄의 역사는 설교의 타락을 초래했던 역사의 흔적 속에 명백히 나타난다.

## 2. 중세 암흑기의 설교와 왜곡된 하나님의 나라

종교개혁 이전 교회의 도덕적, 윤리적 타락으로 점철된 430년에서 1095년의 600여 년의 긴 세월을 교회사적으로 '암흑기'라고 지칭한다. 이 시대 교회의 타락은 면죄부 발매라는 상징적 행위로 묘사된다. 하지만 실상 중세 교회 지도자들의 마음이 암흑이 된 원인은 결과적으로 볼 때 하나님의 나라의 선포인 성경이 어둠에 묻혀 가려진 암흑이었다. 적어도 이 시기에는 사탄의 전략이 어느 정도 성취되었다고도 말할 수 있을 것이다.

말씀을 드러내 그의 나라를 선포하는 거룩한 설교를 금지하는 대신, 교회는 생명 없는 긴 예배 의식문을 암송시켰다. 교황청의 일방적 전령이 설교를 대신하게 했다. 하나님 말씀의 강론이나 번역은 엄금했고 성자 혹은 마리아 숭배를 통해 기독교를 우상화시켰을 정도로 양심은 화인 맞았다. 뿐만 아니라 교권은 황제화 되고 하나님의 나라는 세속주의 속으로 묻혀 버렸다. 이러한 현상을 그저 역사 속에 있었던 지나간 아픔으로만 치부하기에는 현대의 교회가 너무도 흡사한 모습을 보인다는 것에 그 심각성이 있다. 이는 엄청난 경계와 각성을 요구하는 일이다.

**설교자를 통한 하나님 나라의 회복과 확장 - 하나님의 계획**

일시적으로 적어도 긴 세월을 사탄이 승리한 것 같았으나 하나님의 나라는 결코 매이지 않았다. 왜냐하면, 하나님은 그 나라의 회복을 위하여 하나님의 준비한 설교자들을 쓰시기 때문이다. 종교개혁을 준비하기 위해 하나님의 순수한 말씀의 번역과 선포에 목숨을 걸었던 위클리프나 존 후스를(1361년-1500년) 부르셔서 말씀을 선포하게 하셨다.

이들이 물꼬를 트자 루터, 칼빈, 츠빙글리, 존 낙스 등 걸출한 설교자들이 등장해 왜곡된 교황청의 메시지를 거부하며, 정직한 양심과 모두가 알아들을 수 있는 성경의 보편적 진리를 가감 없이 선포했다. 하나님이 이들을 보내셨고 그들은 담대히 하나님의 말씀을 선포했다. 이는 명백한 하나님의 승리이다.

이들은 모두 종교개혁기의 신학자이거나 집필자 이전에 위대한 '설교자'였음을 기억해야 한다. 따라서 종교개혁의 실제적 의미는 성경을 성경대로 설교하는 '설교'의 부활이었다. 이후 18세기를 대표하는 위대한 설교자들인 요한 웨슬리, 찰스 웨슬리, 조지 휫필드, 조나단 에드워드 등에 의해 하나님 나라의 선포가 이어졌다. 그 이후 무디, 스펄전 등의 설교자들이 말씀 설교를 통한 하나님 나라의 선포를 이어왔음을 설교의 역사를 통해 우리는 확인할 수 있다.

### 문제는 선포하는 설교자이다

하나님 나라의 선포라는 설교적 역사의식 속에서 오늘의 설교자는 설교의 의의를 새롭게 정립할 필요가 있다. 역사와 문화의 변천에 따라 청중은 움직이는 표적처럼 그 요구와 취향을 쉽게 바꾸기 때문이다. 이러한 변화 속에서 설교자가 변치 않는 성서적 설교 원리를 따라 하나님의 나라를 선포할 것인가 하는 것이 문제이다. 진정한 설교자는 청중을 탓하거나 그들에게 책임을 돌리지 않는다. 청중은 영원히 흔들리는 존재일 뿐이다. 흔들리고 표류하는 시대의 청중들 앞에서 하나님 나라를 선포하는 설교자는 오늘까지 목숨을 바쳐 그 나라와 의를 구하며 설교했던 믿음의 선진들을 바라보아야 한다. 그리고 자신에게 질문해야 한다. "나 또한 그 대열에 참여해 목숨 바쳐 설교할 것인가?", "나는 과연 흔들리는 청중들에게 휘둘리지 않고 하나님의 뜻을 정확하게 전달하는 한결같은 설교자가 될 결심이 섰는가?"가 결국 오늘날 참 설교자가 되기를 원하는 이들의 가장 위대한 질문일 것이다.

### 3. 예견된 설교자와 청중의 이탈

사도바울은 미래 청중의 본성과 죄에 대한 행위를 적나라하게 예견하며 설교자인 디모데에게 마음의 준비를 시킨다.

"너는 이것을 알라 말세에 고통하는 때가 이르러 사람들이 자기를 사랑하며 돈을 사랑하며 자랑하며 교만하며 비방하며 부모를 거역하며 감사하지 아니하며 거룩하지 아니하며 무정하며 원통함을 풀지 아니하며 모함하며 절제하지 못하며 사나우며 선한 것을 좋아하지 아니하며 배신하며 조급하며 자만하며 쾌락을 사랑하기를 하나님 사랑하는 것보다 더하며 경건의 모양은 있으나 경건의 능력은 부인하니 이 같은 자들에게서 네가 돌아서라"(딤후 3:1-5)

이와 같은 청중에 대하여 바울은 미워하고 저주할 것을 말하지 않는다. 이들에게 복음을 전할 책무를 부탁한다. 당연히 이들은 하나님의 나라에 무관심하며 듣기를 꺼리는 대중임은 말할 필요가 없다.

"때가 이르리니 사람이 바른 교훈을 받지 아니하며 귀가 가려워서 자기의 사욕을 따를 스승을 많이 두고 또 그 귀를 진리에서 돌이켜 허탄한 이야기를 따르리라"(딤후 4:3-4)

사도바울이 예고한 미래의 청중을 우리는 지금 이 시대에 접하고 있다. 그들은 설교를 듣고 찾는 자들이다. 모이는 사람들이다. 그러나 그들은 하나님의 나라를 요구하지 않는다. 그들은 그들의 인간의 욕망을 채울 언어를 구한다. 귀 가려운 사람이 그 가려움을 긁어줄 사람을 찾듯이 간절히 자신들의 소욕을 채워 줄 설교자를 찾아 이리저리 헤맨다. 하나님의 바른 말씀을 거역하고 이 땅에서 성공하여 부유하게 잘 살게 해줄 욕망의 설교자를 찾아 대형 군중이 구름처럼 모이는 곳을 찾아다닌다.

설교 장사꾼으로 욕망을 채우는 설교자들은 이 청중의 귀 가려운 곳을 긁어주어 사욕을 취하기에 전념하여 사람을 모으고 명성을 날린다. 사도바울의 예견된 설교 현장이 오늘의 현장임은 길게 설명할 필요가 없다. 이와 같은 비관적 설교 현장에 서 있는 설교자에게 주는 성경의 요구는 분명하다.

**설교의 도전과 결단**

이 시대의 설교자들을 향한 성경의 요구는 무엇인가? 그것은 지극히 육신적이고, 사악하고, 위선적 경건의 모양에 치중하는 이 세대에 대한 분명한 결별이다. "이런 자들에게서 돌아서라!"는 명령은 설교자에게 자연히 일어나는 일이 아니다. 설교자의 분명하고 헌신 된 자기 결단이 요구되는 일이다. 우리는 양 갈래 길에서 선택해야 한다. 청중의 요구에 맞춰 타협할 것인가? 하나님의 뜻을 아는 개인 경건의 길을 선택할 것인가? 둘 중 선택은 설교자 자신이 하는 것이다. 그리고 그에 따르는 책임도 설교자가 지게 될 것이다. 이 세대가 추구하는 삶의 가치와 욕망과 죄에서 돌아서겠다는 개인적 결단이 없이는 설교할 능력을 가질 수 없기 때문이다.

오늘날 소위 이름 있는 설교자라 하나 그 개인적 삶이 이 세대의 바라는 바 명성, 부, 그리고 자신의 이익을 위해서는 잔인한 행위를 서슴지 않는 불행한 설교자는 바로 이 결단 없이 설교꾼의 길에 들어선 것을 단적으로 보여주는 예이다. 이것은 무엇을 말하는가? 설교자 스스로 자기 안에 주님을 향한 결단과 의지가 없다면, 결코 설교자의 길에 들어서서는 안 된다는 것을 의미한다. 그러나 하나님을 향하여 이런 결단이 서 있다면, 두 번째 해야 할 명백한 결단이 있다.

"하나님 앞과 살아 있는 자와 죽은 자를 심판하실 그리스도 예수 앞에서 그가 나타나실 것과 그의 나라를 두고 엄히 명하노니 너는 말씀을 전파하라 때를 얻든지 못 얻든지 항상 힘쓰라 범사에 오래 참음과 가르침으로 경책하며 경계하며 권하라"(딤후 4:1-2)

사도 바울의 명령은 개인의 권위에 있지 않다. 사도바울은 디모데에게 추상과 같은 명령을 내린다. 그 명령의 근거는 하나님, 그리고 심판자로 재림하실 예수 그리스도, 그리고 훗날 그가 재림하실 때 완성될 하나님의 나라를 두고 엄히 명하는 명령이다. 무엇을 명령하기에 그렇게 준엄하게 말하고 있는가?

바로 2절 말씀이다. "너는 말씀을 전파하라" 이 단순한 명령을 위해 이렇게 길게 말하는 이유가 무엇이겠는가? 그만큼 중요한 일이기 때문이다. '말씀'과 '전파하라'로 번역된 단어를 헬라어로 표현하면, 오직 두 단어 '케루소'(κηρύσσω)와 '로고스'(λόγος)의 문법적 변형인 명령형의 '케루손'과 목적격 형인 '로곤'(λόγον)이다. 우리가 깊게 성경을 해석하지 않는다고 해도 이 전체의 문맥이 무엇을 말하는지는 자명하다. 청중이 타락된 육체의 설교를 요구한다 해도 이 요구 앞에 굴해선 안 된다. 이 상황을 비관해서도 안 된다. 또한 청중을 저주하지 말아야 한다.

오히려 자기 자신을 깨끗하게 하고, 오직 바른 말씀, 그것만을 담대히 목숨을 다하여 인내함을 가지고 끝까지 전파하라는 명령이다. 실상 설교라는 단어의 근본 출처는 이 명령에 기인한다. 말씀을 전파하라는 명령은 설교의 때를 가리키는 시간적 표현과 상관없는 명령이다. 때를 얻든지, 못 얻든지 어떤 상황에서든 말씀을 전하라는 명령이다. 즉, 사도바울은 디모데에게 청중이 귀를 막든지 거역하든지 어떤 형편에 이르더라도 하나님의 말씀만을 전하는 일에 전념하기를 삼위일체의 하나님과 그리스도의 나라를 두고 명령했다.

우리는 자주 사도바울이 전한 포인트를 잃을 수 있다. 담대한 전파보다도 무엇을 전할 것인가가 핵심이라는 것을 잊을 수 있다. 그래서 바울은 이 분명한 목적이 상실되지 않도록 엄히 명령했다. 그 당시에도 말하는 자와 연사 등 전파자는 무수히 많았다. 그런 의미에서 볼 때 바울은 설교자가 모자라서 설교자의 길에 들어서라고 촉구하는 것이 아니다. 바른 설교자, 하나님의 쓰시는 설교자, 진정 하나님의 말씀을 전하기에 생명을 바친 자를 말하고 있다.

## 4. 설교자- 하나님 나라의 전령

### 대변인, 혹은 전령인 설교자

"Preach The Word(Keruzon Logon)" "너는 말씀을 전파하라"이 단순하고도 명백한 명령 속에 있는 설교라는 언어는 '케루소'(κηρύσσω)의 명사형인 '케리그마'(κῆρυγμα)이다. 이 명사형을 행하는 자를 '케루스'(κῆρυξ), 즉 메시지를 전달하는 '전령'(κῆρυξ)이라고 불렀다. 메시지를 전달하는 행위 자체를 '케리사인'으로 표현하였으며, 이 표현이 성경의 다른 언어 '유앙겔리조'(εὐαγγελίζω) 즉 '복음을 전파하다'와 같은 맥락에서 사용된 성경의 설교를 대변할 대표적 표현이다.

따라서 예수님께서 제자들에게 분부하신 '천하에 다니며 복음을 전파하라'와 바울의 '말씀을 전하라'는 것은 비록 표현이 다를지라도 그 내용과 핵심은 같다. '유앙겔리조'(εὐαγγελίζω)는 성서적 단어이자 당시 사회 속에서 '전령'으로 일컬었던 '유앙겔로스'(ευαγγελος)와 같은 의미를 가진다. 전령은 전쟁에서 승리한 장군이 입성하기 전에 승리의 소식을 장군이 불러준 대로 적어와 미리 입성하여 그 소식을 대변하여 알리는 일을 전담했기 때문이다.

그러므로 '전령'에게 있어 가장 중요한 사명은 승리의 소식을 반드시 전하는 일이며, 반드시 그 소식은 앞으로 올 승리한 왕의 소식 그대로를 전해야 했다. 만약 자기 마음대로 지어내어 전령이라 하면서 전한다면 왕이 오셨을 때 그의 목숨이 심판받는 것은 지극히 당연한 일이었다. 철저한 '대변인'사명이 필요했다. 사도바울이 엄히 명한 명령은 바로 이런 점에서 이해해야 한다.

참 설교자는 말 그대로 이 세상에 대하여 왕이신 예수그리스도, 하나님의 전달하실 메시지를 전하는 대변인일 뿐이다. 대변인은 결코 자신의 말을 하지 않는다. 행여 메시지의 전달과정에서 보내신 이의 뜻을 거스를까 한 마디 한 마디에 세심한 주의를 기울인다. 그는 보내시는 주인의 마음을 안다. 왕의 의중을 읽는다. 단순한 글과 말의 전달자가 아니라 마음의 전달자이다.

그의 최대의 사명은 왕의 마음을 이해하고, 그의 말과 글의 진정한 의도를 찾는 데 있다. 만약 대변인이면서 주인의 의도나 의중에 관심이 없고, 그분의 글에 대한 진중한 깨달음의 노력 없이 청중에게서 인기를 끌 만한 말을 하기에 헌신 된 사람이라면 결단코 그는 대변인이 아니다. 세상의 말로 표현하면 '사기꾼'이다. 왕의 위엄과 명예를 더럽히며 자신의 배를 채우는 심판 받아 마땅한 설교 장사치일 뿐이다.

이 세상의 권세자인 일국 대통령의 대변인도 백성 앞에 대통령의 의중을 대변할 때 가장 중요히 여기는 것은 국민의 반응이나 자신의 달변에 대한 칭찬이 아니다. 자신이 섬기는 대통령의 의도를 정확히 파악하여 그 본심을 가감 없이 전하는 것이 본분이다. 이 사명을 망각하는 대변인은 그 자리에서 즉시 해고되는 것이 마땅하다.

그러므로 앞에서 말한 바와 같이 설교의 엄중하고 존귀한 가치는 바로 나를 대변인으로 보내신 이의 권위와 영광 그리고 그분의 참 마음을 전달하는 사역이라는 점에 있다. 설교가 얼마나 사람들의 마음에 감동을 주고 유식하며 세련되면서 멋있는가는 설교의 본질에서 벗어난 것이며, 진실한 설교자는 늘 청중의 반응보다 보내신 하나님의 반응에 민감한 사람이다.

그런 의미에서 볼 때 진정한 설교자는 하나님과의 인격적인 교감, 즉 성경을 통해 말씀하시는 하나님과의 대화가 살아있는 사람이다. 이런 참 대변인의 역할은 설교자로서 자연스레 일어나는 일이 아니다. 무엇보다도 보내신 이에 대한 확신과 그분의 메시지에 대한 확신이 선결되어야 한다. 보내신 이를 잘 모르고 그분의 보내신 말씀 즉 '성경'에 대한 확신이 없다면, 도대체 무엇을 전하겠다는 것인가?

보내신 하나님은 빈손으로 보내지 않으셨다. 그분의 생명과 뜻이 담긴 성경 말씀을 우리에게 주셨다. 그러기에 전하는 자는 성경 말씀에 대한 분명한 확신이 있어야 한다. 또한 하나님으로부터 받은 말씀이 있어야 한다. 보이지 않는 하나님께서 이 긴 역사 속에서 수십 명의 많은 사람들을 통해서 한 책으로 주신 성경, 이것이 하나님께서 오늘날 내게 주신 분명한 절대적 변치 않는 음성이요 메시지라는 내면의 확신이 없이는 대변인으로서의 사명 감당은 불가능하다.

우리는 성경의 해석방법을 두고 이견이 있으며 하나님의 뜻을 바라보는 관점이 서로 다를 수 있다는 것을 현실적으로 받아들인다. 그러나 받아들일 수도 없고 받아들여서도 안 되는 것은 '우리 모두에게 주신 하나님의 절대적 메시지요, 말씀'이라는 성경권위에 대한 존중과 근본적 인정을 인간적이고 회의적인 시각에서 희석하려는 시도이다.

따라서 하나님 말씀을 전파하려면 적어도 세 가지의 성경에 대한 확신이 필요하다. 첫째는 성경이 '하나님의 계시'(Revelation of God)라는 확신이다. 즉 사람의 의도에 의한, 사람의 저술이 아니라는 절대적 확신이 있어야 한다. 만약 내가 전하고자 하는 성경 말씀이 하나님의 직접적 음성임에 대한 확신이 없거나 회의적이거나 사람에 의해 지어지고 편집된 것이라는 선입견이 있다면 설교자는 자신이 작성한 설교에 대해서도 확신하지 못할 것이다.

그 설교자는 성경의 내용과 의도에 마음을 둘 수가 없다. 겉으로는 하나님의 말씀이라 선포하면서 경건의 모양을 갖출지라도 그의 설교는 자신이 만든 청중의 구미에 맞는 말이 될 것이다. 무엇 때문에 수천 년 전의 알지 못하는 종교인이 쓴 글에 목을 매겠는가?

둘째는 성경이 하나님의 영감을 통해 인간의 언어로 기록됐다는 확신이다(Inspiration by God). 성경 66권의 저자에 대한 주장과 이론이 다양하고 나름의 논리가 있다. 그러나 그 논리와 주장을 넘어서 분명한 동일점은 그것이 누구든 '사람'이 기록했다는 것이다. 사람이 쓴 "역사 속의 기록이라면 이것이 어떻게 하나님의 말씀인가?"라고 질문할 수 있을 것이다. 그러나 이 질문에 대한 답변은 바로 사도바울이 디모데후서 3:16에서 선포한 것처럼 "모든 성경은 하나님의 감동" 즉 하나님께서 하나님의 숨을 불어넣어서 기록한 글이라는 확신이다.

이것은 성경이 하나님의 음성과 의도, 목적과 내용이 인간의 손과 문헌 방법, 장르, 언어를 통하여 기록되었음을 의미한다. 우리는 이것을 "성경이 하나님의 영감으로 기록되었다"고 표현한다. 성경의 영감에 대한 많은 이론이 있지만, 어느 이론보다 말 그대로 하나님의 영감으로 쓰인 말씀이란 확신이 없거나, 부족하거나, 회의적이라면 어떻게 강대상에서 이것이 하나님의 말씀이라고 주장하면서 설교하는 것이 가능하겠는가?

오히려 이것은 유대인의 종교관이요, 초대교회 사도들의 인간적 주장이라고 말하면서 자신의 의견을 피력하는 것이 정직하지 않겠는가? 아울러 자신의 설교는 하나님 말씀의 권위가 아니라 한 죄인인 인간인 나의 종교관의 주장이라고 말하는 것이 타당할 것이다.

  마지막으로, 인간에게 영감을 주어 기록한 하나님의 말씀은 한 순간에 태동한 것이 아니며, 수천 년의 역사 속에서 순차적으로 기록되었음에 대한 확신이다. 또한 66권의 성경이 하나님의 완전한 말씀으로 인정되고 보존되는 데에도 순차적 과정을 따라 완결되었음을 인정해야 한다. 이렇게 완결된 성경은 사본에서 사본으로 전승되어 오늘에 이르게 되었다. 그런데 이 과정에서 하나님은 절대적으로 성경을 보존하셨다. 사본에서 사본으로 이어지면서 내용의 변형이나 틀어짐이 없이 하나님은 성경의 모든 내용을 친히 보존하셨다. 이러한 '하나님의 성경 보존의 확신'이 설교자에게는 절대적으로 필요하다(Preservation by God).

  이런 가정을 해 보자. 하나님께서 사람에게 영감을 불어넣어 주셔서 사람이 하나님의 영감대로 기록한 성경의 원본은 완벽한 하나님의 말씀이라고 가정하자. 그런데 인쇄술이 개발되기 전 사람들이 하나님의 말씀을 필사하는 과정에서 실수하여 완전한 하나님의 말씀이 불완전하고, 온갖 오류와 인간의 범실이 가득한 문서로 변질되어버렸다고 생각해보자. 그렇다면 그런 불완전한 문서가 하나님의 말씀으로 신뢰할 만한 근거가 되겠는가? 이 시대의 자유주의 신학자들의 말대로 하나님의 말씀인 성경이 여러 사람에 의해 편집되고, 사상이 주입되고, 사람의 입맛에 따라 집필된 도서라면 실로 계시된 영감으로 기록된 하나님의 말씀이라는 의미는 무의미 그 자체인 것이다.

사본학 연구나 성경 역사 연구를 통하여 우리는 얼마든지 많은 질문과 학문적 분석을 시도할 수 있다. 당연히 그렇게 해야 한다고 하지만 분명한 것은, 그 조사·연구나 분석이 절대로 어떤 완전한 답변을 줄 수 없다는 사실이다. 하나님의 말씀을 하나님의 말씀으로 정하시고 보존해 오신 것은 전지전능하신 하나님이 권능으로 행하신 일이라는 믿음이 요구되는 일이다. 이 믿음에 입각한 담대한 확신이 하나님의 대변인다운 대변인의 역할을 가능케 한다.

지금 내 손에 있는 이 말씀이 하나님의 능력으로는 보존할 수 없었던 인간의 유전이라고 본다면, 그 말씀을 전하면서 이것이 하나님이 우리에게 오늘날 주시는 음성이라고 말하는 것은 얼마나 설교자 자신의 기만이 되겠는가?

만약 이 세 가지, 설교자가 반드시 가져야 할 확신이 결여된다면, 이 시대의 설교자는 얼마든지 이 시대 청중의 요구나 자신의 종교적 이념적 가치의 변증 혹은 설교자 자신의 성공이라는 목적을 향하여 설교라는 도구를 활용하는 비극을 초래할 것이다.

**비관은 금물이다**

청중의 시대적 요구와 하나님의 시대를 초월하는 불변의 메시지, 이 둘의 충돌 속에서 설교자는 갈등한다. 때론 굴복하고 때론 다시 일어나고 때론 목숨을 건다. 포스트모더니즘을 외치는 세대는 절대가치에 대해 부정한다. 절대 원리란 그들에게 없다. 절대적 존재도 인정하지 않는다. 절대 진리는 거부의 핵심적 대상이다. 청중에게 절대가 있다면, 자기 자신의 유익이다. 모든 것은 자신의 유익 앞에 상대화된다. 대중에게 잘 알려진 의과대학의 이국종 교수가 전하는 일화는 이것을 단적으로 드러낸다.

지금 세대와 같이 경제적으로 풍요로운 조국에 응급헬기가 없어서 광야에서 죽어가는 생명을 살리지 못한다고 탄식하며, 더 나아가서는 관광 산악에 헬기가 뜨는 것을 반대하는 사람들의 이유가 그들의 김밥에 먼지가 묻기 때문에 항변했다는 일화는 극단적일 수는 있으나 이 시대의 청중이 어떠한가를 너무 잘 묘사했다고 보인다.

설교자는 이런 시대의 청중에게 비위를 맞추는 인본주의 말쟁이가 아니다. 이런 청중을 경멸하는 위선적 자기 의에 사로잡힌 종교인은 더더욱 아니다. 진정한 설교자는 이런 이기적 청중에게 하나님의 자비를 가지고 돌을 맞으면서라도 말씀을 전하는 거룩한 종이다. 비록 핍박은 있지만, 그 상급은 영원하다. 인본주의, 포스트모더니즘이 창궐하지만, 거룩한 하나님의 음성을 듣고자 하는 숨겨진 청중은 바다처럼 많다.

중세 암흑기에 교황청을 대항할 아무런 세력이 없었지만, 루터의 '오직 믿음'의 설교는 그 시대 청중을 움직였다. 하나님을 대항한 다윈의 진화이론이 과학과 기독교를 오염시키던 때에도 무디와 스펄전의 설교가 성령의 행전을 이루었다. 탈이념적 물질주의와 개인주의, 그리고 극단적 비윤리 사상을 설파하는 이 포스트모더니즘의 사회 속에도 이름 없는 수많은 헌신 된 하나님의 대변인들을 통해 도도히 하나님의 나라는 확장되고 있다.

## 5. 하나님 나라 대변인의 3대 확신

설교의 의의를 알기 위해 우리는 "설교는 무엇이고, 설교자는 누구인가?"라는 질문을 던져야 한다. 이 질문에 대한 정직하고도 성경적인 답변이 설교의 의의를 깨닫게 해 줄 것이다. 나는 나의 많은 시간을 설교하는데 쏟았고, 때론 설교에 대해 가르치는데 마음과 시간을 들였다. 설교에 대한 더 많은 설명과 구체적 설교 작성의 방법에 대해서는 뒤에 서술키로 하고, 설교의 의의를 다음 글로 정리하고자 한다.

**설교자**

설교자는
오직 하나님의 말씀만 선포할 때
비로소 설교자의 시작이다.
왜냐하면 설교는 살아계신 하나님의 음성을 대언하는
소명이기 때문이다.
설교자는
자신의 삶으로 설교할 때

온전한 설교자로 헌신된다.
왜냐하면, 설교를 부탁하신 하나님께서 말씀을 선포하는 자는
선포된 말씀 따라 살라 명하셨기 때문이다.

설교자는
기도의 무릎으로 설교를 준비할 때
완성된 설교자로 나아갈 수 있다.
왜냐하면, 오직 성령의 임재와 능력이 설교를 선포할 수 있는
힘이 되기 때문이다.


하나님께 설교자로 헌신하여 전 인생을 설교에 생명을 거는 수많은 설교자들이 가진 고민이 있다. 그것은 자신은 생명을 다하는 심정으로 설교해 왔는데 자신의 말씀을 듣는 성도들이 정말 영적인 성도로 변화하고 있는가에 대한 회의감과 확신의 부재이다. 그런 아픔을 안고 살아온 필자는 이렇게 동역자들에게 질문하고 싶다. "그대의 설교를 들어온 성도가 변화하지 않는다면 먼저 정녕 내가 하나님 말씀만 전념하여 선포 하였는가?" 스스로에게 물어보라. 그 질문에 대하여 "그렇습니다. 나는 오직 하나님 말씀만 전하는 데 전념하였습니다. 그런데 왜 성도의 삶에 영적 변화가 없습니까?"라고 응답이 오면 다시 이렇게 스스로에게 물어보라. "설교자인 내가 전한 말씀의 명령대로 살아가고자 하는 나 자신의 헌신과 노력이 있었는가? 그리고 그런 삶의 변화를 스스로 체험하고 있는가?"라고 말이다. 누구도 온전한 삶을 자랑할 자

가 없을 것이다. 그러나 말씀을 듣는 성도들은 설교자가 그렇게 살고 있는가? 그렇게 살려고 최선을 다해 노력하는가에 대해 민감하게 보고 있다.

"그래도 주님 난 나름 최선을 다해 전하는 말씀대로 살아왔으며 자랑할 것은 없지만 이만큼 나의 변화된 삶이 있었습니다."라는 답변이 온다면 마지막으로 질문하라.

"정녕 기도하며 선포했는가? 설교의 영을 위해 얼마나 무릎 꿇어 간구하였는가?"를 물으라.

이러한 자신의 질문들에 떳떳하게 답할 수 있다면 설교자인 당신은 하나님 앞에서 부끄러울 것 없는 설교자이다. 성도들 앞에서 그 말씀의 감동과 열정 때문에 주체할 수 없는 성령의 설교자이며 이런 당신의 설교를 듣는 성도들은 반드시 변화될 수밖에 없을 것이다.

하나님의 말씀을 전한 설교가 아닌데 군중이 모이는 교회의 설교자라면 그것은 재난이다. 나의 삶이 따라가지 않는 세속적 설교자인데 성도들이 은혜받는다고 간증한다면 그것은 속임수이다. 기도의 영이 죽어있는데 설교를 잘한다는 소리를 듣는다면 그것은 말재간이다.

현대 사회는 어느 곳에서든 설교를 들을 수 있는 말 그대로 설교의 홍수시대이다. 길거리에서도 Youtube에 접속하여 유명 설교자의 유려한 설교를 들을 수 있다. 그러다 보니 현대를 살아가는 그리스도인들에게 있어서 설교의 이미지는 쉽게 소비할 수 있는 매체로 전락했다. 그러나 이러한 시대 상황 속에서도 정말 철저한 말씀 중심의 설교와 공허한 주장이 아닌 삶의 간증과 증거가 넘치는 설교를 갈구하는 사람들이 분명 존재할 것이다. 누군가를 위한 설교가 아닌 설교자 자신의 참회와 영성의 기도 가운데 얻어진 참된 설교를 듣기 위해 방황하는 사람들도 있을 것이다. 적어도 필자는 이러한 설교를 갈구하고 있었다. 그런 설교를 내가 할 수 있길, 그리고 그러한 설교를 들을 수 있기를 필자는 갈구했다.

"에스라가 여호와의 율법을 연구하여 준행하며 율례와 규례를 이스라엘에게 가르치기로 결심하였었더라"(스 7:10)

이 말씀은 당시 말씀에 능통한 학사였던 에스라가 칠십 년의 바벨론 포로 생활을 마치고 하나님의 은혜로 이스라엘 백성을 데리고 예루살렘에 도착하자마자 한 그의 결심을 기록한 말씀이다. 그렇게 그리던 예루살렘에 돌아왔지만 남은 것은 폐허뿐이었다. 너무나 처참한 고향의 현실을 마주하며 이스라엘 백성들은 경악하며 낙심 가운데 빠져 있었다. 에스라는 어찌할 바를 모르는 이스라엘을 세울 수 있는 유일한 방법을 생각했다. 단호하고 분명하게 여호와의 법, 그 말씀을 가슴에 새기도록 가르치는 일이었다.

그러기 위해 그는 말씀을 연구하고 묵상하는 일에 전념했다. 이미 그는 여호와의 법에 능통한 은사를 가진 학사였다(6). 그러나 그는 알고 있는 지식을 우려먹는 학사가 아니었다. 가르치기 위해 자신이 먼저 말씀에 혼신의 힘을 쏟는 투철한 말씀 지도자였다. 오늘날 우리 설교자들은 학사 에스라가 가졌던 설교자로서의 진정성을 자신에게 물어야 한다. 얻어진 명성과 이미 알려진 지식, 두고두고 우려먹는 설교로 여기저기 다니며, 마치 장기자랑을 하듯 설교하지는 않는지 정직하게 하나님 앞에서 자신을 성찰해야 한다.

에스라에게 있어 여호와의 율법을 연구하는 목적은 가르침 이전에 자신이 그 말씀 앞에 순종하고 실천하는 의지에 있었음을 잊어서는 안 된다. 그는 세 가지 결심을 했다. 첫째는, 말씀 연구에 대한 결심이요, 둘째는 얻어진 말씀의 법에서 나오는 율례를 자신이 반드시 실천하겠다는 결심이다. 여호와의 법이 말씀 그 자체라면, 율례는 그 법에서 흘러나오는 그 시대의 실천 적용 사항이다. 설교가 그렇다. 설교자가 성경을 연구하는 목적은 그 말씀을 연구하며 얻어진 삶의 원리들을 먼저 자신의 삶에 적용해 보는 데에 있다. 말씀에 자신을 비추어 부족했던 면을 채우고 회개해야 할 것들을 회개하고 돌이킬 것들을 돌이킴을 통해 말씀을 나의 것으로 만드는 과정이 반드시 필요하다. 이것이 설교자의 결심으로 드러나야 한다. 자신이 적용한 말씀으로 인해 그 말씀이 나를 변화시키는 경험을 하지 않으면 그가 전하는 메시지에 힘이 실리지 않을 것이다.

> 설교자가 성경을 연구하는 목적은 그 말씀을 연구하며 얻어진 삶의 원리들을 먼저 자신의 삶에 적용하는 데에 있다.

마지막 결심은 가르침의 결심이었다. 자신의 하나님과의 깊은 교제

가운데 얻어진 말씀의 비밀 그리고 자신의 삶에서 실천된 경험된 말씀 이것은 이미 능력 그 자체이다. 이 말씀을 가르칠 때 청중은 설교자의 진정성을 보고, 살아 역사하는 하나님의 영의 음성에 귀를 기울이게 되며, 통회와 자복, 그리고 새로운 삶을 향한 결단을 내리게 된다.

성경을 연구하기에 게으르다면 설교하지 말라! 연구한 말씀을 당신의 삶에 적용하기를 꺼린다면 위선적 주장을 청중에게 말하지 말라! 선포된 말씀이라면, 함께 울고 함께 살고 함께 결단하기를 호소하라! 이것이 참 설교이다.

"내 눈을 열어서 주의 율법에서 놀라운 것을 보게 하소서"(시 119:18)

이것은 하나님의 법의 진리를 얻기 위한 간곡한 기도이다. 인간의 의지와 노력이나 결심은 수시로 변한다는 것을 세월을 살아 본 우리는 너무 잘 안다. 우리의 스마트한 지성의 한계가 얼마나 초라한지도 능히 알고 있다. 설교는 우리의 의지와 지성의 예리함으로 완성되지 못한다.

다윗은 아마 우리 중 누구보다도 하나님과 가까웠고, 지성이 탁월했고, 감성이 풍부했던 영적 지도자였을 것이다. 그러나 그는 하나님이 자신의 눈을 열어 주기 전에는 그 법의 기이함을 볼 수 없는 어쩔 수 없는 자신의 한계를 인정하고 있다. 이것이 설교자의 겸허한 정신이요, 영성의 기초이다.

분명한 것은 하나님과의 깊은 영성의 기도가 없는 사람은 오직 자신의 지성의 능력을 의지할 뿐이다. 설교자가 왜 기도하는가? 많은 이유가 있지만 설교자는 하나님이 나의 눈을 열어 그 말씀의 기이함을 볼 수 있도록 기도하는 것이다. 그래서 설교의 모든 크레디트가 자신에게 있지 아니하고, 보여주신 하나님께 있음을 인식하고, 인정하고, 그 영광을 하나님께 돌린다. 우리는 간혹 사도 바울을 생각할 때 바울 신학을 완성한 신학자로 여기기 쉽다. 그러나 잊지 말아야 할 것은 그는 설교자였고, 설교자를 키웠고, 설교를 명한 사도였다는 것이다. 바울은 자신의 설교를 이렇게 표현했다.

"내 말과 내 전도함이(나의 설교가) 설득력 있는 지혜의 말로 하지 아니하고 다만 성령의 나타나심과 능력으로 하여 너희 믿음이 사람의 지혜에 있지 아니하고 하나님의 능력에 있게 하려 하였노라"
(고전 2:4-5)

바울은 이 구절을 통해 자신이 설교자로서 얼마나 철저히 성령의 능력에 의지한 설교를 했는지를 간증하고 있다. 또한, 그 목적이 자신과 하나님의 교회에 사람의 말이 아닌 성령의 능력으로 드러나기를 소원했다.

이스라엘의 비운의 시대를 살며 하나님의 말씀을 대언해야 했던 아모스를 기억하자.

"사자가 부르짖은즉 누가 두려워하지 아니하겠느냐 주 여호와께서 말씀하신즉 누가 예언하지 아니하겠느냐"(암 3:8)

이 세대는 기본적으로 하나님의 말씀을 거스른다. 그 도도한 세대의 거스름이 말씀 선포자의 의지를 꺾는 것 같아 보인다. 하지만 하나님의 말씀 선포는 그 자체로 압도하는 능력이 있으며 인간의 모든 그릇된 사술적 언어를 초월하여 진리 그 자체로 빛나는 힘이 있다. 그러므로 설교자의 입에서 진정 하나님의 말씀이 선포될 때 반드시 세상을 이기는 교회의 능력은 드러날 수밖에 없을 것이다.

오늘날 다원주의로 대표되는 포스트모더니즘의 물결은 진리를 흐트러뜨리고 어그러지게 한다. 이러한 세태에 사람들은 익숙해져 있다. 그러나 이러한 어수선한 세태 속에서도 에스라의 확신 속에 선포하는 설교자, 다윗의 영성 가운데 헌신된 설교자가 있다면, 비틀거리는 한국 교회는 빠르게 회복될 것이다. 중요한 것은 설교자로 부름받은 필자를 위시한 성도들이 하나님의 말씀을 충성되게 전하는 진정한 설교자로 서 있어야 한다는 사실이다!

### 나가는 말

결국 설교란 성서 시대에 선포된 그 시대의 상황과 메시지를 오늘날의 논리적, 신학적 타당성을 따라 연결하는 다리 역할이다. 설교자의 설교 준비는 과거와 현재의 다리를 성실하게 연결하기 위한 노력이다. 설교자는 성경을 연구하고 이 시대를 정확하게 진단하여 청중들에게 왜 이 시대에 하나님의 말씀대로 살아가는 것이 중요한지 보여줘야 한다. 아울러 어떻게 생각하고 살아가는 것이 하나님이 원하시는 것인지를 제시하고 이를 정직하게 설득해야 한다. 따라서 설교에 대한 보다 기술적인 정의는 아래와 같이 정리할 수 있다

"설교란 성경 본문이 기록될 당시 독자들에게 의도하신 의미를 역사적, 문헌적, 문법적 연구를 통해 해석하여 하나님의 영원불변한 신학적 진리를 이끌어내고, 설교자 자신과 현대 청중이 이해하고 적용할 수 있도록 설득력 있게 구성하여 전달하는 단일적 주제의 전달과정이다."

### 생각의 관점

- 내가 들어 온 설교가운데 나는 얼마나 하나님의 나라에 대하여 듣고 알고 있습니까?
- 내가 하는 설교가운데 하나님의 나라에 대한 주제가 어떻게 얼마나 제시되고 있습니까?

# 제 3장

# 설교의 정의

## 1. 설교학자들의 객관적 정의

　전장에서 필자는 설교의 의의를 '설교한다는 의미'라는 관점에서 포괄적으로 기술하였다. 제3장에서는 '설교의 정의'라는 측면에서 보다 정교한 의미의 설교를 논의하고자 한다. 어떤 한 문장으로 설교라는 개념을 한정적으로 기술하는 것은 쉬운 일이 아닌 동시에 설교의 의미를 제한하거나 소극적으로 보게 하는 역기능을 낳을 수 있다. 그러나 거시적 관점이 있다면 미시적 관점도 존재한다. 우리는 설교라는 광활한 의미를 가진 행위를 좀 더 명확하고 정교하게 정의할 필요를 느낀다.

전장에서 말한 것처럼 설교의 외관적 환경이나 형식이 설교를 설교되게 하는 것이 아니다. 설교내용 그 자체로 그것이 설교임을 입증하는 근거가 필요하기에 설교자는 무엇이 진정 설교인가에 대한 최소한의 근접한 나름의 정의가 있어야 한다. 혹자들은 설교를 '성서적 설교'와 '비성서적 설교'라고 구분하지만, 필자는 그러한 구분이 모순과 논리적 불합리성을 가진 구분이라는 생각이 든다.

왜냐면 설교의 근원이 성서의 내용임에 모두가 동의한다면, 비성서적 설교란 성경을 떠난 설교 형태를 말하기에 이미 설교로 지칭할 수 있는 근거를 상실하기 때문이다. 그래서 설교를 더욱 명확히 구별한다면, 설교와 다른 종류의 스피치, 예를 들면 연설, 세미나, 간증, 선교보고 등으로 나누는 것이 오히려 적합하다고 본다.

예배 중 설교순서에 말한다거나 혹은 안수받은 목사님이 말한다고 해서 그 말이 설교의 정당성을 부여받을 수는 없다. 그것은 예배 중에 누군가가 간증을 하거나 경험담을 말한다고 할 때 결단코 그 말들이 설교로 명명될 수 없는 것과 마찬가지이다. 설교의 명확한 정의가 필요한 이유는 현대에 들어 설교의 경계가 모호해지고 있기 때문이다. 예를 들면, 주어진 설교 시간을 간증자의 간증으로 채우거나 설교 시간을 선교사의 선교 보고 시간으로 사용하는 것 등을 이야기할 수 있다. 또한 설교의 내용을 가만히 들여다보면 성경이 말하는 진리를 선포한다기보다는 말씀을 주제로 사람들을 설득하거나 정보를 제공하는 수

준에서 그치는 경우가 많다. 이렇게 설교의 의미가 희석되는 상황은 설교자 자신뿐 아니라 성도들이 설교의 존엄성과 본질을 떠나게 하는 우려를 만든다. 그러므로 설교의 정의와 본질을 명확하게 제시하는 것이 중요하다.

"설교는 무엇인가?" 이에 대한 답변을 위해 필자는 먼저 설교라는 단어의 어원적 의미를 확인할 것이다. 이후 설교학을 가르쳤던 몇몇 위대한 선배들의 정의를 살펴볼 것이다. 또한 보편적 설교의 정의를 기술하고, 설교의 정의가 내포하는 설교의 구성 요소들을 보다 구체적으로 설명할 것이다.

사실, 성경에서 설교라는 단어를 딱히 집어서 말하기는 쉽지 않다. 다만 설교를 지칭할 수 있는 표현들이 있을 뿐이다. 구약 성경에서 오늘날의 설교자와 대등한 입장의 사람들은 선지자들일 것이다. 선지자들은 히브리어의 '나비'(נבא)라는 단어로 쓰이는데, 이것은 소극적으로는 여호와 하나님을 위해 미래를 보는 능력을 가진 자들(Foreteller)이었고, 적극적 개념으로는 여호와 하나님을 위하여 앞서 말하는 자들(Forthteller)의 개념을 가지고 있다.

그들은 말하는 자들이었다. 말을 하되 여호와 하나님을 위하여 말하는 자들이었다. 그렇기에 그들은 미리 받은 말씀이 있어야 했고, 미리 본 비전이 있어야 했다. 그래서 그들은 청중에게 설교할 때 반드시 자신들이 받은바 말씀의 근거와 비전의 경험을 먼저 말했다. 그 대표적인 예가 선지자 예레미야이다.

"여호와의 말씀이 내게 임하니라 이르시되"(렘 1:4)

"여호와께서 그의 손을 내밀어 내 입에 대시며 여호와께서 내게 이르시되 보라 내가 내 말을 네 입에 두었노라"(렘 1:9)

이처럼 예레미야는 설교 이전에 여호와의 말씀이 언제 어떻게 임하였는지에 대하여 구체적으로 표현한다. 그렇게 함으로써 그의 선포가 자신의 자의적 행위가 아닌 여호와의 말씀임을 권위적으로 논증한다.

심지어는 예레미야가 이 말씀의 선포로 인하여 사람들의 조롱거리가 되고 모욕거리가 되기도 했다. 그는 이렇게 고백했다.

"내가 다시는 여호와를 선포하지 아니하며 그의 이름으로 말하지 아니하리라 하면 나의 마음이 불붙는 것 같아서 골수에 사무치니 답답하여 견딜 수 없나이다"(렘 20:9)

예레미야의 고백에서 우리는 청중의 기쁨을 위한 것이 아닌 하나님이 주신 말씀을 그대로 선포하는 설교가 얼마나 어렵고 아픈 것인지 깨닫는다.

이런 선지자들의 고백은 선지서 곳곳에서 발견된다. 선지자들과 달리 여호와의 말씀을 받은 바 없고, 비전을 본 적이 없이 청중과 당대의 왕족들을 위하여 선지자의 이름으로 말하는 자들이 있었으니 그들을 '거짓 선지자'라 한다. 그 대표적인 경우가 민수기 22장의 발람의 설교이다.

오늘날도 성경의 말씀에 진지한 연구와 묵상이 없이 청중 앞에 청중이 좋아하는 언어로 그들의 현실적 요구에 부응하는 설교를 하는 설교자가 있다면 그는 설교자도 아니고, 그가 하는 말 또한 설교가 아니라고 말할 수 있다. 신약성경에서 설교를 대신할 용어들은 여러 군데에서 발견된다. 우리가 설교라고 말하는 영어의 Preaching에 가장 가까운 용어는 Kerysso(κηρύσσω, 마 3:1; 4:17; 행 28:31; 딤후 4:2)이다. 그 뜻은 "설교하다, 혹은 말씀을 선포하다"로 번역될 수 있다. Euaggelizo(ευαγγελιζω, 눅 8:1; 행 8:4-5)는 '복음을 설교하다 혹은 복음을 전하다'로 번역되어 kerysso(κηρύσσω)와 상호 동의적 의미로 사용되기도 한다. 이 외에, Martyreo(μαρτυρέω, 요 1:7-8; 계 1:2)는 보다 법적인 용어로 '증인으로서 증거하다'의 의미를 갖는 설교용어이다. 이 대표적 세 가지 설교를 말하는 용어 자체에도 설교의 정의가 함축되어있다. 이 용어들 속에는 이미 설교가 말하는 자의 것이 아니라 주어진 말씀의 대언자이며 증거자라는 함의가 들어있는 것이다.

성경 말씀을 설교하는 설교자들에게 있어서 잊을 수 없는 설교학의 선배인 해돈 로빈슨은 "설교란 설교자가 성경의 내용을 역사적, 문법적, 문헌적 내용이해를 통하여 얻어진 성서 개념의 전달로서 성령께서 먼저는 설교자 자신에게 적용시키고, 이어서 청중들에게 설교자를 통해 적용시키는 성서 개념의 전달"이라고 정의한다(물론 더욱 좁은 의미에서 성서적 강해 설교라고 표현한다).

해돈 로빈슨이 달라스신학원에 와서 설교할 때 "위대한 설교자는 없다. 오직 위대한 그리스도만 있다"라고 말했다. 그의 말에는 이미 설교가 무엇인지에 대한 답이 있었다.

이처럼 설교는 단순한 성서개념의 전달 그 자체이기 때문에 특별히 감동적 미사여구의 나열일 필요도 없고, 화려한 수식어구가 동원되는 연설일 필요도 없다. 그에게 있어서 설교의 가장 중요한 핵심은 설교의 언어, 주장이 성서의 본문에서 출발하고 정리되어 응집된 성서의 개념인가가 가장 중요하다. 이 질문에 '그렇다'라고 말할 수 있는 입증과정은 본문 내용에 대한 객관적인 역사적 접근이 이루어졌는가와, 그 언어의 쓰임과 표현이 문법적, 문맥적으로 타당한가가 입증되어야 한다.

설교자는 성경에 드러난 성서적 개념을 청중이 적용할 수 있는 현대적 가이드라인으로 만들어야 한다. 논리적으로 수긍할 수 있는 타당한 연계성을 제시해야 한다. 이러한 설교를 통하여 설교자 자신의 삶에 어떤 말씀을 적용할지가 분명해지고, 이어서 듣는 청중에게 삶을 어떻게 살아갈 것인가에 대한 구체적 적용이 전달될 수 있다. 설교의 전달 과정을 움직이는 힘은 인간의 노력이 아닌 성령의 크신 역사가 함께 해야 한다.

이와 같은 해돈 로빈슨의 설교 정의를 보다 조목조목 정의를 내린 분이 리처드 메이휴이다. 메이휴는 "설교의 내용은 반드시 그 원천이 성서에 있어야 하며, 내용을 해석함에 있어서 섬세하고 정밀한 문맥적, 문법적, 문헌적 석의가 바탕이 되어야 한다."고 했다. 또한 "보편적이고 타당한 객관적 해석이 있어야 하며, 이를 통해 하나님의 본래의 의도가 명확히 드러나 오늘날의 하나님의 백성이 적용할 수 있어야 한다"고 말한다.

이러한 성경 설교자들의 설교에 대한 정의는 역사를 거슬러 올라가면 종교개혁의 핵심 설교자였던 존 칼빈에 이른다. 그의 설교에 대해 존 라이트는 이와 같이 설명한다. "칼빈은 설교를 기본적으로 성경을 강론하고 성경의 말씀 자체가 선포하는 설교내용의 원천이어야 한다고 말한다. 성경의 강론자로서의 칼빈은 성경 말씀의 가장 자연스러운 진정한 의미를 파악하는데 핵심을 두었다."

성경적 설교학의 거장 중의 하나인 티모시 워렌 박사는 보다 간결하고 모형적 의미에서의 설교 정의를 내렸다. 그는 "설교란 성령의 역사하심을 따라 발견된 석의적, 신학적 성경 본문의 해석을 통해 얻어진 하나님 말씀의 진리를 설교자와 청중에게 적용되도록 전달하는 본문의 개별적 주제의 전달이다"라고 정의한다. 티모시 워렌의 정의는 앞서 제시한 정의들에 대한 보다 함축적 표현이다. 동시에 설교의 준비 과정 전반에 성령의 역할을 중요시한다. 특별히 설교는 다양한 주제들의 진리들을 말하는 것이 아닌 하나의 주제 전달에 역점을 둘 것을 강조하고 있다.

실상 이런 설교에 대한 정의는 이미 사도바울이 말한 "너는 말씀을 전파하라"라는 성경적 요구와 예수님께서 지상명령으로 주신 "내가 너희에게 분부한 것을 가르쳐 지키게 하라"라는 명령에 대한 수행 방법을 보여준다. 설교는 범위와 방식 그리고 내용을 구체화하여 성경적 요구에 최대한 설교자가 접근하려는 시도라고 볼 수 있다. 이와 같이 정의를 내림으로서 설교자 자신이 하나님의 말씀을 전파하는 일과 그 내용의 정당성을 확보하려는 신실한 선포자의 태도를 엿볼 수 있다. 설교에 대한 정의들을 종합적으로 이해하면서 필자는 다음과 같이 설교에 대한 정의를 내린다.

> 설교란 성경 본문이 성경 저자와 독자들에게 주고자 하는 원래 의미를 해석함을 통해 하나님의 영원불변한 신학적 진리를 이끌어내어 누구나 이해하고 적용할 수 있는 단일적 주제의 전달과정이다.

**"설교란 성경 본문 본래의 성경 저자와 독자들에게 의도된 의미를 역사적, 문헌적, 문법적 연구를 통해 해석함으로써 하나님의 영원불변한 신학적 진리를 이끌어내어 설교자 자신과 현대 청중이 이해하고 적용할 수 있도록 설득력 있게 구성하여 전달하는 단일적 주제의 전달과정이다."**

이러한 설교에 대한 정의를 보다 쉽게 이해하기 위해 아래의 도표를 제시하고 설명한다.

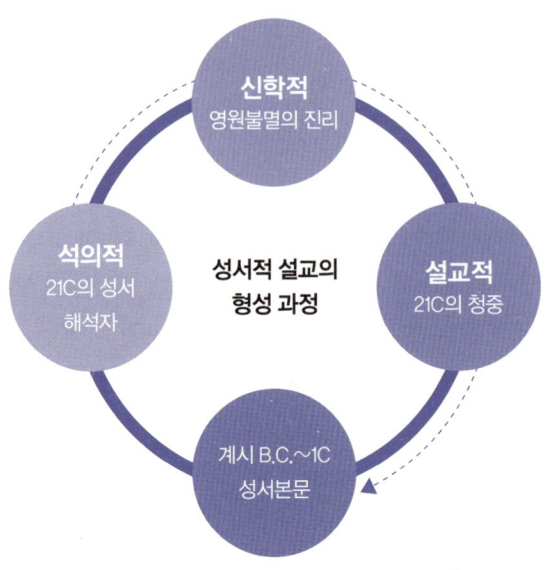

## 2. 설교의 형성과정에서 본 설교의 정의

도표에서 보는 것처럼 설교는 그 형성과정에 있어서 시간적 절차에 따라 세 가지 과정을 거쳐 얻어진다. 첫째는 '석의적 과정'이다. '석의적 과정'은 자연스러운 문헌연구의 과정이다. 성경의 내용을 연구하는 설교자는 기본적으로 이 내용이 누가 누구에게 쓴 글인가?, 이 글을 쓰게 된 동기가 무엇이었는가?, 그리고 이 글이 쓰일 당시에 어떤 역사적, 교회적 상황이 있었는가? 그리고 이 글이 문법적으로나 문자적으로 어떤 장르, 형식, 언어를 통해 쓰였는가? 등을 심층적으로 연구해야 한다.

이 단계는 무엇을 현대 청중에게 전달할 것이냐를 결정하는 단계가 아니다. 성경의 저자가 어떠한 말씀을 어떤 배경에서 써 내려갔는가를 파악하는 과정이다. 당시의 배경과 전달 대상, 그리고 언어적인 연구를 통해 설교자는 성경 본문이 가진 본래적 의미에 접근하는 것이다. 예를 들어보자. 이순신 장군이 남긴 수많은 명언 중 "신에게는 아직 12척의 함정이 있나이다"라는 말이 있다. 이 말을 조선시대 사람이 아닌 2019년을 살아가는 현대인이 듣는다고 생각해 보자. 현대인들은 이순신 장군의 말을 파악하기 위해 여러 가지 정보를 확인해야 한다. 당시 임진왜란의 전황이 어떻게 흘러가고 있었는지, 조선의 조정은 어떤 명령을 내렸는지, 정말 이 말을 한 이순신 장군은 자신의 승리를 예견하고 있었는지 등 그 말을 어떤 배경에서 어떤 동기와 목적을 가지고 한 것인지에 대해 헤아려야 한다. 전체적인 맥락을 알아야 장군이 왜 그 말을 해야만 했는지에 대한 이해를 얻을 수 있다.

   성경은 기본적으로 문헌이고 누군가의 글이다. 그 글을 이해하고 의도를 파악하는 데는 매우 객관적이고 공정하며 자연스런 연구 과정이 필요하다. 이 과정이 무시된 주관적, 소위 영적 해석은 무분별하고 쉽게 악용하기 쉬운 매우 무책임한 설교자의 태도일 수밖에 없다. 당연히 성경이 모세오경에서부터 요한계시록에 이르기까지 수천 년의 역사와 특정한 상황 속에서 쓰인 도서의 집합이라는 점에서 문헌으로서의 석의적인 해석 연구 과정의 필요가 증대된다. 또한 완벽한 해석을 얻어내는 일은 쉽지 않다. 하지만 원래 성경을 쓴 저자가 어떤 상황에서 글을 썼는지, 그 사람이 사용한 단어의 뜻은 무엇인지에 대해서 연구함을 통해 설교자는 자신의 설교에 객관성과 신빙성을 담보할 수 있게 된다. 원래의 뜻을 알기 위한 치열한 연구가 없다면 성경 해석은 주관적으로 치우칠 수밖에 없다. 그렇게 되면 설교자의 본문을 보는 객관적 시각이 파괴되어 원래의 뜻이 아닌 왜곡된 진리를 전하는 상황이 전개될 수밖에 없다.

두 번째 과정은 '신학적 과정'이다. 성경이 특정한 역사적 배경에서 특정한 민족 혹은 개인 교회에게 쓰인 글에만 국한된다면, 사실상 그 내용 속에서 현대인이 얻어야 할 것들은 단순한 역사적 교훈 정도에 지나지 않는다. 우리는 성경을 사람이 쓴 글임에도 불구하고 하나님의 말씀이라고 믿는다. 그 이유는 형식적 권위 부여가 아니라 수많은 성경의 저자들의 글 속에 하나님의 원천적 의도와 목적, 계시와 메시지, 그리고 인류가 살아갈 진리가 내포되어 있기 때문이다.

따라서 설교자는 석의적인 연구를 통하여 얻은 저자의 의도와 당시 청중의 이해를 바탕으로 하나님께서 시대에 국한하지 않고, 우리 모두에게 선포하시는 진리를 이끌어내야 한다. 이 과정을 '신학적 과정'이라 칭한다. 이 과정은 성경 전반에 흐르는 하나님의 의도와 주제별 신학적 이해가 기본적으로 필요하다. 설교자가 신학 공부를 미리 해야 하는 이유가 여기에 있다. 신학적 과정은 보편적이고 정당성이 인정되는 신학의 거울에 비추어 성경의 본문에서 석의된 내용이 무엇을 의미하며, 하나님께서 어떤 의도로 이 메시지를 주는가를 청중에게 연결시킬 수 있는 원리적 연구과정이다. 이 과정을 통해 얻은 진리는 결국 설교의 뼈대와 같은 역할을 한다.

마지막으로 '설교적 과정'이다. 설교적 과정은 결국 수천 년의 시간적, 역사적, 문화적, 종교적, 사회적 거리를 가진 청중과 말씀과의 격차를 극복하여 오늘 하나님께서 우리에게 말씀을 통하여 말씀하고자 하시는 바를 찾고 선포하는 설교의 마지막 과정이다. 이 세 가지 연구과정을 앞으로 차례대로 설명하면서 구체적 내용을 제시하고자 한다.

따라서 설교란 청중에게 "이것이 여러분에게 주는 하나님의 메시지입니다"를 세 과정의 연결된 논리적 입증과 신학적 증명을 통하여 설득하고 깨닫게 하는 전달 활동이다. 설교는 본문이 말하는 한 가지 주제에 집중하는 것이 좋다. 특별히 이러한 제한을 두는 것은 설교 본문의 선정과 연결하여 설교가 시간적 제한을 갖는 전달이기 때문이다. 제한된 시간에 청중에게 깨달음과 도전을 주기 위해 설교자는 깨달음을 단순화시킬 필요가 있다. 그리고 적용의 내용을 보다 명백히 보여줘야 한다. 본문의 저자가 그 본문을 통해 말하고자 하는 가장 중요한 하나의 주제가 있다는 것을 염두에 둬야 한다. 이것은 설교의 편의성을 위한 것이 아니다.

이런 설교의 성경상의 구체적 예증이 있다면, 바로 모세의 설교일 것이다. 모세가 이스라엘 민족에게 신명기 설교를 선포할 때 한 말에 주목할 필요가 있다.

"우리 하나님 여호와께서 호렙 산에서 우리와 언약을 세우셨나니 이 언약은 여호와께서 우리 조상들과 세우신 것이 아니요 오늘 여기 살아 있는 우리 곧 우리와 세우신 것이라"(신 5:2-3)

여호와의 언약은 역사적으로 호렙산에서 이스라엘의 열조들에게 먼저 세우신 것이다. 그럼에도 불구하고 모세가 이 설교에서 강조하는 것은 그 언약의 실제성이 여기 있는 우리에게 있음을 강조하고 있다. 당연히 그는 언약의 역사성을 부인하는 것이 아니다. 그 언약의 영원성과 불변의 진리를 강조하고 있다. 따라서 모세가 이스라엘의 자손들과 그 열조에게 부탁한 그 당시의 언약은 지금 2019년을 살아가는 신앙인들에게도 지켜져야 할 진리로 선포되었다고 믿는다. 그러므로 역사적 상황과 현실입장이 다른 시대적 거리와 상황적 거리를 연결할 율례와 규례가 적용적으로 제시되어야 한다.

## 3. 설교의 정의와 그 구성요소

동일 선상에서 오늘날의 설교 역시 이 시간적, 지리적, 문화적, 역사적 거리를 하나님의 불변하는 진리 속에서 연결하며, 그 말씀이 오늘의 말씀이 되도록 선포할 책임이 있다. 이러한 설교의 흐름은 모세뿐만 아니라 예수 그리스도의 메시지에서도 역력하게 드러난다.

"너희가 성경에서 영생을 얻는 줄 생각하고 성경을 연구하거니와 이 성경이 곧 내게 대하여 증언하는 것이니라"(요 5:39)

예수님은 당시 성경연구의 대가들인 율법사들에게 그들의 연구가 열조들에게 준 메시지로서가 아니라 오늘의 시대에 메시아로 오신 그리스도에 대한 말씀으로 시대적, 신학적 연결을 제시한다. 설교자라면 누구나 성경을 연구하고 그 결과를 토대로 설교하는 일에 대해 어려움을 느낀다. 단순한 제목으로 설교자의 영성에 입각하여 나름대로 준비하여 전하는 말씀이 설교가 아닌 이유는 바로 모세나 예수님의 설교 패턴에서 알 수 있다.

이러한 설교는 사도바울이 디모데에게 "그러나 너는 배우고 확신한 일에 거하라 너는 네가 누구에게서 배운 것을 알며"(딤후 3:14). 라는 당부를 할 때 동사형으로 표현된 세 가지에서 명확해진다. '배우다' '확신하다' '거하다' 이 세 가지 일은 반드시 순차적으로 이루어져야 한다. 배움이 없이는 확신이 없고, 확신이 없는 행함은 무익한 것이다. 이것은 바로 '설교의 정의'에서 보는 3대 과정과 맥을 같이한다.

여기서 바울이 말하는 배움이란, 당연히 구약성경의 내용이다. 그 당시의 헬라 철학이나 이념 사상을 배우라는 말이 전혀 아니다. 그래서 바울은 이렇게 말을 이어간다.

"또 어려서부터 성경을 알았나니 성경은 능히 너로 하여금 그리스도 예수 안에 있는 믿음으로 말미암아 구원에 이르는 지혜가 있게 하느니라"(딤후 3:15)

당시에 젊은 목회자였던 설교자 디모데에게 부탁하는 이유는 서로 속고 속이는 가르침들이 혼탁한 상황에서 설교자의 길이 무엇임을 명확히 해야 할 필요가 있었기 때문이다. 이와 같이 오늘날의 상황 또한 세상의 가치관과 교리가 결탁하여 진리가 오염되고 혼탁해진 상황에 있다. 디모데가 살아가던 시대 상황과 다를 바가 없다. 오늘을 살아가는 설교자들 또한 바른 설교관을 정립해야 할 필요가 있고 그에 따라 바른 설교를 하는 방법을 배워야 할 필요가 있다. 자신이 어떤 설교를 해야 하는지를 깨달아 진정한 설교자의 길을 걸어가야 하는 당위성과 동기를 성경적으로 확인하게 되는 순간이다.

두 번째의 동사인 '확신한다'는 그 배움 속에서 이것이 하나님의 뜻 하심이라는 신학적 확신을 말한다고 볼 수 있다. 또한 '거한다'라는 것은 디모데의 그 당시 당면한 상황 속에서 구체적으로 살아갈 적용적인 삶의 이치였다고 볼 수 있다.

설교는 문화와 시대의 유행이 아니다. 진리의 선포 스타일은 문화에 따라 얼마든지 변경 가능하지만, 그 근본은 신학 패턴이나 교단의 차이를 떠나 성서적 설교의 정석을 따름이 마땅하다. 이런 설교의 정의에 입각하여 설교는 다음의 요소들을 반드시 갖추어야 한다.

첫째, 설교는 처음부터 끝까지 성경의 본문 말씀이 신경조직처럼 외형적 혹은 내재적 '연결성'을 가져야 한다. 물론 이 말은 무조건 처음부터 끝까지 성경 말씀만 말하고 인용하라는 뜻이 아니다. 성경의 본문을 설명하고 이해시키기 위해 어떤 예화나 인용문 등을 사용하여 청중이 그 내용에서 오늘의 본문 말씀을 연결할 수 있는 근거를 설교자가 제시해야 한다. 재미있는 이야기를 들으면서 청중이 "그런데 저 이야기가 오늘 본문하고 무슨 관계가 있지?" 하는 의문이 들면 안 된다. 마치 우리의 몸이 어디를 건드려도 몸 전체가 느낄 수 있는 것처럼 설교의 어느 부분을 말해도 성경의 본문과 직결되는 투명성이 있어야 한다.

둘째, 본문이 가지고 있는 시간적, 공간적, 문화적, 역사적 거리를 연결할 '다리'의 기능이 설교 가운데 분명히 있어야 한다. 사도바울의 마지막 사역을 설명한 사도행전 28장의 기록은 이점을 강조하고도 남는다.

"그들이 날짜를 정하고 그가 유숙하는 집에 많이 오니 바울이 아침부터 저녁까지 강론하여 하나님의 나라를 증언하고 모세의 율법과 선지자의 말을 가지고 예수에 대하여 권하더라"(행 28:23)

바울의 설교 주제는 하나님 나라의 증거였다. 이 증거의 본문은 구약성경의 모세오경과 선지서였다. 바울은 먼 옛날의 선조들에게 주신 하나님의 교훈과 가르침을 현재 그리스도 예수를 통해 경험된 사건과 연결하여 증거했다. 사실 이것은 그 당시 바울의 집에 설교를 듣고자 모인 수많은 청중에게 있어 이해하기 쉽지 않은 설교였음은 두말할 나위가 없다. 그러나 이것이 설교의 정석이다.

하나님이신 예수 그리스도께서 설교하실 때마다 "경에 일렀으되" 하며, 늘 구약성경을 인용한 것은 자신의 구속사역을 구약의 기록된 말씀으로 풀어 가르치신 주님의 노력이었다. 이와 같은 성경적 설교의 사례들은 수없이 많다. 그래서 오늘날 모세와 예수님, 바울의 설교의 정통성을 이어가는 오늘의 설교자가 아무리 어렵고 힘들어도 이 설교의 정석에 맞추어 설교를 준비하고 선포하는 것은 당연하다.

셋째, 설교의 빠질 수 없는 구성요소는 '구체적 적용중심'의 내용이어야 한다. 사도바울은 성경에 대해서 "모든 성경은 하나님의 감동으로 된 것으로 교훈과 책망과 바르게 함과 의로 교육하기에 유익하니" (딤후 3:16)라고 말했다. 이 말씀을 토대로 설교에 대해 궁극적으로 결론을 내면 우선 설교에는 시대에 필요한 교훈이 제시되어야 한다. 또한 그 시대의 그릇된 행위에 대한 성서적 책망이 분명하게 제시되어야 하며 잘못 가고 있는 삶의 과정을 바르게 고쳐줄 가이드라인이 명확히 제시되어야 한다. 마지막으로 하나님의 의로운 삶의 적용이 분명해야 한다.

적용이 불분명하면 청중은 방황한다. 적용이 제시되지 않은 원리중심 설교는 청중이 어쩌면 이해할 수도 있고, 심지어 마음에 믿을 수도 있을 것이다. 하지만 결론적으로 자신의 삶에서 무엇을 어떻게 변화시켜야 할지에 대해서는 아무런 감각 없이 설교의 장을 떠날 것이다.

넷째, 설교의 매우 중요한 요소는 '설득력'이다. 이 부분은 내용 그 자체보다 전달의 힘이라는 점에서 간과할 수 없는 요소이다. 설득력이란 청중이 그 설교를 쉽게 이해하고, 수긍할 수 있고, 명백하게 적용할 수 있는 전달력을 말한다. 이 설득력 있는 전달에 가장 중요한 부분은 주제의 명확성이다. 즉 청중에게 설교자가 무엇을 말하고 있는가에 대한 분명한 이해를 주어야 한다.

주제가 명확하지 않고, 많은 말과 단어의 나열이 된다면 설득력을 잃게 된다. 나름대로 많은 분석과 자료제시가 있지만, 종합된 주제의 연결이 안 되면 청중은 고통스럽다. 여기저기의 부분적 설명들과 예화들은 제시되는데, 전체적 주제가 통일되어 있지 않으면 청중은 그 설교에 대해 지금 설교자가 무엇을 말하고 있는 것인가에 대한 질문을 던질 수밖에 없다. 설교는 명쾌한 논리를 제시함으로써 설득력을 갖추어야 한다. 설교는 말씀을 통해 청중의 삶과 윤리를 다룬다는 면에서 다른 학구적 연구발표와 달리 윤리적, 도덕적 연계성이 분명해야 한다. 이때 성령이 도우심과 설교자와 청중의 공감대 형성을 통한 감성적 호소가 성경의 진리를 선포하고, 삶에 적용하는 설교의 효과를 도울 수 있다.

이런 호소력과 설득력 그리고 구체적인 적용의 제시는 학자가 할 수 없다. 왜냐하면 학자는 문헌을 연구하지만, 목회자가 아니기 때문에 청중과의 연결점을 찾기가 어렵기 때문이다. 따라서 현대 설교자는 반드시 청중을 알아야 한다. 그들의 고민과 갈등요소, 그리고 신앙의 유혹과 삶의 현장 등 그들이 가지고 있는 현실적 이슈들에 대한 이해가 바탕이 되어야만 당연히 설득력 있는 적용이 이루어지는 설교를 할 수 있다.

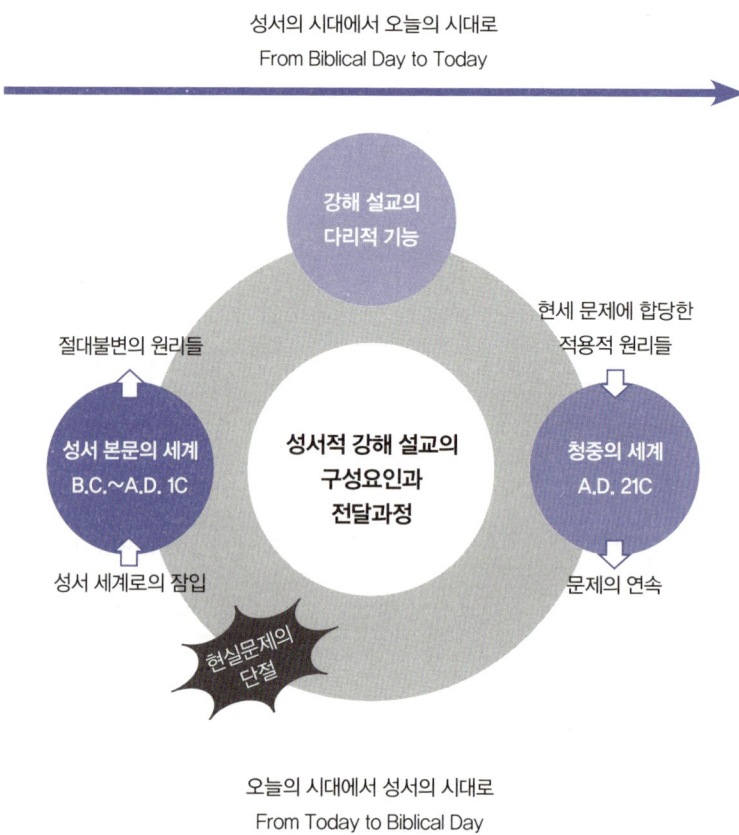

### 나가는 말

설교한다는 것은 궁극적으로 하나님의 처음부터 끝까지 가지고 계신 최대의 관심이요 목적인 하나님의 나라를 선포하는 일이다. 창세기에서 계시록에 이르기까지 하나님의 말씀은 하나님 나라의 계획과 진행, 종국의 모습을 선포한다. 또한 이 땅에 살아가는 성도가 어떻게 이 땅 가운데서 하나님의 나라를 경험하며 앞으로 들어가게 될 하나님의 나라를 준비할 것인가를 제시한다. 사탄은 하나님의 나라에 대한 선포를 끊임없이 역사 속에서 거역하고 방해하고 혼돈 시키는 반역을 저질렀다. 그 반역은 시대의 흐름을 타고 현재 진행형으로 이루어지고 있다.

이 영적 싸움과 긴장 속에서 부름 받은 설교자는 철저히 하나님의 말씀의 음성에만 헌신해야 한다. 그 말씀이 자신의 삶 속에서 경험 되어야 한다. 영적 싸움의 승리를 위해 끊임없이 자신의 영성을 기도 가운데 세워나가야만 온전히 설교자의 사명을 감당할 수 있다. 철저한 말씀의 전령으로서의 헌신과, 승리하시는 하나님의 역사를 의지하며 설교할 때 하나님의 나라는 반드시 우리 가운데 설교를 통해 이루어짐을 경험할 것이다.

### 생각의 관점

- 설교가 무엇이냐고 누군가 내게 묻는다면 나는 어떻게 나의 언어로 대답할 수 있습니까?
- 그 대답의 이유를 성서적으로 어떻게 제시할 수 있습니까?

## 2부

# 어떻게

하나님께서
감동하시는
설교를 할 수 있는가?

하나님 앞과 살아있는 자와 죽은 자를 심판하실
그리스도 예수 앞에서 그가 나타나실 것과 그의 나라를 두고
엄히 명하노니 "너는 말씀을 전파하라"

내 주님이시여!
내게 그 말씀만 볼 수 있는 청결한 영을 주시옵고
내게 그 말씀만 선포할 담대한 용기를 주옵소서

제 4장

# 설교 본문의
# 선정 과정과 선정 원리

## 1. 본문 연구의 의미

전장에서 우리는 설교의 의의와 정의를 살펴보면서 설교한다는 것이 어떤 위치와 의미를 갖는 일인지 알아보았다. 또한 설교가 성경적으로 어떤 함의를 내포하는지에 대해서도 살펴보았다. 4장부터는 더욱 구체적으로 그런 정의에 합당한 설교를 어떻게 준비해 나가는가를 살펴볼 것이다. 그 첫걸음으로 성경 본문의 선정 원리와 본문 연구 과정의 실행적 차원을 정리해보자.

"성경 말씀을 어떻게, 왜 연구해야 하는가?"에 대한 생각은 다양하다. 어떤 이들은 성경을 깨닫기 위해서 '백독을 해야 깨달음이 온다'는 조금은 도인의 경지를 말하는 이들도 있고, 심오한 묵상과 깊은 기도 그리고 성령의 체험을 통해서 온다는 신령함을 강조하는 이들도 있다. 많은 읽기와 깊은 기도생활은 매우 중요한 성경연구의 길이다. 하지만 성경을 연구하는 사람이 가져야 할 가장 기본적인 사고는 성경은 한 권의 '책'이라는 사실이다. 특히 '많은 저자들이 동원된 일관된 도서'라는 일반적 개념을 잊어서는 안 된다.

이점에 대해 C.S 루이스는 "성경은 결국 책이기 때문에 한 권의 책으로 대하지 않으면 적절히 이해할 수 없는 센스를 보유하고 있다"고 강변했다. 성경 즉 영어의 '바이블'이라는 단어 자체도 '책'이라는 뜻이다. 그렇다면, 왜 이 말이 중요한가? 책은 책으로서의 개성을 갖는다. 책이기 때문에 어떤 종교문서나 논문 혹은 비밀코드의 문서가 아닌 보편적 책으로서의 성격을 내포하고 있다. 그러므로 문헌 연구가의 보편적 접근이 가장 필요하고 중요한 연구의 과제이다.

우리는 책을 대할 때 먼저 그 책이 산문인지, 시인지, 역사적 기술인지, 소설인지 등 책의 장르를 먼저 살핀다. 왜냐하면, 책의 장르에 따라 그 책을 이해하는 방식이 달라지기 때문이다. 성경이 66권으로 구성되었지만, 각 책의 장르는 다양하게 구성되어 있음을 인지한다. 따라서 시편을 이해하는 접근과 역대기를 이해하는 접근은 당연히 달라야 한다. 책은 각 권으로서의 공통된 주제가 있고, 저자가 다르기 때문에 저자의 배경과 성품, 경험 등이 그 책을 이해하는 데 중요한 역할을 한다.

셰익스피어의 『베니스의 상인』이란 소설을 이해하기 위해 셰익스피어의 프로필과 소설이 쓰여진 시기의 역사적 상황 혹은 사회상황을 이해하는 것이 당연히 필요하다. 이처럼 성경을 이해하는 데에도 단순한 읽기로는 얻을 수 없는 본문이 쓰여진 시기의 상황과 역사, 그리고 저자의 입장과 의도를 이해하는 일은 매우 중요하다.

성경은 하나님의 영감으로 쓰여진 하나님의 말씀임이 틀림없다. 그러나 하나님께서는 인간의 특정한 역사적 상황 그리고 저자의 특별한 개성과 영성의 특수성을 모두 고려하셨다. 그리고 그것을 인간의 가장 보편적 의사소통 방법을 통해 하나님의 뜻을 전달하신다. 그러므로 보편적 이해와 접근이 성경연구의 핵심 활동이 되는 것이다.

도날드 스느키안 교수는 그의 저서 『성경적 설교의 초대』에서 네 가지 단계로 본문연구의 과정을 설명한다. 필자 역시 달라스 신학교 재학시절, 스느키안 교수로부터 에스더를 감동적으로 설교하는 법을 배우기도 했는데, 그것은 아주 간결한 과정이었다. 첫째는 본문의 주변 문맥을 살펴 전체적인 조명을 하라! 둘째는 완전히 이해할 수 없는 부분을 표시하라! 셋째는 원어에 관한 기존지식과 자료를 활용하라! 그리고 마지막으로 좋은 주석들을 참고하라는 것이다. 필자는 이것이 매우 간결하면서도 실제적인 가이드라인이라고 생각한다.

그러나 실제로 많은 설교자들은 일방적으로 자기 연구 없이 여러 주석들에 중점적으로 의지하는 오류를 범하고 있는 것이 현실인 것 같다. 그런 면에서 성경연구는 무엇보다도 인내심과 순서를 가지고, 차근차근 연구하는 것이 기본적 태도이다.

## 2. 본문 연구의 과정

성경을 연구하는 과정은 다음의 다섯 단계로 나누어 생각할 수 있다. 첫째는 본문 내용의 관찰 단계이다. 가장 기초적인 단계이면서 가장 중요한 단계이다. 왜냐하면 이 단계는 성경의 본문을 쓰여진 그대로 그 사실을 명확히 확인하는 과정이기 때문이다. 이 과정에서는 거듭된 세심한 읽기를 통해서 한 문장, 한 문장, 한 단어, 한 단어를 쓰여진 그대로 확인해 간다. 앞으로의 모든 성경연구와 해석, 강해, 적용의 과정을 지배하는 근간이 되기에 매우 중요한 연구과정이다. 이 과정을 연구하는 설교자의 기본 질문은 "본문의 사실이 무엇인가?"이다.

둘째는 본문의 해석 단계이다. 본문의 관찰이 사실 확인에 초점이 있다면, 해석의 단계는 그 사실이 내포하고 있는 의미를 확인하는 데에 그 초점이 있다. 분명, 성경은 어떤 저자가 쓴 글의 내용이다. 그러므로 저자의 의도와 글의 목적을 확인하고, 이 글이 쓰여진 당시의 언어 기법을 연구하여 정확한 문장과 문맥, 그리고 단어의 의미를 추적하는 과정이 필요하다.

셋째는 종합의 단계이다. 해석의 단계에서는 다분히 분석적이고, 세밀한 내용에 대한 객관적, 기술적, 과학적 분석을 통해 의미를 파악한다. 그 이후에는 분석된 내용을 신학적으로 종합하는 과정을 거쳐야 한다. 관찰된 내용과 해석된 내용에 대한 서로의 연관성을 연구한다. 그리고 연구된 본문의 사실과 의미 속에 어떤 하나님의 진리와 신앙원리가 있는지를 종합적으로 연구하는 과정이다.

넷째는 평가의 단계이다. 사실 확인과 의미 파악 그리고 신학적으로 종합된 연구의 결과가 얼마나 여러 각도에서 타당한가를 재확인하는 과정이 필요하다. 전반적 그리고 보편적 신학의 기준에서 연구자가 연구한 결과가 거스르거나 대치되는 개념은 없는지, 있다면 어째서인지 그리고 어떻게 재조명될 수 있는지를 살핀다. 본문을 살핀 연구 결과물에 대한 조심스럽고, 주의 깊은 평가의 단계를 거쳐야 한다.

마지막 단계는 적용의 단계이다. 위에 서술된 성경연구의 과정을 통해서 얻어진 신앙의 원리를 오늘날 살아가는 현대인의 삶 속에서 어떻게 구체적으로 실행해 나갈 수 있는가에 대한 실천 매뉴얼을 설정하는 단계이다. 성경연구의 궁극적 목적은 성경이 말하는 바를 정확히 파악해 이를 현대의 상황에 맞게 재구성하고 적용할 수 있도록 하여 승리하는 신앙생활을 영위하게 하는 데에 있다. 그러므로 설교자는 단순한 연구에 그치지 말고 실천 적용 매뉴얼을 확실한 논리적 연결을 통해 제시해야 한다. 위 다섯 단계를 도표로 표시하면 다음과 같다.

성경 본문의 연구과정

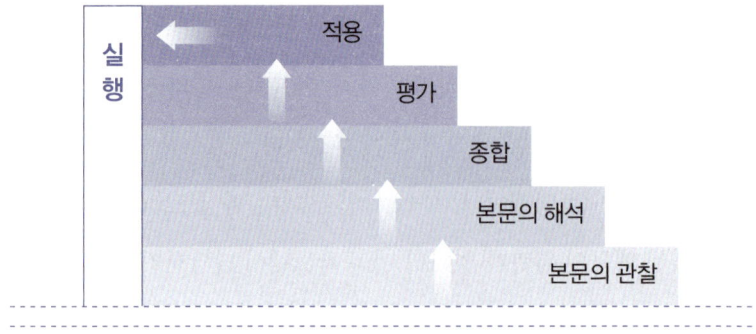

## 3. 본문의 선정 원리

설교자가 처음으로 당면하는 문제는 본문 선정이다. 본문을 선정하는 방식은 설교자에 따라 다양하다. 성경을 권별로 차곡차곡 설교하는 설교자는 특별한 이유가 없는 한 장별로 설교의 본문을 이어나갈 것이다. 그런 설교자라고 할지라도 본문을 어디서 시작해서 어디에서 마무리할 것인가를 선정하는 문제가 있다.

성경을 권별로 설교하지 않는 설교자는 대부분 설교자의 설교 아이디어에 의해 본문을 선정한다. 이러할 경우 본문 선정은 매우 복잡해지고, 선정하는데 많은 시간을 소요한다. 설령 선정했다고 하더라도 자신의 미리 가졌던 설교 아이디어와 일치하지 않을 경우가 있다. 대부분의 경우 본문 자체의 주의 깊은 연구보다 오히려 자신의 설교 아이디어에 본문을 맞춰나가는 오류를 범할 수가 있다.

이렇게 될 때 그와 같은 설교는 하나님의 뜻을 전한다기보다는 설교자 자신이 옳다고 주장하는 바를 설교하게 되고, 청중은 설교를 들으면서 왜 어떻게 해서 그런 주장이 나오게 되었는지에 의심을 던지게 된다. 또한 본문 선정을 성의 있게 하지 않을 경우, 성경 봉독은 매우 길게 한 반면, 설교에서 모든 본문을 다 다루지 못하는 경우가 생길 수 있다. 혹은 본문과는 전혀 상관없는 내용의 설교로 흘러갈 가능성도 있다. 이 경우 청중들은 자신들이 왜 그렇게 긴 본문을 읽었는지 의아해할 수 있다. 더 나아가 '설교자가 설교 준비를 소홀히 한 것이 아닌가' 하는 의구심을 가질 수도 있다.

그리고 때로는 반대의 경우 본문은 매우 짧았는데, 오히려 여기 저기 다른 성경 내용에서 길게 인용하고 설명하면, 도대체 오늘의 성경 본문이 어디였는지에 대한 의문을 품게 된다. 그러므로 설교의 진정성과 신뢰성 그리고 설교의 명확한 주제 제시라는 측면에서 본문 선정은 매우 중요하다. 적당히 읽어 편안한 부분에서 발췌해서는 안 된다.

본문을 선정하는 기준의 키워드는 설교 주제의 한계이다. 앞서 언급한 것처럼 준비된 설교는 이런저런 주제를 나열하듯 말하다 적당한 시간이 되면 끝내는 설교가 아니다. 가끔 설교자들이 설교하면서 "오늘 시간의 부족으로 여기서 설교를 끝내고 다음에 이어서 설교 하겠습니다"라고 하기도 한다. 그것은 청중으로 하여금 설교자가 얼마나 세심하지 못하고 준비되지 못했는가를 인식하게 하는 매우 바람직하지 못한 설교 자세이다.

이런 경우 대부분 설교는 그 설교의 주제가 명확하지 못하고, 본문과 설교의 관계성이 매우 빈약해진다. 성경은 그 자체가 생각 없이 이런저런 좋은 말을 쓴 산문수필이 아니다. 성경 66권은 권별로 혹은 문단에 따라 문맥에 따라 어떤 핵심적 주제를 말하고 있다.

예수님께서도 말씀하시기를 "너희가 성경에서 영생을 얻는 줄 생각하고 성경을 연구하거니와 이 성경이 곧 내게 대하여 증언하는 것이니라"(요 5:39)고 하셨다. 이렇게 말씀하심으로 성경의 주제가 예수 그리스도에 대한 증거라고 정확하고 간결하게 말씀해 주셨다. 그런 의미에서 성경 전체를 본문으로 설교한다면, 그 주제는 '예수 그리스도는 … 이다'라고 주제를 설정함이 옳을 것이다.

설교자가 처한 상황과 형편에 따라 주어지는 설교 시간이 다르고 청중의 상황이 다르기 때문에 일괄적으로 이 본문은 꼭 어디부터 어디까지 끊어야 한다고 주장할 수는 없다. 만약 시간은 매우 짧은데, 설교자가 주제를 매우 포괄적으로 길게 잡아 본문을 성경 몇 장을 걸쳐 읽어야 한다면, 설교에 입문하기 전에 시간이 다 지나버리고 말 것이다.

그러면 설교의 본문을 어떻게 주제에 따라 한정할 것인가? 설교자는 먼저, 주제에 대한 이해가 있어야 한다. 예를 들어 '성령의 능력'이란 주제를 생각한다면, 이것은 제목이지 주제문이 아니다. 또는 '서로 사랑하자'라는 주제를 썼다면, 이것은 주장의 슬로건이지 주제가 아니다. 주제는 반드시 정상적 문장이어야 하며, 그 문장의 중심 어구인 주요소와(이것은 설교의 내용을 결정짓는 본문 가운데서 발견한 핵심 사항이다.) 이 주요소에 대해 설명하는 보충요소(주요소에 대한 서술과 설명의 어귀들)로 구성되어야 한다.

> 주제는 반드시 정상적 문장이어야 하며 그 문장의 중심어구인 주요소와 주요소에 대해 설명하는 보충요소로 구성되어야 한다.

따라서 성령의 능력 자체는 주제가 아니지만, '성령의 능력은 오직 기도와 말씀을 통해서 온다.'라고 문장을 쓸 때, 여기서 주요소는 '성령의 능력'이고, 보충요소는 '기도와 말씀을 통해서'이다. 만약 제시한 본문이 그 전반에 걸쳐 이 주제를 다루고 있으면 훌륭한 본문 선정이 된다. 또 한 가지 예를 들면, '서로 사랑하자'는 어떤 주장의 슬로건이지만, '서로 사랑하는 것은 마땅한 성도의 본분이다'라는 문장으로 주제를 정리할 수 있다. 여기서 주요소는 '서로 사랑하는 것'이고, 보충요소는 '성도의 마땅한 본분이다'가 된다.

봉독한 그날의 본문이 주제를 다루며 설명하는 본문이라면, 그리고 다른 주제나 이야깃거리가 없다면 훌륭한 본문선정과 주제선정이다. 주제가 본문에서 명확히 드러날 때 청중들은 오늘의 설교가 무엇에 대한 설교라는 것을 명확하게 이해한다. 또한 보충요소의 입증과 설명을 통해서 주제에 대한 설교자의 적용이 명확해진다. 청중들은 본문과 설교와의 비교 속에서 그 말씀의 진지함과 당위성을 받아들인다.

설교의 주제를 정하기 위한 본문의 선정은 단순히 한두 번 성경을 읽어서 정해지는 것이 아니다. 모든 문장이 그렇듯이 문장과 문맥의 구조를 정밀하게 연구 조사하고, 가능하면 성경연구의 관찰과 해석의 단계까지 모두 한 다음 본문을 한정하여 정하는 것이 좋다. 왜냐하면, 때로는 성경의 문장 내용이 우리가 단순히 읽어서 얻어지는 개념보다 훨씬 복잡하고, 그 주제의 전개가 어디까지인지가 불분명한 경우가 있기 때문이다.

에베소서 1:3-14의 예를 들어, 본문 선정과 주제의 관계를 설명해 보자.

"찬송하리로다 하나님 곧 우리 주 예수 그리스도의 아버지께서 그리스도 안에서 하늘에 속한 모든 신령한 복을 우리에게 주시되 곧 창세 전에 그리스도 안에서 우리를 택하사 우리로 사랑 안에서 그 앞에 거룩하고 흠이 없게 하시려고 그 기쁘신 뜻대로 우리를 예정하사 예수 그리스도로 말미암아 자기의 아들들이 되게 하셨으니 이는 그가 사랑하시는 자 안에서 우리에게 거저 주시는 바 그의 은혜의 영광을 찬송하게 하려는 것이라 우리는 그리스도 안에서 그의 은혜의 풍성함을 따라 그의 피로 말미암아 속량 곧 죄 사함을 받았느니라 이는 그가 모든 지혜와 총명을 우리에게 넘치게 하사 그 뜻의 비밀을 우리에게 알리신 것이요 그의 기뻐하심을 따라 그리스도 안에서 때가 찬 경륜을 위하여 예정하신 것이니 하늘에 있는 것이나 땅에 있는 것이 다 그리스도 안에서 통일되게 하려 하심이라 모든 일을 그의 뜻의 결정대로 일하시는 이의 계획을 따라 우리가 예정을 입어 그 안에서 기업이 되었으니 이는 우리가 그리스도 안에서 전부터 바라던 그의 영광의 찬송이 되게 하려 하심이라 그 안에서 너희도 진리의 말씀 곧 너희의 구원의 복음을 듣고 그 안에서 또한 믿어 약속의 성령으로 인치심을 받았으니 이는 우리 기업의 보증이 되사 그 얻으신 것을 속량하시고 그의 영광을 찬송하게 하려 하심이라"(엡 1:3-14)

에베소서 1:3-14까지의 내용의 살펴볼 때, 아직 설교의 본문을 정하기 전에 에베소서 첫 부분을 자세히 읽어보면, 사도바울이 에베소 교회에 대한 문안의 글을 쓴 후, 그 내용 전개가 매우 신학적으로 장엄한 주제를 다루고 있음을 직감할 것이다. 이 내용은 성도들의 구체적인 삶의 현장을 다루기보다 신앙의 근본 주제인 성부 하나님과(3절 하나님 아버지) 성자 예수 그리스도(7절), 그리고 성령 하나님(13절)에 대하여 말씀하고 있음을 발견할 수 있다. 그러면서 하나님의 한 인격에 대한 설명이 끝날 때마다 "찬미하게 하려 하는 것이라"(6절) "찬송되게 하려 하심이라"(12절) "찬미하게 하려 하심이라"(14절)로 마무리 짓는다.

따라서 사도 바울은 삼위일체 하나님께서 성도를 위하여 행하신 일을 에베소 성도들에게 설명한다. 동시에 에베소 교회 성도들의 삶을 통해 위대한 일을 이루신 하나님과 예수 그리스도 그리고 성령을 찬미하는 것이 성도 됨의 근본임을 말하고 있다고 볼 수 있다.

왜 성부 · 성자 · 성령 하나님을 찬송해야 하는가의 이유가 문장의 구조로 매우 간결하게 그리고 매우 논리적으로 기술되어 있다. 물론 이런 발견은 단번에 읽어서 얻어지는 것은 아니다. 앞으로 관찰연구에서 보다 구체적으로 설명하겠지만, 상세한 관찰과 문맥의 구조, 문장의 연결성 등의 보편적 문장 언어 이해를 가지고 있으면 알 수 있다.

그렇다면 본문의 주제는 어떻게 기술될 수 있겠는가? 이 질문에 대한 답변은 전체의 본문이 무엇에 대하여 말하고 있는가를 찾는 것이다. 성경을 보는 관점에 따라 다를 수는 있겠지만, 우리는 단순한 보편적 문장이해 속에서 이 본문이 "성도가 성부·성자·성령 하나님을 찬미하는 이유"라고 주요소를 설정한다면, 그 보충요소는 '창세 전에 성도를 예정하신 하나님 아버지'이시고(5절), '그의 피로 구속하여 죄 사함을 주신 성자 예수 그리스도'이며(7절), '진리의 말씀으로 우리를 인치신 성령 하나님'이기 때문(13절)이라는 한 주제를 설정할 수 있다.

그래서 만약 설교의 본문이 에베소서 1:3-14라면, 그 설교의 주제는 "성도가 삼위일체 하나님을 찬미하는 이유는 성부 하나님께서 우리를 창세 전에 자녀로 예정하시고, 그 아들 예수그리스도 성자 하나님께서 우리 죄를 구속하려 그의 피로 죄 사함을 주셨으며, 성령 하나님께서 이 위대한 진리를 약속의 영으로 인치셨기 때문이다"라는 장엄한 주제를 정리할 수 있을 것이다.

만약, 이 주제와 본문이 선정되었다면, 모든 설교의 내용은 이 주제를 입증하고 설명하고, 성도의 삶에 적용하는데 전념하게 되며, 성도들이 본문 속에서 설교자의 주장과 설명과 설득을 받아들이게 되는 것이다. 그런데 문제는 여기서 끝나지 않는다.

왜냐하면, 이 설교를 하기 위해서는 크게 세 가지의 신학적 문제에 대한 설명이 필요하기 때문이다. 당연히 성부 하나님의 창세 전의 예정에 대한 쉽지 않은 신학적 내용과, 예수 그리스도의 구속의 사역, 즉 믿음의 핵심이 되는 진리의 설명과 소개가 있어야 한다. 더 나아가서는 성령께서 성도를 진리의 말씀으로 인 치셨다는 쉽지 않은 개념의 진술이 필요하다.

이 엄중하고 중요한 내용을 과연, 한 설교의 정해진 시간에 충분하게 그리고 진지하게 다룰 수 있겠는가? "그렇다"라고 답하는 설교자라면, 응당 그렇게 정할 수 있다. 그러나 이 주제의 광활함과 중요성 그리고 성도들의 깨달음 정도를 고려할 때 아니라는 결론이 나오면 어떻게 할 것인가? 바로 이점이 본문과 주제 선정의 관건이 된다. 결론을 말하자면, "본문의 선정의 주제의 한계에 따라 얼마든지 축소시킬 수 있다." 즉 이 본문을 세 파트로 나누어 세 편의 설교주제로 전달할 수 있다. 이를테면, 다음의 표와 같이 정리할 수 있다.

| 본문 1 (엡 1:3–6) | 성도가 성부 하나님을 찬미하는 이유는 우리를 창세 전에 예정하여 아들로 삼으신 하나님이시기 때문이다. |
| --- | --- |
| 본문 2 (엡 1:7–12) | 성도가 성자 예수 그리스도를 찬미하는 이유는 그리스도께서 그 은혜의 풍성함을 따라 그 피로 우리 죄를 사하시고 구속하셨기 때문이다. |
| 본문 3 (엡 1:13–14) | 성도가 성령 하나님을 찬미하는 이유는 성령께서 우리를 진리의 말씀으로 인치사 기업의 보증이 되게 하셨기 때문이다. |

이렇게 본문을 한정함으로 주제를 보다 선명하게 축소하면서 설교자가 주어진 환경 가운데 주제가 본문에서 나온 선명한 설교를 할 수 있다. 그러나 에베소서 강해 설교를 한다고 하면서 구구절절 주제의 한계가 없이 주어진 시간만큼 해설하는데 그친다면 그것은 성경을 주해하고 주석을 읽어주는 형편이 되고 말 것이다.

이 본문을 도표로 표시한다면 아래와 같다. 주제는 설교자의 목적과 성도들의 필요에 따라 세분화 될 수 있음을 말해준다.

**에베소서 1:3-14에서 설정될 수 있는 설교의 주제들**

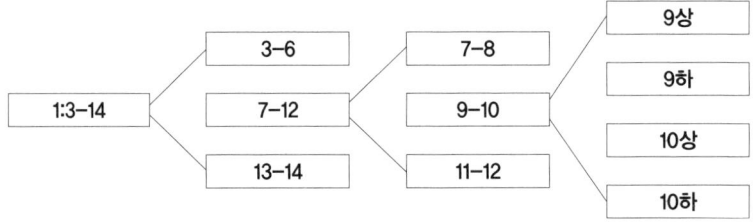

※ 주제는 설교자의 설교목적과 청중의 필요와 이해 정도에 따라 주제를 한정

전술한 바와 같이 이 본문의 선정과 주제문의 기술은 성경 본문의 상세한 관찰과 해석의 과정을 거친 후에 하는 것이 타당하나, 단순히 여러 번 읽고 상세히 문장을 분석함으로써 가능하다. 독자들의 연습을 위해 몇 가지 예문을 제시한다. 아래의 본문들을 여러 번 상세히 읽고 이 본문이 무엇에 대하여 말하고 있는지(주요소) 그리고 이 본문이 무엇에 대하여 어떠하다고 말하는지(보충요소)를 기술해 보길 바란다.

1. 누가복음 1:1-4

2. 시편 150편

3. 벧전 2:1-3

4. 벧전 5:1-4

## 나가는 말

성경 말씀을 연구하고 그 말씀으로 설교를 준비하는 것은 이 세상의 다른 서적연구와는 근본적으로 다르다. 물론 그 과정에 있어서는 문헌연구라는 점에서 유사하나 그 목적에서는 완전히 다른 것이다. 성경에 기록된 말씀을 있는 그대로 그 사실들을 온전하게 파악하는 관찰과 그 사실들이 내포하고 있는 역사적 문맥적 문자적 의미를 객관적으로 이끌어내는 과정은 어떤 세상의 여타 문헌과 다를 바 없다.

성경은 책이다. 그러나 성경 말씀이 하나님의 음성이라는 점에서 그 원천이 다르다. 또한 하나님의 음성은 시 공간을 초월하는 하나님의 메시지를 담고 있다는 점에서 다른 세상의 책과는 전혀 다른 차원의 연구를 요구한다. 이것은 하나님을 알고, 깨닫고 경외하는 영성이 없이는 불가능하다. 하나님의 음성을 찾고, 구하고, 얻어내는 과정이 강해의 과정이다. 그 목적은 궁극적으로 성도를 세우고, 그 말씀을 오늘 나의 삶에 적용시켜 실천하려는 의지에 기반을 두고 있기에 다른 서적과는 전혀 다른 것이다.

그러므로 성경을 연구하는 설교자는 문헌 연구가로서의 학문적, 객관적, 과학적 접근과 연구가 필요한 동시에 말씀을 하나님의 살아있는 음성으로 받을 수 있는 영성과 신앙이 절대적으로 필요하다.

말씀을 설교로 전환시키는데, 최초의 일은 본문의 말씀을 선정하는 일이다. 제한 없이 본문을 정할 수 없기에 정한 시간에 적절한 주제를 가지고 말씀을 전할 본문의 선정 범위가 있어야 한다. 본문의 선정은 극단적으로 성경 전체에서부터 성경의 한 단어까지 포괄적으로 정할 수 있다. 중요한 것은 각 본문의 주제를 어디까지 정할 것인가가 핵심적 본문 선정의 핵심사항이다. 본문을 넓게 선정하고 설교를 부분만 하는 것은 부적절하다. 본문은 짧게 정하고 이것저것 많은 이야기 거리를 여기저기서 말하는 것도 부적절하다. 그러므로 설교자는 설교의 본문을 정하기 위해 명쾌한 본문 주제의 한계를 설정해야 한다.

### 생각의 관점

- 지난주에 설교한 나의 설교 본문과 설교의 내용은 그 주제라는 면에서 얼마나 적절했다고 생각합니까?
- 그 주제를 한 문장(주요소와 보충요소로)으로 요약해 봅시다.

# 제 5 장

# 본문을 잘 읽고
# 자세히 관찰하라

## 1. 관찰의 중요성

성경을 연구하는 최초의 활동이자, 가장 근본적인 방법은 본문의 내용을 정확하게 관찰하는 일이다. Dr. H. Kuist는 그의 저서 『말씀이 당신의 심장에 있나이다』에서 "말씀의 관찰은 있는 사실을 그대로 볼 수 있는 예술이다. 가감 없이 집중적으로 그리고 두려움 없이 보는 재능이다"라고 말했다.

그런 면에서 볼 때, 성경연구의 기본적 단계에서 가장 중요한 일은 본문이 말하고 있는 사실을 있는 그대로 파악하는 일이다. '관찰한다'

는 것은 마치 화분의 꽃 한 송이를 세밀하게 관찰하는 소년에 비유할 수 있다. 즉 이 꽃이 무슨 색상이며, 크기는 얼마나 되고, 잎은 몇 개나 되는지, 꽃잎의 모양과 줄기의 굵기는 어떠한지, 그리고 어떤 냄새를 풍기는지 등등의 오감으로 보고 느끼는 모든 것들을 분석적으로 기록하는 일이다. 그리고 그와 동시에 관찰하면서 발견할 수 있는 모든 의문 사항을 끌어내는 일이다. 우리말에 '뚫어지게 본다.'라는 표현이 아마도 관찰 행위의 적절한 표현일 것이다. 본문을 뚫어지게 보라.

최초의 단계에서는 본문의 의미가 철저히 배제된 단계이다. 당연히 '그럴 것이나'라고 생각되는 추론이나 신학적 관점에서 '이 본문은 이런 의미를 던질 것'이라는 보편적 아이디어조차 제시되어서는 안 된다. 관찰사항의 기술에 대한 가치는 "그렇게 기록되어 있는가, 그것이 사실인가?"라는 질문으로 확인되어야 한다. 마치 양자역학에서 빛의 파동을 예리하게 관찰하여 그 관찰된 사실만이 존재로 입증되는 것처럼 관찰을 통해서 설교자는 본문의 내용을 철저히 다양한 각도로 구석구석 분석적으로 본문에 기록된 사실들을 이끌어내야 한다. 다시 말해 이 단계에서는 극한의 객관성을 담보해야 한다. 가치판단이 들어가선 안 된다. '이러한 사실이 설교의 내용이 될 것인가' 혹은 '설교에 필요한 내용인가' 하는 생각은 배제되어야 한다.

이러한 관찰활동이 중요한 이유는 의외로 설교자들이 본문의 내용을 자세히 숙지하지 못하고 설교하는 경우가 허다하기 때문이다. 또한, 설교자의 신학적 경향에 의해 사실을 무시하고 일방적으로 전할 때가 매우 많이 있기 때문이다. 현대 청중은 예리하다. 설교자가 어떤 주장을 할 때 그들은 말 없는 질문을 계속 던진다. 예를 들면, "그 말이 성경 본문 어디에 있나요?" 혹은 "그 주장의 근거가 어디에 있는 건가요?" 혹은 "설교자님의 말과 본문의 말이 서로 다른데요?" 등등이다. 이런 보이지 않고 들리지 않는 질문을 던지면서 어떤 불일치를 발견하면 이미 그 설교의 정당성을 인정하지 않는다.

그런 면에서 기초 관찰활동에서 설교자의 설교는 이미 그 양과 질이 결정된다고 볼 수 있다. 정확하게 관찰되지 않는 본문의 사실을 설교할 수 없다. 본문의 내용을 관찰하는 활동은 바르게 본문을 읽는 일에서 시작한다. 사실 성경 본문연구에 가장 중요하면서도 가장 근본적인 연구는 성경을 잘 읽는 것이기 때문이다.

많은 사람들이 오해하고 있는 성경연구의 방법 중 하나는, 성경 본문을 연구함에 있어 여러 가지 주석을 살펴보는 일이 더 중요하다고 착각하는 것이다. 이것은 마치 교과서와 참고서를 구별 못하는 실수와 흡사하다. 교과서에 대한 정확한 이해와 바른 관찰활동이 없거나 소홀하면서 이런저런 관련 참고서적에 시간을 보낸다면 얼마나 어리석은 일인가?

## 2. 성경 본문 읽기의 십계명

필자의 존경하는 스승이었던 헨드릭스 박사는 그의 강의 시간에 이 점을 강조하면서 자신이 신학을 공부하는 학생을 방문했을 때의 일화를 회고한 적이 있다. 그 신학생은 자신의 책상 위에 다양한 참고서적들을 자랑스럽게 열거해 놓고 자신이 얼마나 열심히 공부하는 학생인지를 은근히 자랑하고자 했다. 이에 대해 그는 "오 그래, 자네 매우 열심히 공부하고 있구먼. 이 많은 책들을 보니 말이야, 그런데 자네 성경책은 어디 있나?"라고 했을 때, 그 학생은 당황스럽게 이 책, 저 책을 뒤적거리며 자신의 성경책을 찾았지만, 보이지 않자, 마침내는 책상 밑에 들어가서 굴러다니고 있는 성경책을 발견하고는 "여기 있는데요" 하면서 꺼내더라는 것이다. 정말 중요한 것이 무엇인가를 일깨워주는 일화이다. 그 교수님은 이미 오래전 하나님 나라로 가셨지만, 아직도 그의 열렬했던 가르침은 매우 귀하고 신선한 도전으로 남아 있다.

헨드릭스 박사는 성경을 바르게 읽는 가이드라인으로 아래 열 가지를 제안한다. 그가 자신의 저서 『living by the Book』(성경연구 방법론)에서 무려 150페이지에 이르도록 강조하며 자세히 설명하고 있는 것은, 성경연구에서 성경을 바르게 읽고 자세히 조직적으로 관찰하는 일이 얼마나 성경 본문연구에 중요하며, 또 핵심적인 활동인가를 그대로 나타낸다. 그가 제안하는 성경을 읽는 열 가지 방법은 다음과 같다.

**기도하는 마음으로 읽으라**

성경은 책이다. 그러나 다른 문헌과 다른 점은 성령의 감동으로 기록된 하나님의 말씀이라는 점이다. 그러기에 다른 책들과 달리 성령의 조명과 도우심이 절대적으로 필요한 책이다. 이를 위해 다윗도 그의 기도에서 "내 눈을 열어 주의 기이한 법을 보게 해 달라"고 기도한 것이다. 기도하는 마음으로 읽는다는 것은 본문을 읽기 전에 신실하게 진리의 영이신 성령의 도우심을 간구하라는 것이며, 읽어가면서도 기도하는 심령으로 읽으라는 것이고, 읽고 난 후에도 기도하라는 것이다.

많은 무신론자인 철학자들과 사상가들도 성경을 읽지 않는 사람은 없을 것이다. 다만 그들은 기도를 배제하고 그들의 사상과 이성에 의존하여 성경을 읽기 때문에 그들은 설교할 수 있는 사람이 되지 못한다.

시편 119편은 아마 성경 전체에서 시편 기자가 여호와의 말씀을 얼마나 간절히 깨닫기를 원하는지를 가장 아름답고 진지하며 장엄하게 기록한 시편일 것이다. 시편 기자가 "주여 내 눈을 열어 주의 법의 기이한 것을 보게 하소서"라고 기도한 것은 그의 글을 읽을 수 없는 무능력이나 혹은 읽어서 내용을 인지할 수 없는 지적인 부족을 탄식한 것이 결코 아니다. 하나님께서 자신의 영적인 눈을 열어 주셔서 하나님의 법의 위대한 내용을 놓치지 않고 볼 수 있는 은혜를 간구한 것이리라.

---

성경은 책이다. 그러나 다른 책과 달리 성경은 성령의 감동으로 기록된 하나님의 말씀이다. 그러므로 다른 책들과 달리 성령의 조명과 도우심이 절대적으로 필요한 책이다.

그러므로 성경을 연구하는 설교자가 가장 먼저 가져야 할 최초의 태도는 기도 가운데 그 말씀을 묵상하는 일이다. 그러할 때 성령께서 설교자의 눈을 열어 전에는 볼 수 없었던 것을 보게 하시고 관찰하게 하신다. 그리고 "아! 이런 말씀이 여기에 있었나?" 하는 경탄을 하게 만드신다.

### 본문의 내용을 생각하며 읽으라

생각하며 읽으라는 것은 무심히 읽지 말라는 말이다. 기록된 말의 단어 하나하나, 사용된 형용어구 하나하나, 적힌 동사 하나하나의 모양과 쓰임을 생각하며 읽으라는 것이다. 다시 말하면, 그 내용의 표현에 대하여 당연한 질문의식을 가지고 읽어야 함을 의미한다. 같은 단어가 몇 번이나 반복해서 쓰였는지, 무엇이 강조되어 쓰였는지, 여기에 등장하는 인물들이 누구인지, 저자의 감성적 표현은 어떠한지 등 모든 내용들에 대하여 차근차근 생각하며 읽을 때 의외의 사실들을 발견할 수 있다.

성경의 본문 말씀을 생각하며 읽는다는 것은 마치 병원의 간호사가 중환자의 바이탈 사인을 읽을 때의 심정과 같다. 주의 깊은 간호사라면 혈압의 수치나 맥박의 뛰는 수치를 생각 없이 보지는 않을 것이다. 맥박의 흐름이 보이는 그래프를 자세히 생각하면서 읽을 것이며, 맥박이 어떤 주기로 뛰는지 생각할 것이고, 최고혈압과 최저혈압 간의 비교하면서 그 의미하는 바를 생각하며 읽을 것이다.

이와 같이 성경을 연구하는 자는 하나님의 말씀을 단순한 종교문서로 대하지 않고, 전심을 다하여 깊이 생각하며 읽어야 한다. 잠언 2:4-5의 "은을 구하는 것 같이 그것을 구하며 감추어진 보배를 찾는 것 같이 그것을 찾으면 여호와 경외하기를 깨달으며 하나님을 알게 되리니"는 하나님의 말씀을 생각하며 전심으로 읽을 것을 가르친 말씀이다.

### 반복하여 읽으라

한 번 상세히 읽고 두 번 세 번 계속 반복하여 읽으라. 읽기에 사용되는 시간을 아깝게 생각해선 안 된다. 얼마만큼 반복해서 읽을 것인가? 필자가 생각하기에, 암송될 만큼 반복해서 읽는 것이 필요하다. 읽어가면서 발견되는 것을 순서 없이 기록해 나가는 습관을 길러야 한다. 성경을 신실하게 읽는 사람이라면, 처음 읽을 때와 마지막 읽을 때 얻는 영감과 발견이 다르며, '이런 말이 있었는가' 하는 탄식을 누구나 경험한다. 필자의 경우 성경이 아니더라도 어떤 시를 좋아하게 되면 외워질 때까지 반복해서 읽는다, 왜냐면 읽을수록 그 시의 맛이 더 깊고, 진지하며, 마음에 와닿게 읽어지기 때문이다.

특히 반복하여 읽는 것은 주어진 설교의 본문 자체에 국한하는 것이 아니라 그 본문이 포함된 책 한 권을 전체를 숙독하면서 읽는 것이다. 반드시 전체의 내용을 숙독하면서 읽어야 하는 이유는 전체를 읽음으로써 전체의 그림을 볼 수 있기 때문이다. 또한 전체의 그림 속에서 오늘의 본문이 속한 위치를 파악할 뿐 아니라 이를 통해 한 권의 책 전체와 본문과의 관계를 파악할 수 있다. 처음 가는 길은 쉽게 길을 잃는다. 그러나 반복해서 계속 그 길을 갈 때는 마음속에 그 길이 그려지며, 길목의 연결 이정표를 알게 되며, 그 길의 모양새와 특징을 파악하게 되는 것과 마찬가지로 성경 말씀을 읽는 것도 똑같은 일이다.

많은 경우에 말씀을 선포하는 설교자가 말씀의 반복된 읽기를 부족하거나 무시한 경우 길을 모르는 행인처럼 말씀의 흐름을 파악하지 못한 일방적이거나 주관적 주장을 하기 쉽다. 경우에 따라서는 이단적 교리의 탄생에 성경 읽기의 부족함이나 편협함이 한 이유가 될 수 있다.

### 빠짐없이 읽으라

성경을 읽다 보면 별 의미 없어 보이는 문구들이 나열된 것처럼 느껴질 때가 있다. 예를 들면 마태복음의 첫 장에 나오는 예수 그리스도의 탄생에 관한 족보의

> 기본적으로 가져야 될 성경에 관한 인식은 성경의 어느 내용도 불필요하게 저자가 기록한 곳이 없다는 믿음이다.

장구한 기록이라든지, 느헤미야의 각 성문 재건을 맡은 족장과 그 후예들에 대한 이름들이라든지, 왠지 모르게 일일이 읽지 않아도 될 듯한 본문들을 읽을 때 혹 설교자들은 그런 부분들을 건너뛰어 읽을 수 있다. 그런데 이런 습관은 성경을 관찰하는데 반드시 피해야 할 좋지 않은 읽기 습관이다.

기본적으로 가져야 할 성경에 관한 인식은 성경의 어느 내용도 불

필요하게 저자가 기록한 곳이 없다는 믿음이다. 그것이 족보의 생소한 이름들이든, 지금은 존재하지 않는 지명의 이름이든 간에 성경을 읽을 때는 빠짐없이 거듭해서 읽는 것이 원칙이다. 무슨 책이든지 책을 읽는 사람은 책의 중간에서부터 읽지 않는다. 세상의 도서를 읽을 때도 꼼꼼히 처음부터 읽는데 성경을 군데군데 읽는다는 것은 말이 안 된다. 처음부터 꼼꼼히 빠지지 않고 읽어야 하는 이유는 성경의 어느 한 단어도 무심히 우연히 쓴 글이 아닌 하나님의 영감으로 기록된 거룩한 말씀이기 때문이다.

### 육하원칙을 살피며 읽으라

성경을 읽을 때 육하원칙의 관점을 가지고 읽어야 한다. 물론 모든 성경의 기록이 이 원칙에 따라 기록된 것은 아니다. 그러나 어떤 스토리 기록이든지, 사건 기록이든지, 혹은 시편의 기록이든지, 이런 원칙으로 읽기 시작하면 저자의 본문기록 의도를 파악하고 그 본문의 구조를 이해하는데 매우 도움이 된다.

시편 150편을 예로 들어보자.

"할렐루야 그의 성소에서 하나님을 찬양하며 그의 권능의 궁창에서 그를 찬양 할지어다 그의 능하신 행동을 찬양하며 그의 지극히 위대하심을 따라 찬양 할지어다 나팔 소리로 찬양하며 비파와 수금으로 찬양 할지어다 소고 치며 춤추어 찬양하며 현악과 통소로 찬양 할지어다 큰 소리 나는 제금으로 찬양하며 높은 소리 나는 제금으로 찬양 할지어다 호흡이 있는 자마다 여호와를 찬양 할지어다 할렐루야"

시편 150편은 누구를 찬송해야 할 것인지, 어디에서 찬송할 것인지, 왜 찬송해야 하는지 어떻게 찬송할 것인지, 그리고 누가 찬송할 것인지가 조직적으로 기록되어 있음을 자세히 읽으면서 파악할 수 있다. 모든 성경의 본문이 육하원칙으로 기록된 것은 아니다. 그러나 어느 사건, 어느 이야기든지, 그 내용 가운데는 말씀들이 누구에 대하여 기록한 글인지 예의 주시해야 한다.

또한, 마태복음 17장의 변화산 사건기록을 예로 든다면, 여기에 등장하는 인물들, 즉 모세와 엘리야, 그리고 베드로, 야고보, 요한의 행위와 언어, 태도 등이 극적으로 기록되어 있다. 그렇다면, 첫째로 변화산 사건의 기록이 그 인물들의 무엇에 대하여 쓴 글인지를 생각해 보아야 한다. 변화산이라는 장소는 어디이며, 어떤 상징성을 갖는 것인지 생각해 보아야 한다. 동시에 이 사건이 일어난 시기가 예수님의 공생애 중 어떤 시기인지, 또한 마태는 왜 이 사건을 여기에 기록하고 있는지도 살펴야 한다. 이렇게 본문을 깊이 생각하며, 읽음으로써 설교자는 이미 이 본문의 본질 가운데 깊이 접근하게 된다.

### 상상력을 동원하여 읽으라

성경의 본문 가운데는 사건을 기록할 때나 어떤 가르침을 기록할 때 성경 저자가 그때의 상황을 설명하고 표현하는 내용이 자주 등장한다. 사도행전의 미문 앞에 앉은 앉은뱅이의 기록이나 수문 앞 광장에서 생수의 강이 그 배에서 넘쳐날 것을 외치시는 예수님의 모습이나, 중풍병자를 메고 온 사람들이 중풍병자가 치유 받기를 간절히 원하는 마음으로 지붕을 뚫고 내리는 극적인 사건 등이 그 예이다. 성경에서 어떤 사건을 대하든 본문을 읽는 가장 바람직한 태도는 마치 그 장소에 내가 있는 듯한 상상력을 동원하여 최대한 사실적으로 본문을 읽어 가는 것이다.

필자가 신학교에서 마가복음을 강의한 적이 있었다. 끝나갈 무렵 뒤에 앉은 한 학생에게 "강의가 어땠는가?"라고 질문했더니 그 학생의 대답이 "교수님! 마가가 교수님 옆에 계신 줄 알았습니다"라고 답변한 기억이 있다. 이것은 내게 "강의가 얼마나 좋았는가?"에 대한 평가보다 오히려 말씀 속의 사건을 그렇게 생생하게 느꼈다는 사실이 매우 인상적으로 남았던 경험이었다.

많은 경우 성경 읽기가 지루하게 느끼는 경우 상상력의 부재에서 온다는 것을 기억해야 한다. 특별히 설교자가 성경을 읽을 때 절대로 지루한 감정으로 성경을 대해서는 안 된다. 시편 19편을 읽는다면, 독자는 우주적 상상력을 동원하여 읽는다. 시편 11편을 읽을 때는 "새들이 산으로 도망한다"라는 표현에서 모든 시상을 동원하여 읽어야 한다. 사도행전 16장의 긴박한 순간의 기록을 읽으면서는 마치 그 소요의 광장에 자신이 지금 서 있는 것처럼 읽어야 한다.

어떤 의미에서 설교자의 가장 중요한 일은 "성경 속의 사건들을 청중에게 지금 일어나는 생생한 리포터의 상상력으로 재 전달하느냐"의 문제이기도 하다. 이런 상상력이 부족할 때 설교자 자신도 말씀의 내용에 진부함을 느끼고, 성도들은 말씀에 대한 흥미를 잃어버린다.

누가복음 5장을 살펴보자. 예수님께서 게네사렛 호숫가에 무리가 옹위함으로 시몬의 배를 육지에서 이만큼 띄우고 그 배에 서서 천국복음을 전파하신다. 무리가 말씀에 감동 받을 무렵 마침내 예수님은 시몬에게 깊은 곳에 그물을 던지라고 명하신다. 수많은 군중들이 이를 지켜보고 있다. 그리고 베드로는 "선생이여 우리들이 밤이 맞도록 수고하여 얻은 것이 없지만 말씀에 의지하여 그물을 내리리이다"하고 이에 순종했다. 그 결과 고기가 너무 많이 잡혀 그물이 찢어졌다. 이 장면을 상상해 보라. 얼마나 장엄하고 마음이 떨리는 장면인가? 베드로의 부르심이 이렇게 시작되는 놀라운 기록에 대하여 마치 지금 거기에 있는 리포터처럼 전하는 일은 설교자로서 지극히 중요한 일이 아닐 수 없다.

### 묵상하며 읽으라

앞서 제일 먼저 기도하는 마음으로 읽으라는 말과 연결하여 기도하는 마음으로 읽을 때 마음에 떠오르는 생각들을 묵상하며 읽어야 한다. 이 과정에서는 본문의 기록 내용 가운데 문장과 문장의 표현 속에 담긴 내적 의미를 맛보아 알며, 혹은 떠오르는 여러 가지 질문들을 던져가면서 본문을 숙지해 나가는 자세를 가지고 읽는다.

사실 앞에서 설명한 여러 가지 성경 읽기의 태도는 묵상하는 태도와 같은 선상에서 이해할 수 있다. 묵상은 해석과는 다르다. 해석이 보다 과학적이고 객관적 논리적 접근이라면, 묵상하며 읽는 것은 그 이전의 지극히 개별적 영성에 의존하는 하나님의 음성에 대한 개인적인 추구이며, 아직 검증을 거치기 전이지만 이 말씀이 나에게 던지는 메시지가 무엇인가를 더듬어 발견하는 태도이다.

잠언 23:7에 '마음의 생각'이 바로 '그 자신'이라는 말은 철학자 데카르트가 말한 것처럼 "생각하기에 존재한다"는 말과 맥을 같이한다. 시편 1:1-2의 복 있는 자는 그 율법을 밤과 낮으로 묵상하는 자라고 말씀한 것도 묵상이 곧 나의 존재를 형성하는 복을 가져오는 이치를 말하는 것이다.

영어에 쓰이는 문장 가운데 "당신은 당신이 생각하는 당신이 아니라 당신의 생각 자체가 당신입니다"(What you think is you are, you are not what you think you are).라는 말은 우리가 하나님의 말씀을 묵상할 때 우리의 심성이 곧 하나님의 심성으로 변화되는 축복과 기적을 말해준다. 설교자가 이렇게 말씀을 묵상하여 자기화 된다면 설교하는 것이 전혀 부자연스럽지 않고 물 흐르듯이 자기 고백적인 설교를 할 수 있다.

### 목적을 가지고 읽으라

　모든 성경 말씀은 이유와 목적을 내포하고 있다. 성경은 어떤 저자의 단순한 수필이나 전기가 아니며 단순 역사기록이 아니다. 따라서 설교자가 본문을 읽고 묵상할 때 바로 그 이유와 목적을 발견하려 애쓰며 읽어야 한다. 디모데후서 3:16-17에서 "모든 성경은 하나님의 감동으로 된 것으로 교훈과 책망과 바르게 함과 의로 교육하기에 유익하니"라고 말씀한다. 이는 성경의 목적을 밝히 말씀하고 있다. 뿐만 아니라 디모데후서 3:17은 그 목적이 무엇인가에 대해서조차 명확하게 말씀해준다. "이는 하나님의 사람으로 온전하게 하며 모든 선한 일을 행할 능력을 갖추게 하려 함이라."

　얼마나 그 목적이 명백하게 제시되었는가. 그러기에 말씀을 묵상하며, 읽는 자는 말씀에서 어떤 교훈과 책망과 바르게 함이 제시되는지, 이 말씀을 통해서 나를 어떻게 온전히 만들며, 어떤 일을 할 수 있는 능력을 주시는지를 발견할 목적을 가지고 읽어야 한다. 이런 목적의식을 가지고 성경 말씀을 읽는 것은 때로는 매우 주의 깊은 분석적 사고를 요구한다.

　또 한 가지는 성경 기록의 문법적 구조를 분석적으로 보면서 그 목적을 발견하는 방법이다. 하나님의 말씀은 사람의 사용하는 언어 문법을 통하여 표현되기 때문이다. 에베소서 5:18에서 "술 취하지 말라 이는 방탕한 것이니 오직 성령으로 충만함을 받으라"는 말씀을 읽을 때에도 그 문법적 구조를 분석적으로 읽어야 한다. "술 취하지 말라"는 명령형적인 능동태의 표현과 "오직 성령으로 충만함을 받으라."는 수동태 문법구조는 매우 유사하면서도 전혀 다른 충만함에 이르는 길을 보여주고 있다.

따라서 문장의 주어가 무엇이며 주동사가 무엇이고, 이에 대한 목적어가 무엇이며, 이것을 보완하는 보어가 무엇인가를 분석적으로 파악하는 것은 곧 목적의식을 가지고 본문을 읽는 설교자의 필수적 태도일 것이다. 더구나 문장과 문장을 이어주는 연결어가 '그러므로'인지 '그러나'인지는 앞뒤의 문장의 관련성과 반전을 비교하는 중요한 역할을 한다.

더 나아가서 문장의 여러 가지 형태의 구조를 통하여 기록의 목적을 분석하기도 한다. 성경의 기록이 인물의 전기적 기록형태를 가지고 있으면 그 본문은 기, 승, 전, 결의 구조를 가지며, 이 본문이 어느 영역에 어떻게 표현된 것인지를 파악하게 된다. 때론 여호수아의 행전이 가나안에서 여리고로, 그리고 아이 성으로 연결되는 지리적 특성을 가지는 것과 같이 본문의 구조가 지리적 설명으로 연결된 경우에는 그 지역에서 일어난 사건들이 보여주는 기록의 목적이 있다.

더 나아가서 로마서의 경우 인물 중심이나 시공간의 이동에 따른 구성이 아닌, 어떤 신학적 의미의 문장구조로 기록되어 있다. 이런 경우 설교자는 본문의 신학적 의미와 흐름의 전개를 유심히 살펴야 한다. 또한 그 의미 속에서 저자이신 하나님의 목적이 무엇인지를 파악해야 한다.

이런 문장의 구조를 파악하는 중요한 관점들은 기록의 형태파악에서 인과관계가 분명하게 드러날 때, 어떤 원인이 어떤 결과를 초래하는지를 단순하게 제시한다(대표적 예들은 막 11:27-12:44; 롬 1:24-32). 때로는 상황들의 비교나 유사한 열거를 통하여 강조되기도 한다(시 1:3-4; 히 5:1-10). 강력한 대조를 통하여 저자의 목적을 확실하게 보여 주기도 한다(시 73; 갈 5:19-23).

그리고 경우에 따라서 성경의 저자는 스스로 질문하고 스스로 답변하는 문장구조를 통하여 목적을 확실하게 보여준다. 예를 들면, 구약의 말라기서의 기록 형태가 그러하며, 누가복음 11:1-13에서 약간 다른 형식이긴 하지만 예수님의 제자들이 기도를 가르쳐 달라는 질문에 대해 예수님께서 대답하시는 방식으로 주님의 기도문을 기록한다.

다시 말하지만 성경을 읽는 설교자가 이렇게 문장의 형태나 문법구조를 분석적으로 살펴보는 것은 문법 그 자체로서의 의미가 아니라 정교한 분석을 통하여 말씀을 주시는 하나님의 의도를 보다 바르고 정확하게 이해하고 전파하는 수단이 되기 때문이다.

### 나의 것으로 소화하며 읽으라

위에 열거한 여덟 가지 성경 읽기의 태도는 결국 이 모든 말씀을 나의 소유로 만들기 위한 목적이라 할 것이다. 구멍 난 물독에 아무리 물을 부어도 채워질 수 없는 것처럼 말씀을 나의 것으로 체질화시켜 남아 있게 하는 노력이 필요하다. 말씀을 묵상하면서 나 자신을 말씀에 몰입시켜야 한다, 몰입시킬 뿐만 아니라 구체적 행위로 체질화시켜야 한다. 말씀을 입술의 묵상으로 끝내면 결코 나의 것으로 소화될 수 없다.

사람은 무엇을 들을 때 열 중 아홉을 기억에서 잃어버린다. 그리고 그 무엇을 볼 때는 열 중 다섯을 남길 수 있다. 그러나 사람이 그 무엇을 스스로 의도적으로 행할 때 열 중 아홉을 자기의 것으로 소유할 수 있다. 에스라가 이스라엘에게 여호와의 율법을 가르치기 위해 연구하고 그 후 스스로 준행한 후에 가르치기를 결심한 것은 바로 자기에게 소유된 말씀을 가르치기 위함이었다.

### 전체의 조화를 살펴 읽으라

부분 부분의 세밀한 내용을 살펴서 읽되 전체적 종합적 그림을 보면서 읽어야 한다. 문맥의 연결과정과 본문의 시작과 끝의 연결 그리고 본문 전체 전개과정의 흐름을 파악하면서 읽어가는 것이다. 성경의 어떤 본문을 읽더라도 분리된 개체로 읽지 않고, 전체 속의 부분으로 이해하면서 읽어야 한다. 예를 들어 다니엘서를 읽되 각 사건을 단편적으로 끊어서 해석하기보다는 다니엘의 전 생애 중 한 과정으로 보아야 한다. 이러한 이해 속에서 어떤 주제가 전체적으로 드러나면서 이 부분이 기록되는지를 설교자는 반드시 파악해야 한다. 누가복음의 가이사 아구스도 때의 역사적 기록을 읽는 설교자라면, 그 인물이 어떤 비극적 종말을 맞이했는지 역사적 관점을 가지고 읽어야 한다.

**성경 본문 읽기의 열 가지 원리**
1. 기도하는 마음으로 읽으라
2. 본문 내용을 생각하며 읽으라
3. 반복하여 읽으라
4. 빠짐없이 읽으라
5. 육하원칙을 살피며 읽으라
6. 상상력을 동원하여 읽으라
7. 묵상하며 읽으라
8. 목적을 가지고 읽으라
9. 나의 것으로 소화시키며 읽으라
10. 전체의 조화를 살펴 읽으라

## 3. 조직적, 문헌적, 문법적 관찰의 중요성

이와 같은 성경 본문 읽기 열 가지 원리를 따라 본문을 읽으면 본문의 내용을 설교자가 정확하고 정교하게 파악할 수 있다. 이러한 본문 읽기 습관은 앞으로 설교를 준비하기 위한 기초적 반석을 놓는 것임을 잊지 말자. 본문을 관찰하는 일은 단순히 읽어 묵상하는 마음의 세계에만 있는 것이 아니라 구체적으로 하나하나 정리해서 기록해야 한다. 당연히 본문 내용의 사항들을 구체적으로 나열할 뿐 아니라 본문을 정확하게 이해하고, 그 의미를 파악하기 위한 필수적 질문사항들을 나열 기록해야 한다.

특별히 본문 가운데에서 유념해서 관찰할 사항들이 있다. 이 본문을 대변할 만한 중심단어가 무엇인가를 찾아보는 것이다. 물론 중심단어는 명사가 아니거나 본문을 대변하고 드러낼 몇몇 복수형의 표현일 수도 있다. 그러나 이 중심단어는 본문전체를 연결 짓거나, 실마리를 풀어주는 역할을 할 수 있기에 중요한 부분이다.

본문의 문맥을 관찰하는 일은 매우 중요하다. 본문 전반부에 기록된 내용과 본문 뒤에 기록된 내용과의 상관관계를 관찰하는 것은 본문의 기록목적과 종합적 흐름을 파악하는데 매우 중요하다. 이것은 본문의 분위기를 파악하는 일이다. 격려와 칭찬으로 성도를 세우는 분위기의 본문인지, 반대로 경고와 책망으로 교훈을 주고 있는 분위기인지, 아니면 약속과 미래에 대한 소망의 분위기인지, 본문이 지배적으로 드러내는 분위기를 파악하고 관찰해야 한다.

본문의 기록 전개에 있어서 그 논리적 흐름을 관찰하는 일은 매우 중요하다. 저자는 두 가지 상반적, 대조적 이야깃거리로 자신의 주장을 전개하기도 하고, 원인과 결과의 논리를 따라 본문을 전개하기도 한다. 때로는 한 가지 진리의 확증을 위하여 여러 가지 예증을 들어 결론적 논리를 이끌어 내기도 하고, 당연한 답변이 있는 질문을 던지면서 그 해답을 이끌어가는 논리를 전개하기도 한다. 그리고 때로는 어떤 진리를 확증하기 위해 매우 많은 열거사항을 통해 강조형으로 논리를 전개하기도 한다. 그리스도의 사랑에서 아무도 끊을 수 없는 진리를 위해 로마서 8장에서 바울은 강력한 대적의 대상들을 열거하고 결국에는 그 모든 것들이 우리를 향한 그리스도의 사랑에서 우리를 끊을 수 없음을 밝힘을 통해 의미를 강조한다. 그리고 때로는 본문이 어떤 진리의 주제를 제시하기 위하여 여러 가지 사상 흐름의 변화를 통해 입증하기도 한다. 이런 사상의 변화를 예리하게 주목하고 구별하여 정리하는 관찰이 필요하다.

예를 들어, 본문이 어떤 질문을 제시할 때 이 질문은 본문을 이해하고 의미를 파악하는데 중심역할을 한다. 예수님께서 선한 사마리아인의 예를 제시하면서 물어보신 "네 생각에는 누가 이웃이라고 생각하느냐?"라는 질문은 "누가 나의 이웃입니까?"하고 질문한 율법사의 질문과 함께 그 본문의 핵심적 메시지 역할을 한다.

특별히 본문 가운데 기록된 접속사의 쓰임을 예의 주시해야 한다. 예를 들어, "그러나 나는 네게 이르노니"라는 구절에서, 예수님이 자주 사용하신 표현인 '그러나'는 논의의 전격적 반전이다. 또한 "그러므로 형제들아 하나님의 모든 자비하심으로 너희를 권하노니"라는 로마서 말씀에서 '그러므로'는 사도바울이 서신서에서 자주 사용하는 접속사로서 바울의 권고의 근간과 이유가 앞서 어떻게 표현되었는지를 대변하는 핵심적 접속사이다.

관찰은 해석과 다르지만 관찰의 접근은 분석적이어야 한다. 이에 대해 로버트 트라이나 박사는 모든 성경의 본문은 4개의 분석적 접근이 가능하다고 말한다. 이를 표로 정리하면 다음과 같다.

| 본문의 분석적 접근의 4차원 | | | |
|---|---|---|---|
| **01**<br>용어들<br>성경에 사용된 용어들의 상호 연관성 관찰 | **02**<br>문장의 구조<br>일반적 문헌 구조들 | **03**<br>문체 스타일<br>본문에 사용된 문체의 스타일 | **04**<br>환경<br>본문의 일반적 특수적 환경 |

본문의 문맥에서 사용되는 용어의 쓰임을 관찰하는 일은 매우 중요하다. 영어에서 트렁크(Trunk)라는 용어는 나무의 밑둥치를 말할 수도 있고 어느 물체의 중심기둥을 말할 수도 있고 경우에 따라서는 박스를 지칭하거나 가슴을 말할 수도 있다. 여러 용어들이 어우러져 문장을 이룰 때 그 용어들 간의 상호 관계성을 관찰하고 이 용어들이 문장의 어떤 골격구조를 이루고 있는지, 절과 문장 그리고 그 문장의 분파과정까지 상세히 관찰하는 것이다. 동시에 같은 문장일지라도 그 표현의 스타일이 단순한 사실적 표현일수도 있고 은유적 내포형의 스타일일수도 있다. 더 나아가서는 비록 그 문장 자체에 말하고 있지 않더라도 문맥과 용어의 쓰임으로 그 환경, 즉 감사냐, 기쁨이냐, 어두운 분위기냐 등의 분위기를 문장에서 파악 · 관찰할 수 있다.

본문에서 사용된 언어들의 문법적 성격을 정확히 관찰하는 일은 중요하다. '그' 혹은 '그들'을 가리키는 대명사가 구체적으로 누구를 가리키고 있는지, 동사들의 쓰임이 미래형인지, 현재형인지 아니면 완료

형인지, 과거형인지 본문의 관찰자는 유심히 파악해야 한다. 본문의 기록이 현재 사실을 기록한 내용인지, 가정법을 사용한 가정의 기록인지, 단순한 명령형인지 등을 파악하는 것은 앞으로 본문을 해석하는데 핵심적 역할을 할 요소들이다.

언어들의 문법적 성격과 동시에 이 본문이 가진 문학적 장르의 양상을 파악하는 것 또한 중요하다. 단순한 역사적 사실기록인지, 선지적 묵시기록인지, 비유문장인지, 시적 표현인지, 신학적 원리강요인지 이런 본문의 장르적 성격을 관찰하는 것은 본문의 이해와 적용 그리고 해석에 오류를 피할 핵심적인 역할을 한다.

특별히 본문 가운데 성경이 성경을 인용한 부분이 있다면 조심해서 관찰해야 한다. 예수님께서 자주 인용하신 시편과 신명기, 모세의 율법과 선지서 등의 인용문들이 나올 때 성경 본문의 관찰자들은 빠짐없이 그 인용의 출처를 관찰하고 사실을 파악하는 일이 중요하다.

마지막으로 성경은 현대의 기록이 아니기 때문에 당시의 문화를 기록한다는 점을 관찰해야 한다. "소금이 맛을 잃으면…"이라고 기록되었을 때 지금의 소금과 그때의 소금이 다르며, 그 가치와 쓰임이 다를 것이다. 그러한 점을 관찰해야 한다. 가나의 혼인잔치 본문을 본다면, 유심히 그 당시의 문화적 배경을 드러내는 본문표현을 관찰해야 한다. 지리적 위치표현, 정치적 사건표현, 역사적 사건표현들을 예의 주시하여 육하원칙을 통해 관찰해야 한다.

## 4. 고린도전서 13장의 관찰

고린도전서 13:1 말씀으로 본문관찰의 예를 들어보자.

"내가 사람의 방언과 천사의 말을 할지라도 사랑이 없으면 소리 나는 구리와 울리는 꽹과리가 되고"

**관찰사항**

1. 이 구절의 본문의 주격은 '내가'이다. 즉 '네가'가 아니다.
2. 사도 바울은 고린도 교회에 보내는 편지에서 자신의 예를 들어 설명하고 있다.
3. 사랑과 사람의 방언, 사랑과 천사의 말을 대조시켜 말한다.
4. 사람과 천사를 대조적 인격으로 제시한다.
5. 논조의 흐름이 '…할지라도' '… 없으면'의 조건절 용법을 사용하고 있다.
6. 소리 나는 구리와 울리는 꽹과리는 매우 큰 소음을 발생시킨다.
7. 사랑의 부재 상태를 구리의 울림, 꽹과리의 소리로 비유하고 있다.
8. 사랑의 부재는 천사의 말을 구리울림, 꽹과리 소리로 변화시킨다: 되고
9. 사랑의 부재는 사람의 말을 구리울림과 꽹과리 소리로 변화시킨다: 되고
10. 이 본문은 13장의 서문이다.
11. 이 본문은 12장의 더 좋은 은사를 소개하겠다는 제시의 시작이다.
12. 이 분문의 중심단어는 '사랑 없음'이다.
13. 이 본문의 분위기는 가치상실적 부정적 분위기이다.
14. 사람의 방언과 천사의 말 자체가 부정하거나 악함을 말하지 않는다.

15. 사랑의 부재는 어떤 것을 다른 것으로 변화시키는 역할을 한다.
16. 이 본문은 그 논리 면에서 원인과 결과의 형태를 보인다. 사랑 없음이 원인이고, 그 결과는 천사의 말과 사람의 방언이 소리와 울림으로 변화시킨 결과를 만든다.

위와 같은 관찰 사항에서 설교자가 제시할 질문들을 정리해 보자.

> **설교자의 질문**

1. 왜 사도바울은 고린도 교회에 보내는 편지에서 '당신들'이란 표현보다 개인 자신의 견해로 설명하는가?
2. 그런 표현이 고린도 교인들에게 수신자의 입장에서 어떤 호소력을 주는가?
3. 사도바울이 말하는 사람의 방언, 천사의 말은 구체적으로 자신의 어떤 말을 말하는가?
4. 사람의 방언, 천사의 말은 어떤 상관관계를 갖는가?
5. 왜 그리고 어떻게 사랑 없음이 사람의 방언과 천사의 말을 울리는 구리, 소리 나는 꽹과리로 변화시키는가?
6. 그 당시 유대문화에서 구리와 꽹과리는 어떻게 쓰였는가?
7. 바울이 말하는 사랑의 정의는 무엇인가?
8. 이 본문은 12장의 내용과 어떻게 문맥적으로 연결되나?
9. 이 본문에서 부정의 부정 형태의 강조형은 무엇을 설명하는가?(없으면…)
10. 구리의 소리와 꽹과리의 울림의 공통점은 무엇일까?

우리는 고린도전서 13:1 한 절을 관찰하면서도 수많은 객관적 사실들과 그 의미 파악을 위한 많은 질문을 제시할 수 있다. 이런 관찰 사항은 추론적 신학적 사실이나 질문이 아니라 단순히 읽고, 그 본문의 내용에서 사실적으로 발견하는 정보들이다. 따라서 관찰의 본문연구 단계에서는 의미 파악의 해석적 결론을 내서는 안 된다. 사실 관찰과 질문들은 적어도 이 본문의 문장 자체에서 얻을 수 있는 주제와 앞으로 이끌어낼 본문해석의 기초 자료들을 얻어내는 활동이다.

## 5. 설교의 실제

### 누가복음 5:27-32의 관찰

필자는 이제 한 본문을 예로 들어, 설교의 시작과 끝의 전 과정에 대한 전개 과정을 살펴보려고 한다. 선정된 본문이 어떻게 설교자에게 연구되며, 설교로 한 과정 한 과정이 어떻게 성숙되어 가는가를 연속적으로 살펴봄으로써, 단절된 개념의 설명보다는 오히려 구체적, 연속적 과정을 실제적으로 체험할 수 있도록 하여 설교의 전체적 과정에 대한 독자들의 이해를 돕고자 한다.

선정된 본문은 누가복음 5:27-32로 한다.

27절 그 후에 예수께서 나가사 레위라 하는 세리가 세관에 앉아 있는 것을 보시고 나를 따르라 하시니

28절 그가 모든 것을 버리고 일어나 따르니라

29절 레위가 예수를 위하여 자기 집에서 큰 잔치를 하니 세리와 다른 사람이 많이 함께 앉아 있는지라

30절 바리새인과 그들의 서기관들이 그 제자들을 비방하여 이르되 너희가 어찌하여 세리와 죄인과 함께 먹고 마시느냐

31절 예수께서 대답하여 이르시되 건강한 자에게는 의사가 쓸 데 없고 병든 자에게라야 쓸 데 있나니

32절 내가 의인을 부르러 온 것이 아니요 죄인을 불러 회개시키러 왔노라


이 본문의 말씀을 묵상하며 여러 번 읽으면서 다음과 같은 관찰사항들을 정리할 수 있다. 관찰은 본문의 기록된 사실을 조목조목 이끌어냄과 동시에 사실들이 잠재적으로 품고 있는 의문 사항들을 포함한다. 이 의문사항들은 후에 보다 조직적인 관찰과 본문을 해석하는 가이드라인이 된다. 동시에 설교자는 청중이 본문을 읽고 들으면서 가질 수 있는 질문을 동시에 나열한다. 설교자는 후에 본문을 해석하고 강해하면서 이 질문들에 대한 답을 풀어야 할 과제를 가진다.

기억해야 할 것은 관찰자는 질문자라는 것이다. 관찰을 예리하게 하는 사람은 남다른 문제의식과 질문의식을 가지고 사물과 사건을 주

시한다. 성경은 무조건 순종하는 맹종적 글이 아니다. 하나님의 글인 성경을 우리의 청명한 사고를 통해 이성과 합리적 질문을 가지고 면밀히 관찰할 때 성경을 통해 하나님을 대면하게 된다.

**관찰사항**

1. 이 본문은 누가가 그 이전의 중풍병자를 고치시는 예수님이 병을 고치심과 동시에 죄 사함의 권세가 예수님에게 있음을 말씀한 후에 일어난 사건이다.
    ↳ 세리를 부르시는 본문과 중풍병자를 고치시고 죄를 사한 사건의 연계성은 무엇일까?
2. "그 후에… 나가사"라는 말은 중풍병자를 고치신 후에 시간적 공백이 있음을 말한다.
    ↳ 예수님은 그 기간 동안 무엇을 하셨을까?
3. "레위라 하는"이란 표현은 레위의 이름이 달리 있음을 암시한다.
    ↳ 그의 본명은 무엇일까?
4. 레위의 직업은 '세리'이다.
    ↳ 당시 세리의 사회적, 종교적 위치는 무엇일까?
5. 레위는 예수님을 만날 당시 세관에 앉아 있었다.
    ↳ 당시 세리들의 행위와 세법제도의 구체적 모습은 무엇이었을까?
6. 예수님은 세관에 앉은 레위를 주목하여 보셨다.
    ↳ 예수님이 본 사람이 세리뿐이겠는가? 이 기록이 갖는 의미는 무엇일까?
7. 예수님은 아무 조건 없이 '나를 따르라'고 단순히 명령하셨다.
    ↳ 예수님이 제자를 부르실 때 어떤 방식의 표현으로 부르시는가? 레위는 예수님의 열두 제자 중 언제 부르신 제자인가? 다른 제자들과 상반되는 특징은 무엇인가?

8. 레위는 예수님의 명령에 망설임 없이 즉시 따랐다.
   ↳ 왜 지체하지 않았을까?
9. 레위는 예수님을 따를 때 모든 것을 버렸다.
   ↳ 모든 것은 구체적으로 무엇일까? 무엇 때문에 모든 것을 버렸을까?
10. 예수님은 '모든 것을 버리라'는 조건을 말씀하지 않으셨다.
    ↳ 모든 것을 버리고 일어나 따른 사건은 32절의 죄인을 불러 회개시키러 오신 예수님의 말씀과 어떤 연관성을 가질까?
11. 레위는 예수님을 따른 후에 큰 잔치를 열었다.
    ↳ 모든 것을 버린 레위가 잔치를 베푸는 것은 '버린 자가 잔치를 한다'는 대조적 개념인가?
12. 잔치는 예수를 위해서 베풀었다(잔치의 호스트이다).
13. 잔치의 장소는 레위 자신의 집이었다(정성과 호의, 수고, 친밀을 예상한다).
14. 잔치의 규모는 큰 잔치였다(누가의 예민한 기록이다).
15. 잔치에는 모든 것을 버린 세리 레위와 같은 직업인 많은 세리가 초청받아 왔다.
    ↳ 같은 직업의 사람들을 초청한 레위의 의도는 무엇이었을까?
16. 다른 사람들도 많이 왔다.
    ↳ 그들은 누구일까?
17. 그들은 함께 앉아서 먹고 마시고 있었다.
    ↳ 유대인들의 식사습관과 배석관습은 무엇일까?
18. 예수님과 제자들도 그들과 함께 앉아 먹고 마시고 있었다.
    ↳ 이 사실이 어떤 종교, 사회적 문제를 제기할까? 30절과 관련하여
19. 잔치에는 바리새인과 서기관들이 있었다.
    ↳ 비방하는 이들이 어떻게 거기에 있었을까?

20. 바리새인과 서기관들이 비방한 대상은 예수님의 제자들이다.
    ↳ 왜 예수님을 직접 비방하지 않았을까?
21. 제자들은 그들의 비방에 대하여 대답하지 못하였다.
    ↳ 왜 그들은 항변하지 못하였을까?
22. 바리새인과 서기관들이 비방한 이유는 제자들과 예수님이 세리들과 죄인들과 함께 먹고 마시기 때문이었다.
    ↳ 이들의 비방의 근거가 무엇이었을까? 왜 세리와 죄인은 동의어로 사용되었을까?
23. 비방의 대상은 예수님의 제자들인데 답변은 예수님께서 하셨다.
    ↳ 왜 예수님은 제자들을 대신해 답변하셨을까?
24. 예수님은 비방 질문에 대해 직설적 답변이 아닌 비유적 답변을 하셨다.
    ↳ 왜 예수님은 비방 질문에 대해서 비유적 답변을 하셨을까?
25. 예수님은 바리새인과 서기관의 비방질문에 대하여 의원과 병자, 건강한 자의 보편적 관계로 설명하셨다.
    ↳ 예수님은 왜 건강한 자와 병자의 비유를 제시하셨을까?
26. 예수님은 이 설명을 의인과 죄인 그리고 예수님 자신과의 관계로 재 설명하셨다.
    ↳ 바리새인과 서기관의 현장비방 질문과 예수님의 비유는 어떻게 상관관계를 갖는가?
    ↳ 의인, 죄인, 병든 자, 건강한 자, 의원은 현장 속에서 어느 인물들과 연결될까?
27. 이 본문은 1) 레위를 부르시는 사건 2) 레위 집의 큰 잔치 3) 바리새인과 서기관의 비방질문 4) 예수님의 답변으로 전개되었다.
    ↳ 예수님이 말씀하시는 의인은 누구이며 정녕 의인은 존재하는가?
28. 예수님의 비유적 답변은 지극히 지당한 보편적 비유로 항변의 여지가 없다.

29. 예수님은 보편적 의원과 병든 자의 관계를 통해서 자신과 죄인의 관계로 설명하신다.
30. 예수님은 의인을 부르러 오시지 않았다.
    ↳ 의인이 있는가? 만약, 없다면 모두를 부르신 것이 아닌가?
31. 예수님은 죄인을 부르러 오셨다.
32. 예수님은 죄인을 부르시어 회개시키러 오셨다. 그것이 예수님이 이 땅에 오신 목적이다.
33. 바리새인과 서기관들은 예수님의 이 답변에 항변하지 못했다.
    ↳ 그들은 다 이해하였는가?
34. 레위를 부르시는 사건은 예수님이 이 땅에 오신 목적으로 정리되었다.
35. 이 본문 다음에는 제자들의 먹고 마심 자체를 비방하여 요한의 제자들과 바리새인들의 경건한 금식기도와 비교시키고 있다.
36. 이 비방에 대하여 예수님은 아주 잘 알려진 헌 옷과 새 옷의 연결 불가능, 새 포도주와 헌 가죽부대의 연결 불가능의 비유를 말씀하신다.
    ↳ 문맥상 본문과 다음의 이 비유들이 어떤 상관관계를 가지는 것일까?

 

설교자는 본문을 유심히 자세히 살펴 읽기만 해도 아주 많은 관찰 사실들을 발견한다. 동시에 이 사실들에 내포된 여러 가지 질문들을 이끌어낼 수 있으며, 이런 관찰 과정 속에서 설교자는 이미 상당한 본문이 제공하는 상징적, 실질적 관점들을 깨닫는다.

동시에 설교자는 확정적이지는 않지만, 이 모든 질문들에 대하여 나름의 답변을 신학적 관점과 기본 성경지식을 바탕으로 스스로에게 "이런 것이 아닐까"라는 관점에서 정리할 수 있다. 따라서 이 본문이

제시하고자 하는 저자 누가의 포인트와 목적을 이끌어낼 수 있다. 관찰은 더 깊고, 더 상세하며, 더 많은 시간을 들일수록 유익하고 좋다.

이 단계에서 신학서적을 연구할 필요는 없다. 주석을 읽을 필요는 더더욱 없다. 아니 절대로 읽어서는 안 된다. 많은 설교자가 설교의 신선함을 잃어버리는 경우는 자신의 개별적 관찰에 인색하고, 오히려 이런저런 주석이나 설교집을 참고하는 데에 시간을 쓰기 때문에 자신의 설교가 없는 것이다.

### 누가복음 본문의 관찰을 통한 주제문의 작성

앞서 설명한 관찰이 본문을 읽어가면서 발견하는 일방적 관찰이라면, 이제 설교자는 이 관찰을 토대로 더욱 조직적인 관찰을 해야 한다.

**조직적 관찰의 내용**

1. 이 본문의 중심단어를 찾는다면 무엇일까? : 의원, 병든 자, 죄인, 의인.
2. 이 본문의 분위기 변화는? : 레위를 부르시는 단순 진지한 부르심과 순종의 분위기에서 예수님의 위한 큰 잔치의 기쁨의 분위기 그 후에 오는 바리새인과 서기관들의 비방이 오는 차가운 분위기인데, 답변하는 예수님의 경고와 교훈의 분위기가 반전이다.
3. 이 본문의 논리적 전개는? : 레위의 부르심에 대한 따름(원인)과 레위의 잔치(결과)의 원인과 결과의 논리인 동시에 이 사건현장에 등장하는 여러 종류의 사람들의 상태에 따라(병든 자, 건강한 자, 죄인, 의인-원인들) 의원이신 예수님의 치료와 이 땅에 오신 목적의 성취가 결정되는(결과) 논리로 전개되어 있다.

4. 본문은 의인과 죄인, 병든 자와 건강한 자의 대조 비교를 통해 주제에 접근한다. 본문은 스스로 병든 자라고 인식하는 사람이 의원의 치료가 가능하고 스스로 죄인이라고 인식하는 자라야 예수님이 이 땅에 오신 '죄인을 불러 회개시키는 목적'을 이룰 수 있는 관계성을 부각시키면서 치료의 길이 의원이신 예수님의 능력보다 치료받을 대상의 준비에 의해 결정되는 점이 강조되고 있다.
5. 동시에 문맥적으로 앞서 기술된 중풍병자의 치료에서 죄 사함의 권세가 예수님에게 있음을 선포하신 것이 본문의 사건을 통해 구체적으로 예시된다. 이 본문은 육체의 질병을 다루기보다 세리와 죄인을 부르시는 불러 회개시키는 죄성의 치료에 포인트가 있다. 이후에 새 천과 헌 옷의 결합불가능과 낡은 가죽부대의 새 포도주 보관불가의 비유를 통해 상호 연합할 수 없는 본질적 차이로 그 경고성을 제시하고 있다.
6. 여기까지 설교자가 본문을 관찰하고 연구한 상태로 설교자는 적어도 이 본문이 무엇을 객관적으로 말하고 있는가를 종합적으로 기술할 수가 있을 것이다.
7. 세리인 레위가 예수님의 치료를 받아 제자가 될 수 있었던 길은(여기까지가 주요소이다) 레위 자신이 병든 자요 죄인인 것을 깨달았음에 있다. 그는 의원이신 예수님의 치료와 부르심에 순종했다. 스스로 건강한 자요 의인이라고 생각하기 때문에 예수님의 치료를 받을 수 없는 바리새인과 서기관과는 달랐다. 그는 자신의 부족함을 알고 있었고 예수님이 자신의 죄와 문제를 치료하실 수 있는 분임을 보았다. 그리고 그분의 부르심에 응답함을 통해 그의 모든 악한 죄와 상처들을 치료받고 예수님의 제자가 되어 예수님이 이 땅에 오신 목적을 성취할 수 있었다(보충요소).
8. 비록 조금은 긴 문장이지만, 설교자는 이와 같은 종합적 주제문을 기술함으로 이 본문의 핵심에 접근하여 이 본문의 기록자인 누가의 의도를 파악할 수 있다. 이 주제문은 여러 다른 모양으로 기술될 수 있으며 앞으로 본문을 석의하고 해석하는데 기초적 역할을 하게 될 것이다.

### 나가는 말

성경 말씀의 본문을 연구하는 가장 기초적이면서 가장 중요한 연구 방법은 본문을 잘 읽고 본문의 내용을 상세히 정확하게 관찰하는 일이다. 성경을 연구하는 것은 반드시 단계적으로 순서에 따라 연구되어야 한다. 이 말씀이 무슨 의미인가를 생각하기 전에 이 말씀이 무엇이라 쓰여져 있는가를 정확히 따져보고 확인하는 일이 선행되어야 한다. 이 사실 확인의 과정은 철저히 말씀 연구자의 개인적 말씀에 대한 선호도나, 편견이나, 신학적 의도가 배제되어야 한다.

있는 그대로를 읽어내는 정직성과 투철함이 필요하다. 단순한 글로 읽기보다 열 가지의 성경 말씀을 읽는 방법을 적용하여 읽어야 한다. 문맥적, 문자적, 문법적 구조와 쓰임을 있는 그대로 읽어내고 그 내용의 상관관계와 논리적 흐름을 읽어내야 한다. 그리고 읽는 과정에서 나타나는 여러 가지 가능한 질문들에 대하여 섣불리 판단하여 결정하기보다 앞으로 연구할 과제의 질문으로 정리해야 한다. 이 관찰의 과정을 통하여 기본적으로 본문의 주제를 정리할 수 있다.

### 생각의 관점

- 지난주에 듣거나 혹은 선포한 설교를 다시 살펴보고, 자세한 재 묵상과 재 관찰을 통하여 내가 찾을 수 있는 사실들이 어떤 것이 있는가 정리해 봅시다.
- 이 새로운 관찰은 나의 설교 혹은 내가 들은 설교에 어떤 변화를 가져올 수 있다고 생각합니까?

# 제 6장

# 성경 본문 해석과정과 원리

## 1. 관찰과 해석의 연계성

본문을 관찰하는 연구는 "그 본문에 어떤 사실이 기록되었는가?"라는 상세한 본문의 사실 확인에 중점을 두는 연구이다. 본문 관찰이 충분히 이루어지면 설교자는 자연스럽게 "그럼 이 사실들이 무엇을 의미하는가?"에 대한 확인 및 입증으로 그 연구의 방향을 전환시킨다. 이 의미의 확인을 성경 본문의 해석이라고 한다.

버나드 램은 그의 저서 『개신교의 성경해석학』이라는 책에서 성경해석을 "성경의 해석이란 과학이자 예술이다. 과학인 이유는 해석의 과정이 일정한 규칙과 시스템의 법칙에 따라 이루어지기 때문이요. 예술인 까닭은 그 과학적 규칙이 단순 기계적으로 적용되는 것이 아니라 그 적용을 기술적으로 적용시킬 수 있기 때문이다"라고 정의 내린다. 더 나아가 "성경해석의 필요는 성경 속에서 하나님께서 하신 말씀의 의미를 확신하기 위함이요 성경의 의미하는 바를 최종 결정하기 위함이다"라고 그 필요를 말하고 있다.

## 2. '본문을 해석한다'는 의미와 활동

엄격한 의미에서 오늘날의 성경을 읽고 전하는 독자가 그 사실 자체로 충분히 의미가 소통된다면 따로 해석이라는 과정을 거칠 필요는 없다. 사랑하는 연인이 편지를 주고받을 때 해석과정을 따로 밟아서 그 편지를 이해하지 않는다. 그냥 읽으면 상대방의 마음과 의도가 저절로 이해된다.

성경의 의미파악을 위해 조금은 복잡한 해석의 과정을 치밀하게 연구해야 하는 이유는 성경을 기록한 저자들과 우리들 사이에는 시대적, 문화적, 언어적, 역사적인 엄청난 갭이 존재하기 때문이다. 그렇기에 해석은 필수적으로 필요하다.

사실, 해석학이라는 단어의 어원은 성서적이라기보다 세속적이다. 영어로 'Hermeneutics'라는 이 단어의 어원은 그리스의 신화 '헤르메스'에서 온다. 그리스의 신화에 등장하는 여러 신들이 인간 세계에 보내는 메시지들을 전달하고 소통한다는 의미에서 '헤르메스'라는 말이 등장했다. 동시대에 살았던 사람들이지만, 인간 대 인간이 아닌 신과 인간의 소통이라는 점에서 그 의미전달에 오류 없는 소통을 위해 '헤르메스'를 필요로 한 것처럼 수천 년에 걸쳐 하나님의 선택된 저자들을 통하여 하나님의 감동으로 기록된 성경을 우리 인간들에게 오류 없이 소통하는 데는 '해석과정'(Hermeneutics)이 필요하다.

그런 의미에서 해석학은 저자의 바른 기록 의도를 도출해내는 객관적 학문이다. 객관적이라 함은 그 해석이 주관적이거나 개인적 선호의 문제일 수 없다는 의미이다. 또한 학문이라 함은 과학적 입증이나 사실적 입증이 해석의 가치를 결정하는 것이지 해석자의 권위나 주장의 강도가 결정하는 것이 아님을 의미한다. 따라서 해석학은 일정한 원리와 원칙에 입각하여 관찰하여 얻어진 본문의 사실들이 내포하는 의미를 파악한다. 그럼에도 불구하고 성경 본문의 다양한 영역과 언어의 쓰임의 모호성 그리고 역사적 문화적으로 지극히 멀리 있는 지금의 연구자와의 거리는 모든 것을 객관적, 과학적으로 다 답할 수 없는 한계를 가지고 있는 것도 사실이다. 그러므로 한계의 영역에 대하여는 신학적으로나 인문학적으로 포용하여 의미를 정의할 수 있는 신축성 혹은 예술성이 필요하다. 따라서 성경의 해석학이란 "하나님 말씀의 의미를 설명해내는 과학이요 예술"이라고 말할 수 있다.

설교자에게나 청중에게 있어 해석연구가 왜 중요하고 필요한가는 시편의 구절을 통해 유추할 수 있다.

"여호와여 주의 율례들의 도를 내게 가르치소서 내가 끝까지 지키리이다 나로 하여금 깨닫게 하여 주소서 내가 주의 법을 준행하며 전심으로 지키리이다"(시 119:33-34)

이 말씀 속에서 시편 기자는 주의 법을 전심으로 지키는 이유가 깨닫기 위함임을 밝힌다. 본문의 말씀에 대한 단순한 사실 확인을 넘어 그 의미를 파악하는 해석이 필요한 이유는 곧 바른 적용을 궁극적 목표로 두고 있기 때문이다. 다시 말하면 해석의 오류는 곧 적용의 오류를 초래하기 때문에 성경 저자의 의도를 정확하게 읽어내는 것은 오늘날의 성도의 삶에 적용하는 척도가 된다는 중요한 원칙을 잊어서는 안 된다.

만약 설교자가 성경 본문의 내용에 대한 사실적 관찰이나 본문의 내용에 대한 의미를 진지하고 성실하게 연구하여 확인할 의도가 없다면 어떤 일이 벌어질까? 그 설교자가 강단에서 주장하고 성도들에게 어떤 행위를 요청하거나 주장하는 것이 성경이 말하는 바에서 벗어나 있다면? 더 나아가 설교자의 설교 내용에 따라 자신의 행동 양식을 결정하는 성도들의 삶에 악영향을 끼칠 가능성은 없는 걸까? 성경 본문에 대한 철저한 관찰과 의미의 파악이 없는 설교는 자신의 삶과 성도들의 삶에 엄청난 해악을 끼친다. 비단 설교의 평가가 어떻게 나오는가의 문제가 아니다. 이것은 자신과 성도들의 삶이 걸린 문제이다. 그렇다면 더욱 성경 본문이 말하는 본래의 의미를 탐색하는 과정이 중요하게 설교자에게 다가와야 하지 않을까? 주관의 설파가 아닌 하나님의 말씀을 대언하는 것이라면 응당 하나님의 말씀이 가진 의미를 진지하게 탐구하는 과정이 필수적으로 선행되어야 한다! 성경 본문의 의미를 해석하는 것은 어떤 신학적인 관점을 파악하는 것이 아니다.

**성경의 본문 해석이 성경 연구와 설교에서 갖는 기능적 위치와 역할**

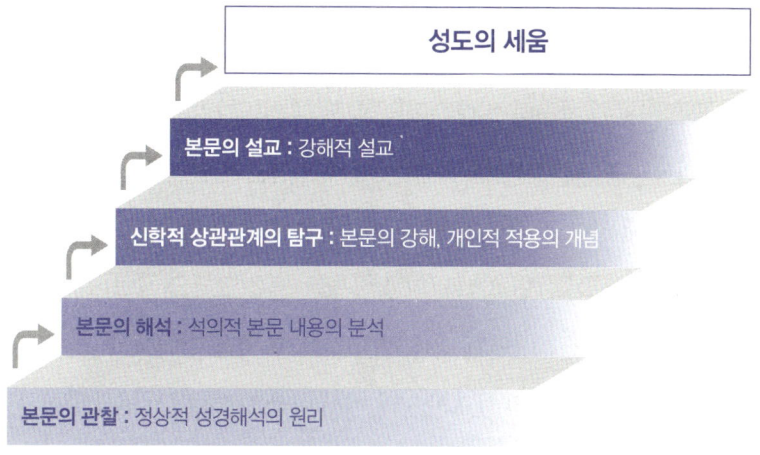

## 3. 본문해석의 위치와 역할

오늘날 성경을 해석하는 접근에 다양한 신학적 접근이 있기 때문에 성경을 해석하고 그 메시지를 전하는 설교자의 입장에서 어떤 해석이 옳은가에 대한 의문이 생길 수도 있다. 이런 점에 대하여 성경해석학의 권위자인 스탠리 포터나 베스 스토벨은 현대 성경해석학의 다섯 가지 중심접근을 소개하고 있는데, 첫째는 역사적 문자 문맥적 접근과 둘째는 철학, 신학적 해석 접근, 셋째는 구속사적 접근, 넷째는 포스트모더니즘 문헌접근, 그리고 마지막으로 정경적 입장에서의 해석이다.

그 중에서도 '역사적, 문맥, 문자적 해석'은 성경 자체와 성경 외의 문헌에 대한 역사적 쓰임의 원초적 의미를 파악한다. 성경의 저자가 처음부터 의도한 그 의중을 정확하게 파악하는 것을 목표로 한다. 글의 쓰임과 당시의 문법적 연구 속에서 처음 읽은 수신자들의 견해를 밝혀 내 문헌 비판에 치중하는 다른 접근과 달리 의미파악에 전념하는 해석 접근법이다. 이 해석이야말로 다른 네 가지 접근과 달리 성경의 본문을 파악하는 유일하고 가장 합당한 해석임을 강조하고 있다. 성경을 인간의 비평 대상이 아닌 하나님의 살아있는 말씀으로 받아들이는 설교자라면 이 견해에 전적인 동의를 하지 않을 수 없을 것이다.

존 스토트는 『성경적 설교의 정의』에서 이점에 관하여 이렇게 말한다.

"만일 하나님께서 인간에게 말씀하시기로 하셨을 때, 그저 자기 자신의 언어로 말씀하셨다면 우리는 결코 그 말씀을 이해할 수 없었을 것이다. 하나님은 그렇게 하지 않으시고 인간의 언어, 곧 히브리어나 헬라어를 사용하셔서 우리 눈높이에 맞게 말씀하셨다. 인류는 언어의 문화를 반영하기 마련이다. 다시 말해, 성경 본문은 고대 근동과 그레코로만 세계와 팔레스타인 유대교의 문화들을 반영한다. 그래서 우리는 우리 자신을 성경 저자들의 상황, 예컨대 그들의 역사나 지리, 문화, 언어 등에 익숙하도록 훈련해야 한다. 이런 작업을 하지 않거나, 이런 노력을 하찮게 여기고 소홀히 하는 것은 용서받을 수 없는 일이다. 이런 태도는 하나님께서 세상에게 말씀하시기를 위하여 택하신 방법을 모욕하는 셈이다."

존 스토트의 간파는 예리하고 정확하다. 다시 말해 하나님의 말씀을 그대로 전하기 원한다면 이 석의적 연구 과정이 선택의 여지가 없는 철저한 설교자의 필수과정임을 말해준다.

본문의 의미 해석은 기본적으로 성경 기록자 즉 저자의 의도를 검증하며 파악한다는 말이다. 이것을 '석의적 연구'(EXEGETICAL STUDY)라고 말한다. 어떤 본문을 해석함에 있어서 "이것은 하나님께서 이런 뜻으로 우리에게 주신 말씀입니다"라고 하기 이전에 본문의 저자들의 본래적 의도 즉 당시 저자와 그 당시 수신자가 소통한 내용을 객관적으로 파악하는 것을 의미한다. 사도행전 8장은 초대교회 집사인 빌립과 에티오피아 내시의 만남을 상세히 기록한다. 성령에 이끌린바 된 빌립이 수레를 타고 본국으로 내려가는 내시를 보았을 때 내시는 이사야서를 읽고 있었다. 그 두 사람의 대화가 이렇게 기록된다.

**빌립** : 그 읽는 것을 깨닫고 있느냐
**내시** : 지도하는 사람이 없으니 어찌 깨달을 수 있느뇨 선지자가 말한 이 내
　　　　용이 누구를 가리킴이뇨
**빌립** : 이 글에서 시작하여 예수를 가르쳐 복음을 전하니
**내시** : 보라 물이 있으니 내가 침(세)례를 받음에 무슨 거리낌이 있느뇨
**빌립** : 빌립과 내시가 물에 들어가 내시에게 침(세)례를 주고

빌립과 내시의 대화는 성경해석의 클래식이다. 내시는 진지하고 성실하게 이사야서의 내용을 관찰하고 있었지만 그 의미를 파악할 수 없었다. 따라서 빌립은 본문의 내용에서 시작하여 그 의미를 해석해 준다. 이 본문의 해석을 받은 에티오피아 내시는 바로 침(세)례를 받는 적용으로 이어진다.

빌립은 초대교회 시대와는 수백 년의 시간적 역사적 거리에서 선지자 이사야의 글의 내용과 의미를 예수 그리스도의 복음으로 해석하여 내시에게 복음을 전하고 내시는 그 의미를 깨달아 알기에 침(세)례를 자청하여 받는 순종의 적용을 이룬 것이다.

우리가 성경을 해석한다는 것은 바로 이와 같이 어떤 성경의 본문이든 처음에 쓰인 본문의 의미를 저자의 입장에서 객관적으로 이해하고 깨달아 오늘의 행위를 정당하게 결정짓는 일이다. 빌립은 결국 이사야서의 해석자의 입장에서 선지자 이사야와 에티오피아 내시 사이에 존재하는 시간의 차이(주전 칠백 년과 주후 오십 년의 간격), 지리적 차이(이집트와 유대), 문화의 차이(이집트 종교문화와 이스라엘의 종교문화), 언어의 차이(히브리어와 헬라어의 차이), 문학 문헌의 차이(이집트 종교문헌과 이스라엘의 종교문헌), 영적 표준의 차이(선지서의 상징적 표현과 예수 그리스도의 복음)를 연결 지어 주는 역할을 한 것이다.

## 4. 본문해석의 다리 기능

**성경 본문 해석의 시, 공간적 차이의 연결 다리**

성서의 세계 — 오늘의 세계

1. 시간의 다리
2. 지리적 다리
3. 문화적 다리
4. 언어적 다리
5. 문학 양상의 다리
6. 영적 표준의 다리

따라서 성경 본문을 해석하는 설교자는 성경 본문이 포함하고 있는 기록 당시의 문화, 역사, 언어, 문헌양식, 영적 표준을 가장 객관적으로 접근하여 그 본문의 원래적 의도를 파악하는 것이 마땅한 일이다. 이것을 우리는 '석의적 해석'이라고 말한다. 명백한 석의적 해석이 있어야 석의적 해석이 내포하는 신학적 의도, 즉 '강해적 해석'을 할 수가 있다. 예를 들면 성경을 해석하는 과정은 마치 수학에서 일차방정식을 알아야 이차방정식으로 넘어갈 수 있는 것과 같다. 본문에 대한 정확한 관찰연구가 있어야 석의적 해석으로 넘어갈 수 있다. 정확한 석의적 해석이 바탕이 되어야 신학적 강해가 가능하다. 강해를 바탕으로 타당한 오늘의 적용이 이루어질 수 있다.

## 5. 본문 해석의 5대 영역

이와 같은 과학적이고 객관적인 본문해석을 위해서는 적어도 다음의 다섯 가지 원칙이 필요하다.

> 모든 성경 해석은 본문의 내용을 바탕으로 그 내용을 해석하는 데에 집중해야 한다.

첫째, 모든 성경해석은 본문의 내용을 바탕으로 그 내용을 해석하는데 집중해야 한다. 앞서 본문의 사실을 확인한 내용에서 설교자는 그 내용 자체가 말하는 사실들과 이 사실들이 품고 있는 의미에 관한 질문들, 그리고 해석에 필요한 문어적, 문헌적, 문화적, 역사적 관점들을 도출해 내야 한다. 내용과 동떨어진 어떤 해석사항을 연결하는 것은 위험할 뿐 아니라 전혀 해석의 타당성을 제시할 수 없다. 간혹, 설교자가 설교 중 어떤 의미 있는 해석을 제시하는 경우가 있다. 그런데 그 해석이 본문의 어느 내용에 관한 것인지 연결되지 않을 때 이 해석은 본문 해석과 전혀 관련 없이 설교자 자신의 주관적 주장을 관철하기 위한 제시에 불과하다.

둘째, 모든 해석은 문맥상의 정당한 해석이 가장 중요하다. 부동산을 매매하는 중개업자가 흔히 쓰는 말이 "처음도 위치, 다음도 위치, 마지막도 집의 위치"라면서 '사고팔고'하는 부동산의 위치의 중요성을 강조하곤 한다. 그와 같이 성경해석에서 가장 중요한 것은 "처음도 문맥 그 다음도 문맥 마지막도 문맥"이라고 말할 수 있다.

모든 성경의 본문은 기술된 위치가 있다. 성경의 본문은 앞뒤의 내용과 반드시 연결되어 있다. 이는 의미 없는 말의 나열이 아니다. 서로 상관된 의미의 연결이다. 그러므로 해석에 있어 문맥의 중요함은 아무리 강조해도 지나치지 않다. 가장 자연스럽고 받아들이기

> 모든 해석은 문맥상의 정당한 해석이 가장 중요하다. 모든 성경의 본문은 어디엔가 위치하고 있고 이 위치는 앞뒤의 내용과 반드시 연결되어 있다. 상관없는 말의 나열이 아니라 서로 상관된 의미의 연결이다.

용이한 해석은 반드시 문맥적으로 그 타당성을 스스로 나타내게 되어 있다. 정통신앙을 떠난 이단 교리들이 가장 쉽게 무시하는 것이 바로 문맥인 것은, 역설적으로 문맥을 떠난 성경은 쉽게 악용될 수 있는 위험성을 내포하고 있음을 말해준다.

셋째, 모든 성경해석은 반드시 비교연구가 필요하다. 해석은 다른 의미에서 검증과정이다. 본문이 기록된 동시대의 다른 성경 다른 저자들의 기록을 비교하는 것은 해석의 입증과 안전의 지름길이다. 같은 사건이라도 복음서의 기록 내용이 서로 다름을 비교해서 왜 그런지를 입증하는 것은 성실한 해석의 한 부분이다. 같은 내용이라도 성경 번역본끼리 그 내용을 비교하고 차이점을 파악하며, 번역의 특징에 따라 어떻게 표현되었는지를 보아야 한다.

넷째, 본문해석을 위해서는 그 본문이 포함하고 있는 문화적 종교적 혹은 역사적 배경에 대한 연구가 당연히 필요하다. 오늘의 서양문화가 가지고 있는 의·식·주와 이스라엘의 의·식·주는 매우 다르다.

성경 당시의 사회, 정치적 배경과 제도는 지금 우리의 삶과는 매우 다르다. 이러한 다름에 대한 연구·이해는 성경 본문을 바르게 이해하는 중요한 키가 된다.

마지막으로 설교자는 본문을 해석한 여러 선각자, 주석가, 설교가들의 연구를 참조해야 한다. 다시 강조하지만, 이것은 참조이지 카피가 아니다. 대부분의 많은 설교가들이 쉽게 실패하는 부분이 이 부분이다. 설교자들은 큰 유혹을 받는다. 그것은 자신의 고유한 연구에 입각한 해석을 도출하는 데에 시간을 쓰고 싶지 않은 욕구이다. 이미 본문을 잘 연구해 놓은 주석 혹은 설교집을 바로 인용하고자 하는 욕구이다. 정도가 아닌 쉬운 길을 택하고 싶은 욕심이다. 하지만 이것은 성경을 해석한 것이 아니라 해석을 카피해서 사용하는 것이다. 엄밀히 말해 이것은 범죄행위다. 권위 있는 여러 가지 주석을 읽어보는 이유는 나의 해석에 대한 객관적 판정과 평가를 위함이다. 자신이 아무리 열심히 해석했다 하더라도 경우에 따라서는 치우친 해석이 될 수도 있고, 종합적 신학적 관점이 무시된 일방적 해석이 될 수도 있기 때문이다. 따라서 주석은 검토 및 참고용으로 사용하고 자신의 관점을 가지고 성경 본문을 깊이 있게 연구하는 것이 중요하다.

## 6. 본문 해석의 접근 순서

어떻게 하면 보편적이고 객관적인 성경 본문 해석을 차례대로 할 것인가? 앞서 살핀 것처럼 본문 해석에는 여러 가지 핵심적 활동사항이 요구되는바 이것을 좀 더 순서 있게 연구해 나가는 것은 성경 본문 해석의 지름길이 될 수 있다.

가장 먼저 시편기자와 같이 본문의 내용을 숙지한 상태에서 성령의 인도하심을 간절히 간구해야 한다. 성령의 내주하는 역사는 우리의 사고를 영적인 사고로 조절하고 인도하는 역할을 한다. 성령의 역사가 없을 때 메마른 문어법 구조연구로 그칠 수 있다. 불신자들이나 이단에 속한 사람들, 그리고 철학가들이나 타 종교인들도 성경해석을 시도한다. 하지만 그들에게서 건전한 해석을 기대할 수 없는 것은 기술의 부족보다 그들의 영이 하나님의 성령에 속한 자들이 아니기 때문이다.

둘째는 이미 관찰된 내용을 자세히 숙고하면서 특별히 질문 사항들을 유심히 연구하고, 그 질문사항에 가능한 답변들을 미리 정리해 본다. 본문을 해석한다는 것은 해석의 포인트와 필요에 대한 확실한 인식이 있어야 가능하다.

셋째로 문맥을 살피면서 본문의 내용 가운데 성경의 내용을 넘어서는 성경 본문 외적인 연구 필요영역을 확인하고, 본문에 관련된 관습, 문화요소, 역사요소 등을 미리 연구해야 한다. 성경 해석의 접근은 언제나 본문 자체와 본문이 포함하고 있는 본문 외적인 요소들로 구성된다. 성경해석의 바른 접근은 외적인 요소부터 연구해 나감이 타당하다. 본문이 포함된 문화 역사 종교적 관습 등을 미리 연구하면 그 본문의 문맥을 보편적으로 이해할 수 있는 기본 발판이 된다.

넷째로 성경 외적인 연구가 진행되었으면 본문을 안고 있는 주변의 여러 성경적 관점을 이해하는 것이 중요하다. 성경 66권 전체의 주제와 강조점에서부터 출발하여 구약의 관점과 본문 그리고 신약의 관점과 본문의 내재된 관점을 이해하는 것이 필요하다.

다섯째로 본문이 속한 책 자체에 대한 연구가 필요하다. 복음서이면 복음서의 기록 특징과 시대적 기록연대, 기록자의 특징과 강조점, 문체와 해당 복음서의 처음과 끝에 이르는 전체적 과정 등을 연구하는 것이 중요하다.

여섯째로, 문단과 문단의 문맥적 상호관계의 연구가 있어야 한다. 현재의 본문이 이전의 본문과 어떻게 연결되어 있는지 살펴야 한다. 또한 보다 거시적 안목에서 이전의 여러 장들과 어떤 주제적 흐름을 가지는지의 파악도 중요하다. 그리고 본문의 내용이 미래적으로는 어떻게 전개, 발전되어가는 것인지에 대한 문맥적 연구는 절대적으로 필요하다.

일곱 번째로, 본문 내용의 구문론적 연구이다. 중심단어에 대한 정의를 내리고, 이 정의가 어떻게 이 본문에서 사용되고 있는지, 문장의 구조가 복문인지, 단문인지, 중문인지, 중심 주어나 주어의 역할을 하는 구절이 무엇인지, 그 보어의 구실이 어떻게 설명되고 있는지, 문장 문장의 시제나 문법적 기능은 어떠한지, 동시에 이 문장이 그 장르 면에서 어떤 문학적 성격을 띠고 있는지 등등의 문법적 연구가 이루어져야 한다.

아래 도표와 같이 성경해석 순서는 외부에서 내부로, 거시적 해석에서 미시적 해석으로 접근해 나가야 한다. 물론 이 방법만이 최고 최선이라고 말할 수는 없다. 그러나 보편적으로 용이하고 적절하며 해석의 난해함을 최소화할 수 있는 방법이라고 생각한다.

여덟 번째로, 말한 바와 같이 성서와 성서 번역본 등을 비교하고 여러 주석의 기록을 참조한다. 참고문헌의 이용방법과 필요영역에 대해서는 다음의 비교 차트를 통해 설명하고자 한다.

**성경 본문 해석의 접근 순서**

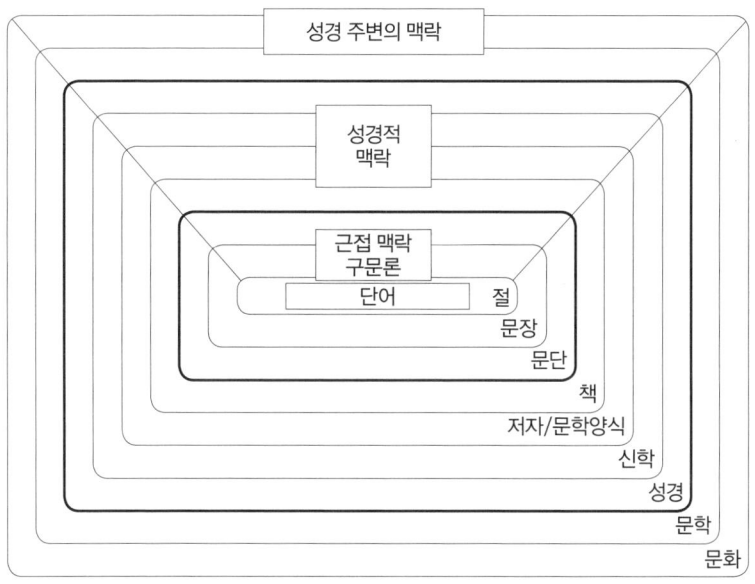

위에 제시된 대표적 출판물은 필자의 경우이고 한국어 번역본과 우수한 성서사전이 국내에도 많이 출간되어 있다. 중요한 것은 설교자 자신이 용이하게 언제라도 필요에 따라 쓸 수 있는 도구가 마련되어 있어야 한다는 것이다.

아홉 번째로, 이 모든 해석 과정을 통하여 결론적으로 얻어진 해석을 구절에 맞게 자신의 고유한 해석으로 정리한다. 단순히 해석을 생각하는 것이 아니라 절마다 자기 나름의 해석을 글로 정리하는 것이다. 이 과정을 통하면서 설교자는 본문의 석의적 즉 본문의 저자의 의도와 생각에 최대한 가까이 접근한다.

기본적으로 본문해석의 과정은 분석적이다. 모든 가능한 의미 파악을 위한 기술적, 과학적, 문장적 분석을 통하여 가장 '객관적으로 타당한 본문 본래의 의미를 추출해내는 작업'이라는 점에서 시간과 노력이 많이 요구되는 연구 과정이다.

### 참고문헌의 이용방법

| 종류 | 내용 | 극복할 수 있는 사항 |
|---|---|---|
| 성경의 번역들 (Versuibs) | 한글, 영어, 원어의 다양한 번역본들 | 성경과 성경을 비교하여 편파적인 쓰임이 아닌 현대인의 성경과 조화 있는 부분을 이해한다. |
| | **대표적 출판물** : 한글 개역판, 개역개정판, 공동번역 KJV, NASV, NIV, NKJV Living Bible, Today's English version, Phillips, Amplified Version. | |
| 원어 대조 성경 | 원어의 쓰임과 번역본이 동시에 기록 되어있다. | 언어적 차이, 어려움을 극복한다. |
| | **대표적 출판물** : 헬-한 대조 신학 성경, 원어성서(보이스사) 성서원어 대전, (한국성서 연구원) Interlinier | |

| 종류 | 내용 | 극복할 수 있는 사항 |
|---|---|---|
| 성구 사전 | 특정 주제에 대한 성구를 찾아볼 수 있는 알파벳순의 Index이다. | 특정 주제나 성구의 일반적 사용법을 알아볼 수 있다. 단어의 쓰임을 통한 정의를 내릴 수 있다. |
| | 대표적 출판물 : 성구 대사전(해문사) 최신판 성구사전, 성구사전 (기독교문화협회) Robert Young's Analytical Concordance to the Bible, Strong's Ezhaustive Concordance of the Bible, George V, Wigram's Englishman's Hebrew to Chaldee Concordance of O.T. | |
| 원어 사전 (Lexicons) | 성서의 단어들에 대한 정의와 쓰임. | 중심단어의 정의와 어원 정의 등을 통한 언어적 어려움을 극복한다. |
| | 대표적 출판물 : Walter Bauer's (N.T.) Brown, Drivers and Briggs(O.T.) | |
| 성서 단어 사전 | 단어의 문법적 쓰임 소개. | 문법적 어려움을 극복한다. |
| | 대표적 출판물 : W.F Moulton and A.S. Geden's A. T. Robertson's Concordance to the Greek Testament. | |
| 성서 사전 (Bible dictionary) | 주요 성서적 주제들에 대한 간편한 정보 소개 및 배경소개. | 문화 성서의 쓰임과 언어의 차이를 극복한다. |
| | 대표적 출판물 : New Bible Dictionary Unger's Bible Dictionary | |
| 신학사전 | 주요 주제, 단어, 신학적 개념에 대한 전반적 해설. | 신학적, 물리적, 언어적, 사상적 차이를 극복한다. |
| | 대표적 출판물 : Theological Dictionary of New Testament, New International Dictionary of New Testament | |
| 주석 | 여러 성서학자들의 본문에 대한 견해와 연구의 참조. | 문화 역사 문법 등의 개념 차이를 극복 할 수 있다. |
| | 대표적 출판물 : 카인데일리지 구약주석, 엑스포지터스 주석, 틴데일스 주석, Bible Knowledge Com. New International Commentary, International Critical commentary. | |
| 성서지도 (Atlases) | 성서역사의 각종 시대와 사적에 따른 지도의 모음과 해설. | 시간적, 지리적, 문화적 차이를 극복할 수 있다. |
| | 대표적 출판물 : 여러 종류의 성서지도 | |

그러나 실상을 말한다면 설교자는 이 과정을 사랑해야 한다. 아주 즐거워해야 한다. 왜냐면 이 과정을 통해서 보지도, 듣지도, 만나지도 못했던 성서의 저자들을 만나고, 듣고, 보는 것처럼 강렬하게 느끼면서 그들의 영성을 전수받기 때문이다. 여기에서 느끼는 스릴과 흥분이 바로 설교의 커다란 영감으로 전환될 수 있다. 가끔 이런 질문을 받는다. "매 설교마다 이런 연구를 어떻게 하란 말입니까?"라는 현실적 어려움에 대한 질문이다. 그래서 추천하는 것은 설교를 권별, 책별로 꾸준히 하라는 것이다. 한 책에 대한 누적된 연구는 많은 시간을 절약시켜주고 설교를 진행해 가면서 점점 더 그 깊이와 진지함을 더해가므로 설교자 자신이 큰 감동과 흥미와 영적 감흥을 받으면서 설교를 준비할 수 있다. 성경해석은 그 본문의 장르에 따라 혹은 문헌의 특성에 따라 다양한 접근 방법이 존재하므로 설교자는 정통한 성경 본문 해석학 연구에 보다 많은 시간과 노력을 기울여야 한다.

## 7. 설교의 실제

### 누가복음 5:27-32의 해석 내용

설교자에게 있어서 본문연구의 과정은 본문의 의미와 적용이라는 큰 문제의식 속에서 한 과정 한 과정을 인내심을 가지고 밟아나가는 과정이다. 또한 이 과정은 차곡차곡 순차적으로 누적되어가는 속에서 본문의 의미가 점점 깊어지고 분명해진다. 그러기에 섣부른 결론을 쉽게 내리지 않길 바란다. 오히려 스스로 밝혀져 나가는 하나님 말씀의 비밀을 하나하나 발견하면서 무엇이 메시지의 핵심인지 잠재의식 속에서 정리되기 때문이다.

따라서 관찰의 과정, 해석의 과정이 기계적으로 분리된 과정이 아니라 서로 상호 복합적이며, 해석과 신학적 강해의 과정이 또한 서로 연결되어 있는 유기적 과정이다. 제시된 본문 누가복음 5:27-32를 면밀히 관찰하면서 설교자는 어느 정도 이 본문의 중심주제가 무엇이며, 이 본문이 말하고자 하는 누가의 의도를 파악하고 있다고 볼 수 있다. 이제는 본문 자체가 쉽게 말해주지 못하고 아무리 열심히 관찰한다 해도 관찰 자체로는 찾을 수 없는 해석의 과정을 정리해 보자.

첫째는, 본문 외적인 이 본문이 내포하고 있는 역사적 문화적 배경에 대한 연구이다. 이 본문에서 등장하는 성경 외적 연구 필요의 분야는 예수님의 부름을 받은 레위가 세리라는 점에서 필히 알아야 할 역사성과 누가가 복음서를 쓸 당시의 사회성을 알아보아야 한다. 당연히 이런 성경 외적인 요소에 대한 연구는 참고문헌을 통해서 연구한다.

예수님 당시 세리의 신분은 종교적, 사회적으로 천한 신분으로 여겨지는 자들로 세리와 죄인이라는 별칭이 항상 같이 사용되었다(눅 15:1-2 참조). 이들의 행위는 공적으로 징수하는 자들로(눅 3:13) 알려져 있으며, 당시 로마의 식민지였던 유대민족에게서 강제로 세금을 징수하기 위해 유대인들 중에서 로마 당국이 선출하였으며, 그들에게도 일정한 계급을 두어 조직을 운영하게 했다.

누가복음 19:2에 나오는 삭개오는 세리 중에서도 세리장이었다. 그들은 요소요소에 배치되어 행인들에게서 세금을 강제로, 부과된 액수보다 더 많이 징수하여 남는 액수를 자신들의 개인 수입으로 착취하는 일을 행했다. 이런 이유로 유대민족에게는 미움과 배척의 대상이었으며, 경제적 이익을 얻었지만 사회적으로 창녀와 같이 여겨지는 수모를 당했다. 특별히 유대 종교의 정통파로서 경건주의를 표방하는 바리새파에게는 함께할 수도 없고, 해서도 안 되는 지극히 부정한 계층의 사람들이었다.

이런 모습은 누가복음 18장의 바리새인의 기도와 세리의 기도를 예증으로 제시한 예수님의 말씀에서 극명하게 나타난다. 바리새인과 세리가 똑같이 성전에 기도하러 올라가서, 바리새인은 따로 서서 기도하기를 "하나님이여 나는 다른 사람들 곧 토색, 불의, 간음을 하는 자들과 같지 아니하고 이 세리와도 같지 아니함을 감사하나이다"라고 기도했다. 반면 세리는 멀리 서서 감히 눈을 들어 하늘을 보지도 못하고 다만 가슴을 치며 "하나님이여 불쌍히 여기소서 나는 죄인이로소이다"라고 기도했다.

설교자는 세리에 대한 성서 내적, 외적 문헌을 연구하면서 자연스럽게 예수님께서 세리를 부르시는 모습이 당시 사회 종교적으로 어떤 문제를 야기했는지 느낄 수 있다. 또한 왜 세리와 함께 먹고 마시는 사건이 그렇게 정죄와 비판의 대상이 되었는지 알 수 있다. 오늘날 청중들은 세무 공무원 하면 가장 힘 있고 능력이 인정되는 고급스런 직업으로 알고 살아간다. 그런 그들이 이 성경의 본문을 역사적 사회적 문화적 이해가 없이는 제대로 이해할 수 없는 것은 당연하다. 이 이해의 연결다리 역할을 해야 하는 것이 설교자의 역할이다.

**유대인의 잔치에 대한 이해**

유대인들에게 있어서 잔치는 기본적으로 기쁨의 대표적인 표현인 도케(δοχη)라는 단어를 썼다. 잔치를 배설하는 초청자는 자신의 신분에 어울리는 하객들을 초청했으며, 따라서 누구의 초청을 받아 그 잔치에 함께 한다는 것은 그들과 사회적, 도덕적 신분을 공유하는 뉘앙스를 주는 것이기도 했다. 그러한 까닭에 잔치는 사회계층에 따라 배타성을 띠고 있었으며, 그 친밀도를 눈으로 볼 수 있는 것은 그들의 식탁 배설 방법이었다.

각각의 의자를 따로 하여 식탁을 둘러앉는 방식이 아닌 넓고 큰 그리고 낮은 테이블을 둘러서 평상처럼 앉았으며, 한쪽 발을 식탁 안쪽으로 넣고 옆 사람과 거의 기대는 형식으로 둘러앉아 먹고 마셨다. 최후의 만찬에 제자 요한이 예수님의 품에 있었다는 표현은 그런 면에서 이해되는 그림이기도 하며, 레오나르도 다 빈치의 최후의 만찬 명화는 유대인의 잔치습관으로 볼 때 타당성을 주지 못한다. 따라서 본문 가운데 세리 레위가 많은 세리들과 다른 사람들을 초청하여 큰 잔치를 배설한 모습은 그 당시 종교, 사회적 관념으로 보았을 때 예수님과 제자들이 율례를 어긴 것처럼 보였을 수 있다.

### 바리새인과 서기관에 대한 이해

바리새인들은 그 당시 유대교 형태에서 보수적 전통주의자들로 부활을 믿었고, 모세의 율법을 문자적으로 해석하고 적용하는 종교행위를 강조했다. '바리새'라는 말 자체가 '파라쉬'즉 '분리하다'라는 의미이다. 역사적으로는 바빌론 포로생활에서 돌아온 이스라엘에게 율법을 가르쳤던 에스라 학파에 기원을 두고 유대인에게 거룩한 것과 속된 것을 구별하는 정결한 신앙을 강조했다. 따라서 레위기 10:10의 가르침이 신앙의 근간이 되었으며, 그들의 구원관마저 이 구별과 분리에 입각한 자기 의의 성취에 기반을 뒀다. 이것을 외형적으로 보이는 것이 음식의 구별, 식사 대상의 구별 등으로 나타나게 되었다.

당시 같은 유대 관습으로 평생을 살아온 예수님의 제자들이 이런 비판과 정죄를 받으면서도 아무도 대꾸하지 못했던 이유를 짐작할 수 있으며, 바리새인들이 그렇게 공개적으로 비난할 수 있었던 근거도 짐작할 수 있다. 이들의 비난에 대한 예수님의 답변을 이해하는 데에도 바리새인과 서기관의 종교 신념을 아는 것은 매우 중요한 요소이기도 하다.

좀 더 나아가 바리새인들은 병자들 또한 부정한 자들로 보았다. 예수님의 짧은 사역 기간 가운데에 가장 많이 드러나는 사역이 바로 병자의 치료였다. 오늘날의 병자는 의료적 관점에서만 인식되지만, 당시 병자는 육체적, 의료적 문제를 넘어서서 하나님의 저주를 받은 종교적 관점에서 사회적으로 배타의 대상이 되기도 했다.

이 본문을 이해하고 해석하는데 도움이 되는 성경외적 연구 분야는 얼마든지 폭넓게 설교자가 시간을 두고 연구할 수 있다. 더 깊고 넓은 연구일수록 본문해석에 유익하고 도움이 되는 것은 말할 필요가 없다. 그럼에도 불구하고 조심해야 할 영역은 이 연구 자체가 설교의 내용이 아니라는 점이다. 이 연구들을 통하여 얻어지는 정보를 실제 설교를 작성할 때 어느 부분까지 반영하는 것이 청중들에게 도움이 될 것인가에 대해 설교자는 면밀히 생각해야 한다.

설교자가 위에서 기술한 네 가지 성경 외적인 요소에 대한 충분한 지식과 연구가 없이 설교문이 작성된다고 가정해 보자. 그렇다면 그 설교문이 과연 누가가 궁극적으로 말하고 싶어 했던 내용을 충분히 담고 있는 설교문이라고 할 수 있을까? 설교자가 이해하고 있어야 할 필수적인 문화적, 역사적 자료를 외면하고 설교하는 것이 과연 온전한 설교로 인정받을 수 있는 것인지 의문을 가질 수밖에 없다.

이제까지 성경외적 관점에서 본문 해석에 대한 연구를 했다면, 이제는 성경 내적인 관점에서 제시한 순서에 따라 본문을 해석해 나가야 한다.

### 성경 전체의 주제 입장에서 본문의 해석

예수님께서 친히 성경은 곧 내게 대한 증거 즉 예수 그리스도에 대한 증거라고(요 5:39)말씀하셨다. 따라서 본문 또한 예수 그리스도에 대한 증거의 한 부분이다. 특히 누가복음은 이어지는 사도행전과 함께 그 분량 면에서 신약 전체의 28%를 차지하는 만큼 매우 핵심적인 그리스도 예수에 관한 증거를 담고 있다. 본문의 내용과 문맥으로 볼 때 본문은 예수 그리스도의 이 땅에 오신 목적과 그 목적을 이루어낼 수 있는 사람의 조건이 제시된 매우 중요한 내용이 설명되고 있다.

### 누가복음의 기록 목적에서 본 해석

누가복음은 누가가 그의 역사적 연구와 문헌의 면밀한 연구를 통하여(눅 1:1-4) 예수 그리스도에 대한 역사적 사실을 입증하여 데오빌로라는 로마 고위층 인사에게 예수 그리스도에 대한 신앙을 확증시키기 위한 목적으로 쓴 글이다. 특별히 누가는 이방의사와 역사가로서(골 4:10-14; 딤후 4:11; 행 16:10-17; 20:5; 21:18; 28:16) 치료자이신 예수 그리스도를 사실적 사건관점에서 기록하고 있다. 동시에 의원이신 예수그리스도의 치료가 누구에게 어떻게 이루어지는지를 말해주고 있다. 의사이지만 사람의 육신을 치료하는 데에 있어 한계를 가질 수밖에 없는 인간 누가가 인간의 모든 영역, 육신적, 사회적, 영적 질병을 무한대로 치료하시는 하나님의 아들 예수 그리스도를 소개한다.

**누가복음의 전후 문맥적 관점에서의 해석**

누가복음 전체가 예수 그리스도의 역사적 사실을 기록한 누가의 입증이다. 누가는 세상을 치료하는 메시아의 오심으로 옛 시대가 가고, 새로운 시대가 왔음을 알리는 구체적 사실을 기록한다. 이 새로운 시대는 죄의 회개를 통하여(누가의 강조점) 치료받고 기쁨을 회복하여 자유함을 얻는다는데 강조점을 두고 있다.

본문 5:27-32 전 문맥에서는 귀신들려 영적으로 고난 받는 인생을 치료하여 자유하게 하시는 메시아의 사역이 기록된다(4:33-44). 이어서 중풍병자를 치료하여 자유하게 하시는 사역을 죄 사함의 권세와 연결하여 기록한 후 본문에서는 귀신이나 육신적 질병이 아닌 '세리'라는 당시의 사회적 질병을 '부르심과 회개'를 통해 자유하게 하시는 치유 활동의 연장선을 소개한다.

따라서 본문은 인생의 3대 질병인 영적, 육신적, 사회적 질병을 무한히 치료하시는 예수 그리스도의 권세와 능력을 드러내고, 이어지는 5:36-39까지는 옛 것을 주장하는 헌 천과 새 천의 공존 불가능함과 새 포도주의 낡은 가죽부대 저장 불가능 비유를 통하여 그리스도의 치료가 환자의 준비상태에 따른 조건적 누림인 것을 경고하고 있다.

본문의 역사적 문화적 관점과 문맥적 관점에서 해석을 정리한 다음에는 직접 본문 내용의 문법적, 구문론적 그리고 어원적 입장에서 그동안의 관찰사항을 참고하며 자세히 각 절의 해석을 내려간다.

## 관찰사항에 입각한 각 절의 해석

27절

그 후에 예수께서 나가사 레위라 하는 세리가 세관에 앉아 있는 것을 보시고 나를 따르라 하시니

먼저 본문의 기록과 같은 사건이 마가복음 2:12-14에도 기록되어 있기 때문에 성경의 본문 비교를 자세히 할 필요가 있다. 같은 기록이라도 마가와 누가의 저자의 차이에서 특징을 발견할 수 있다. 마가복음에서는 예수 그리스도께서 중풍병자를 고치신 후 바닷가에 나아가 가르치신 사건이 기록되어 있는 반면, 누가복음에는 그 기록이 없다. 레위에 대하여 마가복음에서는 알패오의 아들이 기록되고, 누가복음에서는 레위가 모든 것을 버렸다는 내용과 잔치를 배설함에 '예수를 위하여'라는 잔치 목적이 자세히 기록되어 있다. 특별히 이 본문에는 죄인을 불러 회개시키러 오신 자신의 목적이 첨언된 것을 볼 때 누가가 이 사건을 기록하는 이유와 중심 포인트가 무엇인지를 짐작하게 한다. 따라서 본문의 시작 구절인 "그 후에… 나가사"라는 말은 시간적 부사 구절로, 풀어 해석하면, "예수님께서 중풍병자를 고치시며 죄 사함의 권세 있음을 바리새인들과 쟁론하시고 난 후 바닷가에 나아가 많은 사람들에게 가르치심을 주시고 돌아오시는 길에"라고 해석한다.

1) "레위라 하는"

이 표현은 그 자체가 문법적으로 레위라고 불리는 이로 레위의 다른 이름이 있음을 암시한다. 레위는 마태의 아람어 이름으로 마가복음에서는 알패오의 아들이라고 기록되어있다. 마태는 마태복음의 저자(마 9:9)로서 '마타야'라는 히브리어이며, 그 뜻은 '여호와의 선물'이라는 의미를 갖는다. 예수님의 부르심을 마지막으로 받은 제자로 알려졌으며, 열두 제자 중 사회적 멸시 계층인 세리의 직업을 가진 유일한 제자이다.

2) "세리가 세관에 앉아 있는 것을"

성경 외적 문화연구에서 이미 설명된 세리의 당시의 신분과 로마정부와의 정치적 관계, 그리고 유대인들 사이에서 죄인으로 여겨져 멸시 천대를 당하던 상황 등을 복합적으로 드러내는 구절이다. 특별히 레위가 세관에 앉아있는 모습은 바리새인들에 의해 정죄 당하고 사회적으로는 멸시와 천대, 온갖 미움을 당하는 소외 계층의 처량함이 느껴진다. 또한 그의 내면세계와 죄의식 등을 그 당시 유대인의 입장에서 충분히 상상해 볼 수 있다.

3) "보시고"

예수 그리스도께서 레위가 세관에 앉아있는 모습을 '보셨다'는 것은 우연히 스치는 보심이 아니라 주목하여 그의 내면의 세계를 인지하시면서 의도적으로 그를 바라보신 것을 의미한다. 예수님이 보신 사람은 그 주위에도 얼마든지 많은 것이다. 예수님의 보심은 대상의 신분이나 세인들의 평가, 인식에 구애 없이 모든 이를 긍휼히 여기시는 자비하신 예수님의 긍휼과 연민 그리고 하나님의 사랑을 표현하는 모습이다.

4) "나를 따르라 하시니"

그 당시의 사회적 종교적 윤리적 기준에서는 가장 최하의 멸시 천대의 대상이 된 레위를 하나님의 아들이시며 메시아이신 자신의 제자로 부르신 사건은 인간의 사회 윤리적 관점과는 전혀 다른 선택이다. "나를 따르라"의 문법적 표현은 현재진행형의 명령형으로 일회적 사건이 아니라 영구적 계속적 따름에 대한 단순 명령형이다. 이 명령에는 어떤 조건이나 제안하는 말이 아니라 일방적 예수님의 명령으로 예수님이 제자를 부르실 때 전형적으로 부르신 표현이다. 따라서 27절 한 절을 종합적으로 해석하여 기술하면 아래와 같이 정리된다.

예수그리스도께서는 중풍병자를 고치시며 그의 죄 사함을 선포하셨다. 이후 바닷가에 나아가 무리를 가르치시고 성내로 돌아오시는 길에 사회적으로 멸시와 천대를 받으며 종교적으로는 죄인으로 낙인찍힌 세리 레위를 보셨다. 당시의 종교, 사회적 관점에서 세리와 같이 지내는 것이 지탄을 받는 상황이었음에도 불구하고 예수는 레위를 긍휼의 눈으로 보셨다. 그리고 예수의 제자로 영구적으로 따를 것을 단순하게 조건 없이 초청하셨다.

28절

그가 모든 것을 버리고 일어나 따르니라

예수님의 부름과 초청을 받고 레위는 즉각적으로 그 초청에 순종한다. 이 점은 누가복음 18:18의 율법을 잘 지킨 부자 청년을 예수님이 부르셨을 때 그 부름에 머뭇거리는 모습과 대조를 이룬다. 또한, 레위의 행위 '모든 것을 버리고'는 예수님의 명령에 따른 행위가 아니라 자발적 행위로서 32절의 죄인을 불러 회개시키러 오신 예수님의 이 땅에 오신 목적과 일치한다. 따라서 예수님의 죄인을 부르심에 대한 두 가지 측면 즉 먼저 버릴 것을 버리고, 확실하게 영속적으로 따르는 누가복음의 제자도에 대한 누가의 강조점이 잘 나타나 있다.

일어나 따른 행위는 문법적으로 능동태의 진행형으로 한 번의 결정과 영원한 추종의 연속적 의미를 가진다. 레위는 예수님의 부르심에 응함을 통해 영적 구원을 얻었고 예수 그리스도의 제자라는 새로운 신분을 얻었다. 반면 자신이 세리라는 직책을 가짐을 통해 누릴 수 있었던 로마 정부의 비호, 경제적 이득 등을 포기해야 했다. 이 사실이 대조적으로 드러난다.

29절

레위가 예수를 위하여 자기 집에서 큰 잔치를 하니 세리와 다른 사람이 많이 함께 앉아 있는지라

레위가 예수님의 부르심을 받고 모든 것을 버리고 좇은 후의 모습은 세관에 앉아 멸시 천대 속에서 돈을 징수하는 비참한 모습에서 예수를 위하여 잔치를 여는 기쁨의 모습으로 변화된다. 이 짧은 표현 속에 잔치에 대한 설명이 다 실려 있다. 먼저 잔치를 베푼 사람은 레위이다. 이 잔치의 목적은 '예수를 위하여'라고 표현했다. 예수는 레위 잔치의 주인공이시고, 잔치를 통하여 영광을 받으실 분으로 종말론적 의미를 내포한다.

부가적으로 레위와 전에 같이하던 직업 동료들인 세리들이 다수 파티에 참석한 것을 보면 레위가 자신의 친구들에게 예수를 소개하고자 하는 의도를 가진다. 또한 그들에게 자신은 더 이상 세리 직을 하지 않겠다는 고별의 의미가 있다고 추정해 볼 수 있다. 잔치의 규모는 큰 잔치 라고 단순하게 표현한다. 레위의 기쁨과 감사의 표현이 그만큼 크고 넓음을 보여준다. 잔치의 장소는 자기 집이라고 했다. 자신의 노력과 헌신이 온 가정과 함께 이루어지는 남의 힘을 빌린 잔치가 아니었다. 그들의 잔치에 임한 모습은 '앉아 있는지라'로 표현된다. 이 말은 서로 어깨를 대고 기대어 상을 둘러 앉아 먹고 마시는 매우 친밀한 모습으로 예수님과 제자들이 그들과 이런 모습으로 잔치에 임하는 것이

당시의 종교 사회적 관점에서 얼마나 반발과 도전의식을 주었는지 알 수 있다.

29절을 종합적으로 해석하여 기술한다면 아래와 같다.

레위는 예수그리스도의 명령을 순종하여 자발적으로 자신의 죄 된 세리의 직업을 청산하고 예수님을 따랐다. 그에게 있어 그리스도와 동행하는 것은 자신이 가진 것을 포기하는 것을 의미했다. 그러나 그는 이미 자신이 지금까지 누리던 것보다 더 큰 기쁨이 있음을 깨달았다. 바로 영적 구원의 기쁨을 체험한 것이다. 그는 이 기쁨을 주님을 가정에 모셔 대접하며 섬기는 잔치를 배설하는 것으로 표현했다. 과거의 같은 상태에 있는 자신의 동료들을 초청하여 자신의 변화와 기쁨을 소개하고 초청하는 적극적인 행동을 보여주었다. 그의 이러한 모습은 구원받고 자유함을 얻은 제자의 참모습을 보여줄 뿐만 아니라, 세상의 마지막 날에 성도가 누릴 예수님과의 잔치를 미래적, 예언적 관점에서 암시한다.

### 30절

바리새인과 그들의 서기관들이 그 제자들을 비방하여 이르되 너희가 어찌하여 세리와 죄인과 함께 먹고 마시느냐

이 본문은 매우 드라마틱하게 국면을 전환해 준다. 첫 장면은 레위

가 예수님의 만나는 세관에 앉은 거리의 장면이라면, 둘째 장면은 세리의 집에서 죄인들과 먹고 마시는 잔치의 흥겨운 장면이다. 그런데 30절의 장면은 매우 차갑고 도전적인 바리새인과 서기관들의 문제 제기와 비방으로 분위기가 역전된다. 누가는 바리새인과 저희 서기관들이 어떻게 레위의 집에 오게 되었는지 또 그들은 어떤 모습으로 그 잔치에 임하고 있는지 기술하지 않는다.

추정컨대 레위가 그들을 초청한 것으로 보이진 않는다. 또한 앉아 먹고 마시는 그룹에 속한 것도 아니었다. 아마도 그들은 그들 자신의 정결을 보호코자 문간 밖에서 들여다보며 비방했을 것이다. 그들의 비방의 핵심은 "세리와 죄인들과 먹고 마시느냐"는 것이었다. '어찌하여'라는 표현 '디아티'($\delta\iota\alpha\tau\acute{\iota}$)는 '그것은 불가능한 것이다''해서는 절대 안 되는 것이다'라는 강력한 정죄가 들어있는 표현으로, 무슨 근거로 이와 같이 불결한 행동을 하는가에 대한 항의이자 비방이다.

특별히 그들이 제자들을 대상으로 비방했다는 것은 너희가 함께 먹고 마시는 이들이 세리와 죄인이라면 너희들도 그와 신분이 동일한 멸시와 천대의 사람들로 같이할 수 없는 더러움의 사람이라는 정죄가 내포되어 있다. 이들이 말하는 죄인의 정죄는 레위기 10:10의 가르침에 근거한 것으로 더러운 것과 정결한 것을 구별하여 의로 삼는 분리주의에 입각한 개념이며, 죄 즉 '하마르티아'($\dot{\alpha}\mu\alpha\rho\tau\acute{\iota}\alpha$)라는 단어가 인간이 하나님이 정하여 준 창조목적의 삶을 떠나 있는 근본적 개념보다는 그들이 정한 종교 사회적 규례와 의식에서 분리된 자들이라는 법규적, 윤리적 관점에서 쓰이고 있다. 따라서 그들 자신이 하나님의 근본적 창조의 목적을 떠나 자기 자신의 분리에서 얻는 의인 의식으로 살아가는 또 하나의 죄인의 상태에 있음을 의식하고 있지 못한 것이다.

### 31-32절

예수께서 대답하여 이르시되 건강한 자에게는 의사가 쓸 데 없고 병든 자에게 라야 쓸 데 있나니 내가 의인을 부르러 온 것이 아니요 죄인을 불러 회개시키러 왔노라

바리새인과 서기관들의 비방에 대하여 제자들은 답변하지 못했다. 그들의 비방에 대한 답변을 예수님께서 직접 주신다. 그런데 그 응답의 방법이 비방에 대한 자기 정당성을 보호하는 변호적 설명이 아니라 비유를 통한 설명이다. 이 설명을 통하여 예수님 자신이 이 땅에 오신 목적을 말씀하셨다. 예수님의 이 땅에 오신 목적을 성취하셨음을 밝히시며 그들의 비방에 대해 응답하신다.

예수님의 비유는 매우 단순하며 자연스러우며, 그 비유 자체에 반론을 제시할 수 없는 스스로 증명되는 비유이다. 건강한 자는 의원이 필요 없다. 그러나 병든 자는 의원이 필요하다. 거기에 토를 달 사람은 없다. 이 비유를 통하여 예수님 자신을 필요로 하는 사람은 죄인임을 알 수 있다.

왜냐하면, 그들은 자신이 죄인이라는 것을 알기 때문에 죄를 회개해야 할 필요를 안다. 이것은 곧 병자가 의원을 통하여 치료받기를 원하고 필요로 하는 것과 동일시된다. 반면 자신이 의인이라고 생각하는 사람에게 예수님은 필요치 않다고 여긴다. 왜냐하면 그들은 회개할 이유와 필요를 느끼지 못하기 때문이다. 이것은 마치 건강한 사람이 의원이 필요치 않은 것과 같은 이치이다.

그러므로 예수님이 자신을 죄인이라고 생각하는 세리를 불러 치료하고 그들과 먹고 마시는 것은 마땅하다. 따라서 이 비유에 내포된 여러 종류의 사람들은 두 부류로 나뉜다. 예수님을 병 고치는 의원으로 여겨 치료받고 구원받기 원하는 세리와 죄인들의 부류와 스스로 건강하다고 여겨 의원이신 그리스도가 필요하지 않다고 여기는 바리새인과 서기관의 부류이다.

이미 예수님은 전 문맥에서 중풍병자를 고치시면서 자신이 이 땅에서 죄를 사할 권세를 가지신 하나님인 것을 선포하셨다. 왜냐하면 하나님 외에는 인간의 죄를 용서해줄 권세를 가진 사람은 존재하지 않기 때문이다. 이 죄 사함의 권세가 누구에게 치료의 능력으로 역사할 수 있는가에 대하여 예수님은 명백하게 자신이 병든 죄인임을 인정하는 자들이며, 이들을 위하여 예수님은 이 땅에 오셨고, 이들의 죄를 회개시키는 것이 예수님의 이 땅의 미션임을 천명하셨다.

예수님의 비유 가운데 말씀하지 않으신 내면의 문제는 그러면 이 땅에 병들지 않은 사람이 존재하는가? 즉 '온전한 의인이 존재하는가'

이다. 당연히 의인은 이 땅에 없다. 인간 모두가 죄인인 것은 성경 전체의 가르침이다. 즉 인간 모두는 치료받아야 할 병자요, 죄인임을 선포한다. 그렇다면, 예수님이 말씀하시는 의원이신 예수님이 필요치 않은 건강한 의인은 누구인가? 예수님은 이 비유를 통하여 이 땅에 그와 같은 건강한 의인이 따로 있음을 말씀하시는 것이 아니라 모두가 병든 죄인임에도 불구하고 여기 등장하는 바리새인과 저희 서기관처럼 스스로 자기를 건강한 자이고 의인이라고 생각하는 사람들을 지칭함에 분명하다.

예수님은 그러한 사람들을 치료하지도, 회개시키지도 않고, 할 수도 없다. 따라서 예수님은 바리새인과 저희 서기관들에 대해 비유로 나는 너희들이 스스로 의인이라고 생각하고 상종할 수 없는 죄인과 세리들에 대하여 정죄하는 마음을 가진 한 너희들을 치료할 수도 회개시킬 수 없다는 것을 간접적으로 말씀하신다. 오히려 죄인을 불러 회개시키러 오신 예수님께서 바리새인과 저희 서기관들도 자신이 병든 죄인임을 깨달아 예수님의 치료를 받을 것을 촉구하고 계신 것이다.

문맥적으로 이 해석이 타당하다고 여겨지는 것은 이 후에 예수님은 새 천과 낡은 천이 연합할 수 없는 이치를 비유로 말씀하시고, 새 포도주를 낡은 가죽부대에 담을 수 없는 이치를 비유로 말씀하시면서 아무리 좋은 새 천과 새 포도주라 할지라도 그것을 담을 수 있는 준비가 안 되면 서로 버리게 되는 자증적 비유로 경고하심을 볼 때 더욱 확신되는 해석이라고 볼 수 있다.

누가복음의 본문과 같은 사건을 기록한 마태복음 9:13이나 마가복음 2:17에는 기록되지 않은 "회개 시키러"라는 표현은 저자 누가의 강조점이라고 볼 수 있다. 예수님이 이 땅에 오신 목적이 단순히 죄인을 부르러만 오신 것이 아니라 불러서 '회개'시킴이 목적이라는 것이다. 이 '회개'라는 단어는 여기에 '다시 만들다'(εἰς μετάνοια[to reform])의 뜻으로 옛것의 상태를 전혀 새로운 것으로 변화시킴을 말씀한다. 따라서 이 본문이 강조하는 것은 예수님이 이 땅에 오신 목적의 성취는 인간 자신이 죄인을 깨닫는 것이요, 이 죄를 해결해 주시는 예수님의 부름을 받는 것이며, 회개의 길을 통하여 치료받고 새로이 정체성을 부여받는 길임을 말씀하고 있다. 이 본문의 강조점은 누가복음 18장의 바리새인의 기도와 세리의 기도의 비유를 통하여 재확인된다. 자신이 의인임을 감사하는 바리새인은 치료를 받을 수 없는 치명적 죄인이며, 얼굴을 들 수 없이 자신을 죄인이라고 고백하는 세리의 기도는 예수님의 전폭적인 치료와 용서의 길을 얻을 수 있는 사람임을 재확인해 주는 것이다.

이 본문에 제시된 세리 레위는 그 구체적 사건의 증인으로 기록되면서 이 기록을 받는 최초의 수신자 데오빌로에게 치료자 예수님 그리고 치료를 받을 수 있는 죄인 치료를 받을 수 없는 의인이라고 자신을 생각하는 치명적 죄인의 모습을 설명해 주고 있다.

지금까지 본문을 연구하는 설교자는 사실관찰 연구와 본문 해석연구를 통하여 이 본문을 쓴 누가의 의도와 이 본문을 처음 받는 데오빌로 각하의 입장에서 이 본문이 왜 어떻게 그리고 어떤 목적으로 기록되었는지를 파악했다. 사실, 관찰과 해석은 그 접근이 매우 분석적이고 논리적인 세부적 연구이기 때문에 여기까지 연구한 설교자는 이 본문 해석에서 얻게 되는 중요한 명제들을 정리할 필요가 있다.

첫째, 예수님은 이 땅에서 예수님 앞으로 사람을 부르실 때 그 당시에 사회적, 도덕적, 윤리적 신분이 보편적으로 용납될 수 없는 사람일지라도 부르신다.

둘째, 레위는 예수님의 부르심에 순종하기 위하여 이 땅에서 버려야 할 것들을 스스로 포기함으로 행동적 회개를 보였다.

셋째, 예수님의 부르심에 대한 순종적 응답은 고행의 길이 아니라 축복의 잔치였다.

넷째, 예수님은 이 땅에 병든 자를 치료하는 의원으로 오셨다.

다섯째, 치료자 예수님의 치료방법은 죄인을 회개시키는 방법이었다.

여섯째, 레위가 예수님의 치료를 받을 수 있었던 것은 자신이 죄인임을 인정했기 때문이다.

일곱째, 자신이 건강한 의인이라고 생각하는 바리새인과 서기관들은 예수님의 치료를 받을 수가 없었다.

여덟 번째, 자신을 건강한 의인이라고 생각하는 사람은 치료를 받을 수 없을 뿐 아니라 치료자 예수님을 비방하고 대적한다.

아홉 번째, 예수님의 이 땅에 오신 목적을 성취하는 것은 레위의 자아인식인가 바리새인과 서기관의 자아 인식인가에 따라 성취되는 자가 있고, 성취될 수 없는 자가 있으며, 이것은 예수님의 책임이 아니라 사람의 책임이다.

### 본문 누가복음 5:27-32의 석의적 주제문

'석의적 주제'란 결국 이 본문이 저자 누가의 입장에서 어떤 주제를 전달하고자 했는지에 대한 요약 문장이다. 이것은 앞으로 있을 강해적 주제나 설교적 주제와 시차적 측면에서 구별되며 이 석의적 주제의 진술에 따라 설교가 진행, 발전될 수 있는 발판이 된다. 주제의 진술은 반드시 주요소와 보충요소로 진술된다.

---

**누가복음 5:27-32 본문의 석의적 주제**

세리 레위가 예수님의 부르심을 받고 예수님의 제자가 될 수 있었던 것은 (주요소) 그가 자신을 건강한 의인이라고 생각하며 다른 사람을 정죄하는 바리새인과 저희 서기관과 달리 스스로 병든 죄인임을 깨닫고 예수님을 만나 부르심에 순종하되 버릴 것을 스스로 버리는 자발적 회개를 함으로 치료함을 받고 예수님과 함께하는 잔치의 기쁨을 누릴 수 있었다(보충요소).

---

물론 석의적 주제의 진술은 본문을 어떻게 어떤 관점에서 해석하느냐에 따라 다르게 진술될 수 있다. 이것은 본문을 관찰하고 해석하는 설교자의 개인적 특징에서 인정될 수 있는 영역이기에 모든 석의적 주

제가 같아야 한다고 말할 수는 없다. 그러나 석의적 주제를 진술할 때는 적어도 왜 그렇게 진술되었는지에 대한 객관적 보편적 논증이 이루어져야 한다.

> 나가는 말

성경 본문을 관찰하고 난 후 해석의 과정을 거친다.

관찰이 본문의 사실파악에 집중한다면 해석은 그 사실의 의미를 이끌어내는 과정이다.

그렇기에 정확한 관찰의 결과물로 해석이 시작되어야 한다. 본문의 해석은 기록된 말씀이 그 당시에 어떤 의도, 목적, 상황에서 기록되었는지 객관적으로 파악하는 과정이다. 이것을 석의적 연구라고 한다.

이 과정에서는 보다 전문적인 역사, 문화, 성서적 상황에 대한 연구가 요구된다. 이 과정에서 본문에 대한 성경 외적, 내적 연구가 포괄적으로 이루어져야 한다. 해석 과정은 적용을 이끌어내는 표준점이 되므로 중요하다.

해석을 통해 저자의 의도가 명백해지고 수신자의 생각이 드러나므로 앞으로 진행될 설교의 바탕이 된다.

> 생각의 관점

- 성경해석과 성경관찰의 상관관계와 차이점을 서로 토의해 봅시다.
- 지난주 설교가운데 이루어진 석의가 성도들의 삶의 적용에 어떻게 연결되어 있었다고 생각합니까?
- 주석이나 성구사전 혹은 여러 참고도서들은 최종적으로 사용 되었나 아니면 처음부터 의존 하였나 스스로 점검해 보십시오.

# 제 7 장

# 해석된 내용을 강해하라

## 1. 석의적 해석과 강해의 관계성

종종 성경 본문 해석과 성경 본문 강해의 개념에 대하여 약간의 혼선과 불분명한 사용의 오류가 발생한다. 본문의 관찰과 해석 단계에서는 본문을 기록한 저자의 입장과 그 당시의 사회, 문화, 종교적 배경과 환경은 어떤 상태였는지를 살펴보았다. 이를 통해 본문을 기록한 저자의 의도는 무엇이었으며 그 의도는 어떤 배경에서 비롯된 것인가에 대한 객관적이고, 보편적인 연구가 진행되었다. 이 과정을 석의적 해석과정이라고 말한다. 성경의 저자는 사람이고 독자도 사람인 문헌

> 완료된 석의적 해석 속에서 하나님의 메시지와 신앙의 진리를 밝혀내는 과정이 필요한데 우리는 이것을 강해라고 부른다.

이다. 그러나 우리는 성도이다. 우리는 성경이 단순히 저자가 자신의 생각을 기술해 놓은 여타의 책과 다른 성격을 가진다는 것을 알고 있다. 성경의 저자를 통해 하나님이 그분의 말씀과 의도, 계획, 가르침, 경고, 예언을 계시하셨고 이를 글로 표현했음을 믿는 것이다. 우리는 석의적 해석 과정을 통해 본문의 문자적 해석과 사회 문화적 배경을 살펴보았다. 그렇다면 이제부터의 과제는 석의적 해석 속에서 하나님의 메시지와 신앙의 진리를 밝혀내는 것이다. 이 과제를 우리는 '강해'라고 말한다.

넓은 의미에서 성경을 강해하면서 동시에 석의적 해석과 관찰을 할 수 있다. 그러나 모든 일에는 차례가 중요하다. 정상적이고 효과적인 성경의 본문을 연구하면서 관찰의 과정을 가장 먼저 하여 기록된 사실을 명백하게 확인한다. 이후 기록 당시의 저자와 수신자의 입장이 되어 그 의미를 확인한다. 이후 역사적 시간과 공간의 거리를 가지고 있는 성경의 본문에 하나님이 드러내고자 하시는 뜻과 메시지를 순차적으로 연구해 나간다. 이러한 과정이 논리적으로나 합리적으로 타당하다. 강해는 그 중심이 하나님의 모든 사람을 향한 뜻과 의지와 경륜에 있다. 따라서 일차적으로는 그 시대의 사람들을 위한 말씀이지만 동시에 그 말씀을 접하는 과거, 현재, 미래의 모든 사람을 위한 것으로 의미가 확장된다. 그런 점에서 강해는 석의적 해석과 차이를 갖는다. 성경이 하나님의 영감으로 된 하나님의 말씀이 아니라면 성경은 하나의 역사적 문서로서, 하나님의 입장에서 해석하고 풀어낼 이유가 없어진다.

본래 강해는 어원적으로 『웹스터스 뉴월드사전』에 의거하면 '사실을 설명하다' '이념, 사상 따위를 해석하다' '상세한 설명'이란 뜻으로 정의된다. 그런 의미에서 강해는 '독자가 알기 쉽게 설명하는 행위'라고 말할 수 있다. 이것은 명사 'Exposition'로 영어 표기되고 이 표기는 라틴어의 'Expound' 즉 '강해하다'의 뜻을 가진 동사이다. 이 라틴어는 접두어 'Ex' '나아오다'와 'Ponere' '두다'의 합성어로서 '어떤 사실, 이념, 주장에서 그 의미를 이끌어내 설명함'을 의미한다.

따라서 성경 본문을 '강해한다'함은 관찰과 석의적 해석의 과정을 걸쳐 확인된 당시 저자와 독자 사이에 소통된 바른 의미를 파악하는 것을 기초로 한다. 이렇게 파악된 석의적 의미 속에

> 강해는 석의된 해석이 없이는 불가능하다. 왜냐면 강해는 석의된 해석에서 이끌어내는 설명이기 때문이다.

담겨진 근본적 뜻을 찾는 과정이 '강해'의 과정이다. 성경의 원저자이신 하나님의 뜻과 섭리, 교훈과 경고, 예언의 의미를 바르게 이끌어내 설명하는 것을 '성경 강해'라고 한다. 그러므로 강해는 석의된 해석이 없이는 불가능하다. 왜냐면 강해는 석의된 해석에서 이끌어내는 설명이기 때문이다.

또한 성경 본문 연구를 석의 해석에서 마친다면 과거의 성경 당시의 사람들에게만 해당되는 해석이기 때문에 그 후의 사람들에게는 참고

자료 정도일 뿐 직접적인 영향과 의미를 전달할 수 없다. 경우에 따라 설교자가 석의한 연구사항을 발표하듯이 그 당시 배경설명으로 일관할 때가 있다. 청중의 입장에서는 '도대체 그게 나한테 무슨 의미란 말이냐'의 좌절감이 섞인 반응을 보일 수밖에 없다. 그 이유는 바로 강해가 없기 때문이다.

## 2. 강해와 강해적 주제

강해가 설명이라는 의미는 석의적 해석 사항에서 강해로 이끌어오는 과정이 논리적, 객관적, 신학적으로 타당성을 입증해 주어야 함을 의미한다. 즉 이를테면 이스라엘과 유대에 대한 선지자들의 경고가 어떻게 오늘을 살아가는 나에게 교훈을 주는지가 논리적, 신학적, 객관적으로 타당성 있게 설명되어야 한다는 것이다.

설교자에게 강해 연구가 필요한 것은 앞서 석의적 해석 과정에서 결론으로 얻어진 본문의 석의적 주제를 강해적 주제로 전환시키기 위함이다. 이미 설명한 바와 같이 석의적 주제가 성경기록 당시 저자의 의도와 수신자의 이해에 초점을 둔 그 당시 기록된 주제라면 그 당시 상황에

---

강해적 주제란 성경 본문의 석의적 주제에서 시간과 공간을 초월하여 적용될 수 있는 하나님의 말씀의 성서적 신앙의 원리를 이끌어내어 설명하여 진술하는 것이다.

서 주어진 주제 속에 인간의 역사 어느 때 어느 상황에서도 선포되고 적용될 하나님의 주제, 다른 말로 신학적 주제라고 표현할 수 있는 주제를 발견하는 것이 절대적으로 필요하다. 강해적 주제를 바르게 그리고 명백하게 오류 없이 얻어내야 앞으로 현대인에게 적용시킬 설교적 주제로 전환될 수 있기 때문이다. 그러므로 강해적 주제를 정의한다면 다음과 같다.

"강해적 주제란 성경 본문의 석의적 주제에서 시간과 공간을 초월하여 적용될 수 있는 하나님 말씀의 성서적 신앙의 원리를 도출하여 진술하는 것이다."

따라서 강해적 주제의 성격은

**첫째** 언제나 석의적 주제에서 원천적으로 얻어지는 주제이기 때문에 바른 석의적 주제가 설정되어야 바른 강해적 주제가 설정될 수 있다.
**둘째** 강해적 주제의 진술은 그 주장 내지는 설명하는 바가 시간과 공간을 초월하는 신학적 진술로 되어야 한다.
**셋째** 강해적 주제는 앞으로 설교를 위한 진술이기 때문에 설교 전체를 관할하고 연결시키는 중심 아이디어로 진술되어야 한다.

우리는 시간과 공간의 특정 한계 속에 살아가지만 하나님에게는 시간과 공간의 제한이 없다. 다윗 왕 때 이스라엘에게 말씀하시는 신앙의 원리나 바빌론 포로시기에 유대인들에게 말씀하시는 신앙의 원리나 현대를 살아가는 우리들에게 말씀하시는 신앙의 원리에 변함이 없고, 차이가 없고 앞으로 우리들 이후의 세대에 하실 말씀의 신앙 원리는 다르지 않다. 변함없는 하나님의 사람에 대한 신앙원리를 진술하는 것이 강해적 주제이다.

## 3. 성서적 설교에서 강해적 주제의 위치

강해적 주제를 진술하기 위해서는 석의 과정에서 얻어진 모든 석의적 중심 내용들을 강해적 입장에서 재 진술하고 이 모든 주요 석의적 아이디어들을 전체로 통일하여 한 중심 아이디어로 재 진술해야 한다.

다음의 도표는 성서적 설교에 있어서 강해적 주제의 위치를 잘 설명해준다.

**성서적 강해 설교에서의 강해적 주제의 위치**

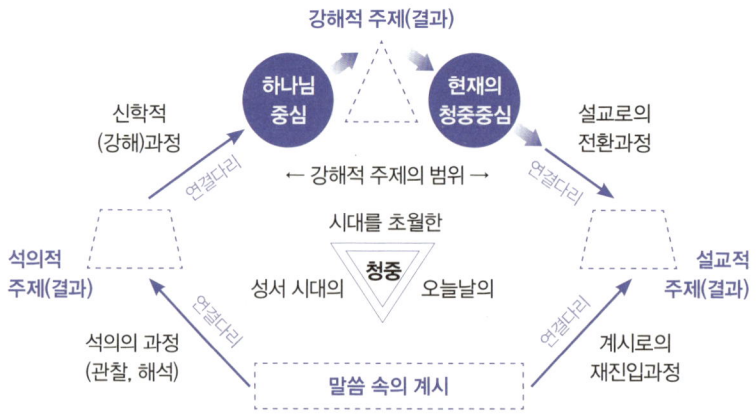

도표가 설명하듯, 설교는 언제나 기록된 말씀의 본문에서 출발한다. 이 본문에서 출발한 본문연구의 첫 번째 과제는 '석의적 주제'를 얻어내는 일이다. 석의적 주제를 위해서는 본문 기록 당시의 저자와 그 당시의 청중을 중심으로 말씀의 의미를 찾아야 한다. 그러므로 석의적 주제를 찾는 과정에서는 설교자의 마음속에 '무엇을 오늘의 청중에게 말할 것인가?'는 일단 생각에서 제외시켜야 한다. 최대한 설교자는 그 당시 청중의 입장에서 그 당시의 저자가 무엇을 말하려고 하는가에 연구를 집중해야 한다.

> 강해적 주제를 도출하는 과정에서 설교자는 자신이 설교할 청중의 요구나 필요보다는 오직 하나님의 마음을 읽어내는 것을 최우선해야 한다.

석의적 본문연구에서 얻어진 석의적 주제는 '성서적 역사 속에서 말씀하신 하나님의 의도는 무엇이냐?'로 연구의 방향을 전환한다. 성경의 저자는 하나님이시다. 그러므로 저자이신 하나님께서 우리에게 무엇을 말씀하시고자 하는지에 대해서 설교자가 연구를 집중하는 것은 당연한 일이다. 이때의 청중은 시대와 지역과 문화와 역사를 초월하는 전 인류에 대한 하나님의 메시지에 집중된다. '강해적 주제'를 도출하는 과정에서 설교자는 자신이 설교할 청중의 요구나 필요를 염두에 두어야 하지만 가장 중요한 것은 오직 하나님의 입장에서 하나님의 마음을 읽어내는 것이다. 이 과정이야말로 하나님께서 감동하시는 설교를 이루기 위한 가장 핵심적이고 집중적으로 에너지를 모아서 연구할 과정이다.

설교자가 자신의 현대 청중에게 할 말에 대하여 미리 마음이 점유되어 있으면 말씀을 하나님의 입장이 아닌 나의 입장에서 해석하게 된다. 그렇게 되면 하나님의 입장에서 하나님이 하시고자 하는 메시지에 '빈약한 이해'나 '소극적' 내지는 '부분적 이해'로 치우치기 쉬우므로 설교자는 전적으로 하나님의 마음에 전념하는 것이 필요하다. 설교자는 이 과정에서 "아 이것이 나의 하나님께서 그렇게 마음에 두신 나와 우리를 위한 메시지였구나"하는 깨달음의 감동이 있어야 한다.

이렇게 해서 얻어진 강해적 주제를 가지고 마지막으로 설교자는 자신의 청중을 생각하고 하나님의 마음과 중심 메시지가 오늘 나와 청중에게 어떻게 연결되고, 적용되며, 어떻게 실행되어야 할 것인가를 생각해야 한다. 이것이 '설교적 주제'로 연결되는 과정이다.

그러므로 어떤 설교자가 설교의 주제나 아이디어를 가졌을 때, 이 설교의 강해적 주제가 무엇이었으며 어떻게 논리적, 신학적으로 연결되어 있는가를 설명할 수 있어야 한다. 또한 그 강해적 주제가 어떤 석의적 주제에서 추출된 것이며 어떻게 논리적, 신학적으로 연결된 것인지가 명백하게 설명 되어야 한다. 이 세 가지의 주제는 서로 떨어진 주제가 아니라 유기적이면서 상호 보완적으로 연결된 것이어서 주제의 연결성이 설교자에게 얼마만큼 분명하느냐가 설교에서 하나님의 말씀으로 현대의 청중을 설득하고, 설명하고, 주장하는 내용이 힘을 얻게 되는 것이다.

보편적 입장에서 사람은 어떤 사실을 이해할 때 믿게 되고 언제나 그 믿는 사실에 대하여 입증하고 확증하기를 원하며 그 확증되는 사실에 대하여 행동으로 옮길 수 있는 동력을 얻는 방법으로 믿음을 소유해 간다.

물론 모든 믿음의 내용을 입증하고 증명할 수는 없다. 그러나 설교자는 할 수 있는 최대한의 노력을 기울여 자신과 청중이 동시에 성서적 사실을 공유하고, 입증하고, 확증하는 시도를 지속해 나가야 한다. 또한 여기서 얻어진 확증에 따른 마음의 변화, 행동의 변화를 함께 이루어가는 것이 설교의 기본적 목표이다.

본문해석연구를 통하여 얻어진 석의적 주제와 강해적 주제를 연결시키는 데는 몇 가지 핵심적 질문이 필요하다. 석의에서 강해로의 전이는 기본적으로 성경의 저자가 성경 당시의 수신자들에게 의도한 글의 주제 속에 하나님

> 보편적 입장에서 사람은 어떤 사실을 이해할 때 믿게 되고 언제나 그 믿는 사실에 대하여 입증하고 확증하기를 원하며 그 확증되는 사실에 대하여 행동으로 옮길 수 있는 동력을 얻는 방법으로 믿음을 소유해 간다.

께서 우리 인간에게 어떤 의도와 목적과 신앙의 원리를 메시지로 주고 있는가의 질문에 대한 탐색이고 연구이며 그 해답을 이끌어내는 논리적 신학적 추론 과정이다. 이 근본적 질문을 객관적으로 접근하기 위하여 설교자는 적어도 석의된 사항에 대하여 세 가지 영역에 대한 보다 깊이 있는 질문을 던지게 된다.

**첫째는 의미에 대한 기본 질문이다.**

'의미'에 대한 질문은 본문 저자의 글 속에 담겨있는 "하나님께서 의도하신 의미가 무엇이냐?"는 것이다. 설교자의 폭넓은 보편적, 신학적 지식과 식견이 요구되는 질문의 영역이다. 사무엘상의 전반부는 이스라엘의 제사장인 '엘리'와 엘리의 세 아들들의 비극적 관계를 기록하고 있다. 이는 분명히 역사적 기록이다. 이 기록을 통해 사무엘이 이스라엘에게 던지는 의도와 목적이 있을 것이다. 그 지리적, 역사적 한계를 넘어서 이 비극적 사건을 통해서 하나님께서 모든 인류 가운데 말씀하시고자 하는 의도와 목적이 무엇이냐를 논리적 신학적 추론을 통하여 입증하고자 하는 시도가 바로 의미에 대한 질문과정이다. 말로 표현한다면 "하나님 왜 그러셨어요? 우리가 무엇을 깨닫기 원하세요?"와 같은 표현이다.

만약 사무엘상 전반부의 석의적 연구를 통하여 얻어진 석의적 의미가 "엘리 제사장 아들들의 전사와 엘리 제사장 자신의 목 부러져 죽는 재앙은 기름 부음 받은 하나님의 종이 아들들의 비행을 보면서도 아비의 정 때문에 마땅한 처리 하지 못한 아비 된 엘리의 불찰 때문이었다."라고 한다면 "본문의 사건을 통해 하나님께서 하나님을 믿는 모든 성도들에게 말씀하시고 싶은 주제는 무엇인가?"라고 질문할 수 있을 것이다. 이 질문에 대한 답변을 논리적으로 신학적 논증과 보편적 이해를 바탕으로 이끌어내는 일이 강해적 주제를 찾는 과정이다. 그 결과 설교자는 이런 강해적 진술을 할 수 있을 것이다.

"엘리는 하나님의 종이었다. 하지만 그는 그의 아들들이 하나님을 떠나 제멋대로 살아가는 것에 대해서 마땅히 치리 하지 않았다. 하나님은 이러한 엘리의 태도가 하나님을 경멸하는 것이라고 여기셨다. 그래서 하나님은 엘리와 그의 집안을 망하게 하심으로서 하나님이 자신을 경멸하는 자를 어떻게 심판하시는지에 대해 본을 세우셨다. 하나님은 자신을 존귀하게 여기는 자에게 복을 주시고 경멸하는 자에게 심판을 내리시는 하나님이시다."

적어도 이 진술은 보편적 신앙의 원리에 대한 진술이며 어떤 특정사건이나 역사적 상황에만 해당되는 진술이 아니라 하나님을 믿고자 하는 모든 성도에게 해당하는 신학적 진술이다. 이런 강해적 진술은 당연히 두 번째 질문에 당면하게 된다.

### 둘째 강해적 진술로 얻어진 내용이 진정성과 타당성이 있느냐의 문제이다.

강해적 진술로 얻어진 내용은 반드시 보편타당한 신앙의 원리로 입증되어야 한다. 많은 사교들이나 이단종교들의 특징 중에 하나는 보편타당한 신앙원리의 입증을 무시하는 일방적 주장으로 나타난다. 어떤 강해적 주제에 대한 진술도 반드시 건전하고 일반적으로 수용되는 조직신학적 이해가 바탕이 되어야 한다. 그 내용이 구원에 관한다면 구원론의 입장에서, 교회에 대한 것이라면 교회론의 입장에서, 종말에 관한 내용이라면 보편적 종말론의 입장에서 그 강해적 진술에 문제점이 없는지를 확인해야 한다. 또한 성경신학적 관점에서 이 본문의 내용과 유사한 신·구약의 다양한 문헌에서 어떻게 나타나고 뒷받침이 되고 있는지를 확인해야 한다. 한 가지 강해적 주제에 대한 진술이 율법서, 역사서, 시가서 복음서 그리고 바울의 서신서, 묵시서 등에서 어떻게 통일된 가르침으로 일관되게 제시되고 있는지를 설교자는 살펴보아야 한다.

강해 과정에서 설교자는 얻어지는 강해 내용에 대하여 끊임없이 질문을 던진다. 과연 "이 내용이 하나님이 말씀하시는 진리임이 확실한가?" "성경은 본문과 여타 내용에서 청중이 듣고 강해 내용이 옳다고 믿을 수 있는 어떤 증거들을 제시하고 있는가?" "설교자인 나는 나의 청중이 이 강해의 내용을 받아들이기 위해 이미 어떤 성서적 사실과 원리들을 깨닫고 있다고 생각하는가?" 등등의 질문들을 강해자가 제 삼자의 입장에서 질문을 던지면서 그 질문에 대한 답변을 명백하게 찾아 나가는 것이 본문을 강해하는 설교자의 가장 중요한 연구 태도이다. 많은 경우에 설교자가 자신만의 입장에서 일방적이고 주관적인 자신의 성경지식이나 신학이론으로 말미암아 이런 객관적 입증이 결여된 강해에 치우치는 경우도 많다.

**마지막으로 "하나님께서는 우리가 어떻게 그 메시지를 삶에 적용하시기를 원하시는가?"이다.**

강해의 내용에 대한 타당성을 검증하는 일 다음으로 강해자가 추구해 나갈 과제는 "그렇다면 하나님께서는 신앙의 원리를 우리에게 주시면서 그 당시의 사람들이나 지금의 우리에게 어떤 삶의 변화를 요구하셨겠는가?"의 문제이다. 즉 적용성에 대한 검증이다. 하나님께서 우리에게 말씀을 주실 때

> 하나님께서 우리에게 말씀을 주실 때에는 일방적 원리제시에서 그치는 것이 아니라 모두에게 바라시는 구체적 행동의 변화를 요청하신다. 특정 환경, 지역, 문화권에만 해당되는 적용사항이 아닌 우주적 적용사항이다.

에는 일방적 원리제시에 그치시는 것이 아니라 모두에게 바라시는 구체적 행동의 변화를 요청하신다. 이것은 꼭 특정한 시간 특정한 환경 특정한 지역이나 문화권에만 해당되는 적용사항이 아니라 우주적 보편적 적용사항이다. 설교자는 강해의 내용에 타당성이 확인된다면 그 이후에 가져야 할 연구 질문은 "이 신앙의 원리가 성도에게 어떤 삶의 차이를 만들 수 있는 것인가?" "이 강해된 신앙원리가 옳다면 어떻게 살아야 하는가?" "이 본문의 강해된 내용이 모든 청중에게 어떤 변화를 요구하고 있다고 믿어지는가?" 등의 질문을 깊이 던지면서 적용적 강해를 이루어가야 한다.

이런 기본적 세 가지 질문, 강해 내용에 대한 의미의 질문, 그 타당성에 대한 질문, 그리고 강해 내용의 우주적 적용성의 질문은 앞으로 설교를 구체화할 기초가 되는 뼈대가 되는 매우 중요한 과정이다. 이 질문들에 대한 설교자의 이해와 논리적 답변들은 결국 청중이 본문의 말씀을 통하여 가질 수 있는 논리적, 합리적 이해를 도와주며 청중의 실

제적 삶과 성서의 원리 사이에 발생하는 사고의 갈등을 해소하고 석의 과정을 통한 성경해석이 보여주는 시간적, 지리적, 문화적, 역사적 거리감을 연결해주는 중요한 구실을 한다. 이 연결이 명확해질 때 청중은 설교에 자신을 몰입하기 시작하며 남의 이야기가 아닌 자신의 이야기로 사고하기 시작하며 먼 역사 속의 하나님이 아닌 무소부재한 지금도 살아서 역사하시는 하나님으로 체감하기 시작한다. 실로 이 본문에서 바른 신학적 주제를 이끌어내는 일이야말로 '하나님께서 감동하시는 설교'를 할 수 있는 근본적 설교자의 사명이며 이 주제에 대한 확신과 마음의 열정이 현대 청중의 혼돈된 삶에 하나님께서 하고 싶으신 메시지를 힘 있게 전달할 수 있는 설교자의 준비이다.

## 4. 설교의 실제

이제 누가복음 5:27-32의 본문 연구의 실제에서 그동안 이미 관찰과 해석의 과정을 통하여 얻은 석의적 명제들이 어떻게 강해적 명제로 연결될 것인가에 대해 강해에 필요한 세 가지 핵심질문들을 통하여 재진술해보기로 하자.

석의적 명제들과 석의적 주제는 강해적 연구를 통하여 아래와 같이 재 진술 될 수 있다.

| 구분 | 석의적 명제 | 강해적 명제 |
|---|---|---|
| 1 | 예수님은 이 땅에서 예수님 앞으로 사람을 부르실 때 그 당시에 사회적, 도덕적, 윤리적 신분이 보편적으로 용납될 수 없는 사람일지라도 부르신다. | 하나님의 구원의 부르심과 사역으로의 부르심은 인간의 외형적 자격을 요구하지 않는다. |
| 2 | 레위는 예수님의 부르심에 순종하기 위하여 이 땅에서 버려야 할 것들을 스스로 포기함으로 행동적 회개를 보였다. | 하나님의 구원의 부름에 응답하는 성도는 반드시 자신의 회개의 행동을 나타낸다. |
| 3 | 레위의 '예수님의 부르심'에 대한 순종적 응답은 고행의 길이 아니라 축복의 잔치였다. | 하나님의 부름에 대한 순종의 응답은 세상적으로는 손해로 보이나 진실로 축복과 행복의 길이다. |
| 4 | 예수님이 이 땅에 오신 신분은 병든 자를 치료하는 의원이시다. | 하나님께서는 그 아들 예수그리스도를 이 땅의 죄인을 치료하기 위해 보내셨다. |
| 5 | 치료자 예수님의 치료방법은 예수님을 영접하는 자를 회개시키는 유일한 방법이었다. | 치료자 예수그리스도의 치료를 받는 길은 예수님을 치료자로 영접하고 순종하는 죄인의 회개이다. |
| 6 | 레위가 예수님의 치료를 받을 수 있었던 것은 자신을 병든 죄인임을 인정했기 때문이다. | 하나님의 준비된 축복의 치료를 받을 수 있는 자격은 인간이 자신이 병든 죄인임을 인정하는 마음이다. |
| 7 | 자신이 건강한 의인이라고 생각하는 바리새인과 저희 서기관들은 예수님의 치료를 받을 수가 없었다. | 인간 자신이 스스로 의인이고 하나님의 치료가 필요치 않다고 생각할 때 하나님은 그를 치료하지 않는다. |
| 8 | 자신을 건강한 의인이라고 생각하는 사람은 치료를 받을 수 없을 뿐 아니라 치료자 예수님을 비방하고 대적한다. | 인간이 자신이 죄인 됨을 인정하지 않을 때 하나님의 치료를 받을 수 없을 뿐만 아니라 치료자 예수그리스도를 대적한다. |

| 9 | 레위는 자신을 죄인으로 인정했고 바리새인들과 서기관들은 자신을 의인으로 여기고 그리스도를 배척했다. 예수 그리스도가 이 땅에 오신 목적은 자신을 죄인으로 인정하는가 아닌가에 따라 성취되기도 하고 좌절되기도 한다. 이는 전적으로 사람의 선택과 책임이다. | 하나님의 구원과 부르심은 인간 모두에게 공히 주어진 은혜이되 그 은혜를 받는 것과 받지 못하는 것은 인간의 선택이다. |
|---|---|---|

이와 같이 이미 석의·해석된 본문의 내용을 통하여 하나님께서 우리 모두에게 교훈하시고 가르치시고 촉구하시는 신앙의 원리를 정리할 수 있다. 더 나아가 그 의미의 타당성과 적용을 이끌어나갈 때 설교자는 이 본문을 통하여 하나님께서 말씀하시기 원하는 음성을 깊이 깨닫는다. 궁극적으로는 무엇을 마땅히 설교할 것인지에 대한 감각을 얻는다. 실상 이와 같은 설교자의 본문연구과정은 설교자가 스스로에게 설교해나가는 과정이다.

> 설교자는 본문을 통해 하나님께서 말씀하시기 원하는 음성을 깊이 깨달으며 무엇을 마땅히 설교할 것인지에 대한 감각을 얻는다. 실상 설교자의 본문 연구 과정은 설교자가 스스로에게 설교해나가는 과정이다.

누군가에게 설교하기 위한 지루하고 고통스런 설교 준비로 생각하면 이런 과정이 즐겁지 않고 흥미롭지도 못할 것이다. 그러나 설교자가 관찰과 석의 해석 그리고 강해의 과정을 하나하나 거치면서 본문을 연구하면 하나님께서 다른 어떤 청중보다도 설교자 자신에게 말씀하고 있음을 알게 된다. 그 말씀의 역사 속에서 성령의 감동을 받게 되므로 그는 이미 설교자로서 그 설교에 대한 영적 권고 가운데 서게 된다.

설교자는 본문강해에서 얻게 되는 모든 아이디어를 다 설교할 수는 없다. 설교라는 제한된 시간과 산만한 명제들을 이것저것을 말하기보다 이 모든 아이디어를 종합하면서 핵심적으로 나타낼 설교의 강해적 주제를 정리해야 한다. 강해적 주제는 석의적 주제에서 얻어지는 하나님의 영원불변한 말씀의 주제이며 앞으로 특정한 시간, 환경, 청중을 향한 설교적 주제로 전환될 근원적 주제이다. 앞서 본문의 석의 연구를 통해서 석의적 주제를 아래와 같이 진술하였다. 이제 이 석의적 주제를 강해적 주제로 전환해야 한다.

강해적 주제의 진술을 모든 설교자가 똑같이 진술되어야 할 필요는 없다 그러나 설교자로서 이 본문에서 하나님이 말씀하시는 메시지가 무엇인지에 민감하고 그 깨달음에 따라 기록해야 하는 것은 모든 설교자에게 동일하다.

### 누가복음 5:27-32 본문의 석의적 주제

**주요소**
세리 레위가 예수님의 부르심을 받고 예수님의 제자가 될 수 있었던 것은

**보충요소**
그가 자신을 건강한 의인이라고 생각하며 다른 사람을 정죄하는 바리새인과 서기관과 달리 스스로 병든 죄인임을 깨닫고 예수님을 만나 부르심에 순종하되 버릴 것을 스스로 버리는 자발적 회개를 통해 치료함을 받고 예수님과 함께하는 잔치의 기쁨을 누릴 수 있었다.

### 누가복음 5:27-32의 강해적 주제

**주요소**
병든 죄인인 사람이 만인의 의원이신 예수님의 치료를 받고 구원받아 하나님의 자녀와 예수님의 제자로 살아갈 수 있는 길은

**보충요소**
하나님 앞에 자신이 병든 죄인임을 시인하고 하나님의 부르심에 순종하여 자원함으로 죄를 회개하고 예수님이 이 땅에 오신 목적을 이루는 길이다.

---

진술된 바와 같이 석의적 주제는 저자 누가의 입장에서 수신자 데오빌로에게 써 보낸 기록의 주제이다. 이 주제를 하나님께서 누가를 사용하셔서 하나님 자신이 말씀하시고자 하는 의도로 전환하여 재 진

술하는 것이 강해적 주제의 진술이다. "굳이 석의적 주제 따로 강해적 주제 따로 재 진술할 필요가 있는가?"에 의문을 제시할 수 있다. 그래서 어떤 설교자들은 이런 과정을 무시하고 곧바로 설교주제를 진술하기도 한다. 그러나 말한 바와 같이 이런 주제변환의 과정을 성실히 따라가는 것은 설교자가 하나님의 말씀을 보다 성실히 최선의 노력으로 어떤 오류의 가능성을 최소화하면서 설교의 주제와 내용을 만들어가는 아름다운 일이다.

### 나가는 말

　성경의 본문을 강해한다는 말은 인간인 성서 저자가 그의 청중에게 쓴 글을 하나님의 입장에서 하나님이 전 인류를 대상으로 시공간의 한계를 넘어서 무엇을 말씀하시는가를 설명하는 일이다.

　따라서 성경 본문을 강해한다 함은 미리 본문을 관찰한 사항과 석의적 해석을 마친 상태에서 성서 기록 당시의 저자와 수신자가 소통한 본문의 바른 의미를 확인된 상태에서 이 석의적 의미 속에 담겨진 근본적 원래 저자이신 하나님의 뜻과 섭리와 교훈과 경고와 예언의 의미를 바르게 이끌어내어 설명하는 것을 성경강해라고 말할 수 있다. 그러므로 강해는 석의된 해석이 없이는 불가능하다. 왜냐면 강해는 석의된 해석에서 이끌어내는 설명이기 때문이다.

　바른 강해를 위해서는 세 가지 질문에 대답할 수 있어야 한다. 첫째는 하나님의 입장에서 그 말씀의 의미는 무엇인가? 둘째는 그 의미는 어떻게 확인될 수 있는가? 셋째는 그 의미의 확인 속에서 하나님이 인류에게 명령하시는 바는 무엇인가에 대한 답변이 곧 강해이다.

### 생각의 관점

- 지난주에 설교하였던 설교의 주제가 무엇이었는가 생각해보고 석의적 주제와 강해적 주제로 분리하여 진술 하십시오.
- 강해적 주제가 설교에서 얼마나 중요한지 그 이유를 서로 나누어 봅시다.
- 강해적 주제를 얻기 위한 세 가지 질문형태를 설명해보세요

제 8장

# 청중에게
# 들려지는 설교

## 1. 청중 파악의 중요성과 원리

설교의 종착역은 결국 청중이다. 청중 없는 설교는 설교가 아니다. 필자는 "하나님께서 감동하시는 설교를 하라"는 주장이 마치 현대 청중을 무시하라는 주장으로 들려지지 않기를 소망한다. 청중을 위한, 청중을 향한, 오직 청중의 바람에 입각한 설교는 하나님의 말씀을 그릇되게 혹은 이용하여 청중의 욕심을 채우는 방법으로 전할 가능성이 상존한다. 반면 하나님을 감동시키는 설교는 '하나님의 음성을 어떻게 현대 청중에게 잘 들려지게 전달할 것인가'라는 점에서 그 근본을 달

| 설교자는 청중의 차이를 세밀히 고려해야 한다. 청중과 상관없이 설교자의 수준에 입각해 설교하게 되면 청중들이 그 설교를 잘 이해할 수 없을 것이다.

리한다. 그러기에 설교자는 본문이 말하는 하나님의 메시지가 무엇인가를 확신했다면 다음 과제는 이 메시지가 들려질 청중이 누구인가에 관심을 집중해야 한다. 설교는 일정한 문서전달이 아니고 들려지는 메시지이며 의사소통의 과정이다. 그러므로 설교는 청중이 들어야 하고 청중이 듣고 인지적, 감성적, 의지적 변동이 일어나야 한다.

  같은 내용일지라도 청중에 따라 그 반응이나 인식 정도가 매우 다른 것은 우리의 보편적 삶에서 번번이 느끼는 생활경험이다. 따라서 하나님의 메시지도 내용이 동일하다 할지라도 청중의 형편과 사정에 따라 전달되는 방법과 기술 그리고 사용될 언어 구사가 달라야 하며 그 반응이 다를 수 있는 것은 당연한 것이다. 이런 청중의 차이를 세밀하게 고려하지 않고 일방적으로 설교자의 수준에 입각한 설교를 할 때 같은 주제와 같은 내용이라도 때에 따라 청중은 이해할 수도 없고 가슴에 감동을 받을 수도 없는 경우가 허다하다. 소위 강해 설교를 강조하는 설교자들 중에 자신의 성경적 지식에만 의존하고 청중의 수용성을 파악하지 못해서 번번이 전달에 고전을 면치 못하는 경우도 허다하다. 그러므로 설교를 구체적으로 구성하고 그 내용의 윤곽을 정하려 하면 그전에 청중의 실체를 온전히 파악해야 한다. 초등학교 유년부, 어린이 설교가 청년 대학부 설교와 같을 수가 없는 것은 그 내용이나 본문 주제의 차이가 아니라 전달방법과 설교의 구성이 청중에 따라 달라져야 할 극단적이 예일 것이다.

정확한 청중에 대한 파악이 설교 구성에 왜 필요한가를 확연히 인식해야 한다. 우리가 대인관계에서 간혹 실패하는 이유는 많은 경우에 다른 사람도 다 나 같을 것이라는 착각에서 기인한다. 개개인이 다름같이 개개인의 집단인 청중 또한 서로 다른 인식도와 청취 감각과 이해의 영역을 가지고 있다. 청중의 특성이 어떻게 다른지를 잘 파악해야 한다. 청중은 그 사고의 역동성에서도 서로 다른 사고의 영역과 사고 과정의 차이가 있음을 설교자는 파악해야 한다.

특정한 연령, 지역, 최종학력 등 지역교회의 성도들에게는 그들에게 해당되는 건강한 부분과 어려운 부분이 다르며 그들이 안고 있는 풀리지 않는 문제가 다르다. 설교는 인간의 문제에 대한 답변이다. 답변을 전달하는 설교자는 답변을 들어야 하는 청중의 상황, 인지능력, 감성적 특수성을 알고 설교원고를 작성해야 한다. 마치 야구의 투수가 타자의 특성을 잘 알 때 스트라이크 아웃이라는 목적 달성을 위해 다양한 구질의 공을 선택하는 것과 같다. 또한 세일즈맨이 제품을 파는 목적의 달성을 위해 고객의 형편에 따라 제품의 접근 방법을 달리 하는 것과 같다. 이와 같이 설교자 또한 청중들의 성향을 잘 파악하여 설교의 전달이라는 목표를 달성하기 위해 여러 가지 다양한 방법들을 사용해야 한다.

**초점을 청중에게**

이 말은 설교의 내용이나 주제가 청중에 따라 달라져야 한다는 말이 아니다. 본문의 핵심은 어떤 경우에도 변해선 안 된다. 그럼에도 불구하고 설교의 초점을 청중에게 맞춘다는 말은 어떻게 그들에게 이 주제를 가장 효과적으로 이해시키고 설득하고 오해 없이 전달할 것인가에 대한 고민이다.

설교가 실행되어 완성되는 데는 예외 없이 네 가지 요소가 있다. 첫째는 설교자 둘째는 설교내용 셋째는 설교 전달 매체 마지막은 설교의 청중이다. 이 네 가지 요소가 균형 있게 유기적 관계를 유지하면서 전달될 때 같은 내용의 주제라도 가장 효과적으로 설교를 전달할 수 있다.

많은 경우 설교가 설교자 자신에게 집중된다. 설교자의 명성, 설교자의 익히 알려진 인격, 설교자의 자질과 학력 등등이다. 이런 설교자에게 집중적으로 의존된 설교는 사실상 하나님이 감동하시는 능력 있는 설교가 되기 어렵다.

때론 설교의 전달 기술과 매체에 집중을 하기도 한다. 현대의 기술 발전에 따른 음향효과, 전달기술, 영상매체, 컴퓨터 프로그램 이용 등등에 의존하여 설교 전달을 하는 경우가 많다. 적절한 사용은 유익하나 때론 청중에게 오히려 부담과 복잡함을 주기도 하고 마땅히 전달되어야 할 본문의 주제전달에 방해를 줄 수 있는 여지도 있다.

결국 설교는 청중이 신뢰하는 설교자가 적절한 전달 매체를 이용하여 불변하는 하나님 말씀의 진리를 청중의 가슴과 마음에 직결시키는 일이다. 그러므로 청중의 현실과 말씀의 이상 사이에 간격이 없도록 신경써서 조율해야 한다.

종종 초청된 설교자들이 청중을 무시하는 등 말실수나 설교와 어울리지 않는 언행 불일치로 은혜로운 말씀의 전달보다 청중에게 많은 상처를 입히는 경우가 있다. 신학교의 유명한 교수나 학자가 설교할 경우에 오히려 청중에게 전이되지 못한 허공에 겉도는 설교로 끝나는 경우가 많은데 이는 청중에게 초점을 맞추지 못했기 때문에 일어나는 현상이다.

### 청중을 설교자의 설교 작성 과정에 끌어들이라

석의적 주제와 강해적 주제가 정리된 설교자는 이제 설교적 주제로 그 주제를 전이시켜야 한다. 설교적 주제는 특정 환경에서 설교하는 설교자가 본문의 강해적 주제에서 얻은 하나님의 진리를 특정 청중에게 전달할 그날의 주제이다. 그래서 강해적 주제가 시·공간을 초월하는 하나님의 보편적인 진리의 주제라면 설교적 주제는 보편적 진리를 현재 살아가고 있는 현대인에게 어떻게 무엇을 전달할 것인가의 재진술이다.

설교적 주제를 진술하고 정리하는데 청중의 필요와 요구 그리고 그들의 문제의식이 반드시 끌어들여져야 한다. 청중의 요구가 무시되거나 경히 여겨지면 설

> 설교적 주제는 특정 환경에서 설교하는 설교자가 본문의 강해적 주제에서 얻은 하나님의 진리를 청중에게 전달하는 그 날의 주제이다.

교는 많은 경우에 성서적 내지는 사회적 정보제공으로 끝나고 만다. 설교는 정보제공이 본질이 아니다. 아무리 유능한 성경의 석학자라도 청중의 문제에 연결되지 않는 설교는 성경에 관한 이야기로 일관되거나 사회 저명 문헌들이나 학자들의 이야기 정보로 끝나게 될 뿐이다. 이러한 설교는 청중에게 설교가 전달되었기보다 별로 관심 없는 여러 정보제공의 방법으로 이용되었을 뿐인 것이다.

설교자가 설교를 작성하면서 끊임없이 기억해야 하는 것은 청중은 누구나 신앙의 정도에 관계없이 설교가 자신의 삶의 문제에 답변을 주고 성공적 삶을 안내해 주길 기대한다는 것이다. 그런 의미에서 설교자는 활 쏘는 자이며 설교는 화살이고 청중은 타깃이라는 상상력을 가지고 설교를 작성해야 한다. 더구나 청중인 타깃은 정해진 유형이 아니라 끊임없이 움직이는 타깃이라는 사실을 잊어서는 안 된다. 타깃이 움직이기 때문에 설교자는 타깃이 움직이는 방향과 거리를 늘 정확하게 인식해야 한다. 비록 설교가 일방적인 메시지의 전달이지만 실상 내면적으로는 청중과의 끊임없는 대화임을 잊어서는 안 된다. 그들의 말없는 질문을 들을 수 있어야 하고 그 질문들에 끊임없이 응답해주는 설교가 바로 청중에 초점을 둔 설교이다.

스튜워트 브리스코는 『청중에게 흥미와 관심을 채우는 설교』라는 글에서 "나는 언제나 설교할 때 연속적으로 나 자신에게 '어떻게 청중의 주목을 집중시키고 잃지 않게 할까?'라고 묻는다"고 고백했다. 그가 발견한 답은 "청중의 마음과 의지 그리고 감성에 총체적으로 설교하는 것이었다"라고 말한다. "내가 만약 청중의 마음속과 그들의 의지와 감정에 충만하게 설교했다면 그들은 설교를 들은 후에 '그래서 나더러 어떻게 하란 말이야?'라는 뒷모습을 남기지 않을 것이다."

브리스코의 지적처럼 청중에 대한 분석은 막연하기보다는 그들의 삶의 생각들과 그들의 의지 결정 과정과 그들의 당면한 과제에 대한 감정을 충분히 파악한 상태에서의 적절한 설교를 말한다.

### 청중 분석의 3대 영역

본질적으로 청중은 개인에 따라 상황과 차이가 있다. 그럼에도 설교자는 설교를 듣는 청중 전반에 걸친 일반적 집단분석을 해야 한다. 설교가 대체로 지역교회에서 이루어진다는 점에서 각 지역교회마다 그 교회 청중의 일반적 분석을 필요로 한다. 물론 교회마다 특수한 상황과 환경 그리고 청중의 특별한 필요도 있겠지만 적어도 청중 분석에서 기본적으로 다뤄야 할 세 가지 요소가 있다.

첫째, 청중의 신앙적 배경과 환경이다.

모든 교회 성도의 신앙의 정도가 모두 동일하지 않다. 교회의 역사, 청중들의 신앙연륜, 또한 교회의 신학적 성향에 따라 개교회는 독특한 신앙의 형편을 보유하고 있다.

이런 신앙적 혹은 신학적 환경을 청중 속에서 느끼고, 알고 설교를 준비하는 것과 전혀 알지 못하는 상태에서 하는 설교는 다를 뿐 아니라 화살의 타깃이 전혀 예상치 못한 곳으로 향할 수 있다.

가장 근원적인 문제는 "현대교회의 청중들 중 거듭난 중생의 체험을 가지고 구원의 감격 가운데에서 성경적 신앙생활을 하고 있는 인원이 얼마나 있는가?"이다. 교회에 나와 예배를 드린다는 사실 한 가지로 모두를 구원받은 성도로 가정하고 설교하는 것은 매우 무책임하고 허식적인 설교가 될 것이다. 물론 단순질문으로 구원받은 성도의 수와 아직 구원에 이르지 않은 성도를 구별하여 비율을 정한다는 것은 쉽지 않은 과제이다. 하지만 설교자나 목회자의 생각과는 달리 사실상 많은 교인들이 자신의 구원에 대한 확신이 없거나 성경적 구원의 경험이 없는 분들이 아주 많다. 필자가 미국 산호세에서 목회할 때 섬기는 교회는 다르지만 아주 잘 알려진 침례교회에서 오랫동안 섬긴 집사님께서 어느 날 저녁 식사 시간에 나에게 개인적으로 물었다. "목사님 정말 천국이 있습니까?" 약간 당황한 나에게 이어지는 말씀은 "목사님 정말 천국이 있다면 난 지금 내가 가지고 있는 모든 재산 다 팔아서 천국사업에 투자할 용의가 있습니다. 목사님 정말입니다" 큰 사업으로 성공한 그 친한 친구와 같던 그 집사님의 질문은 목회하는 내내 필자의 머리에 지워지지 않는 음성이었다.

만약 구원받지 못한 불신자 혹은 습관적 종교의식으로 설교를 듣는 청중이 대다수인데 그들에게 신앙인의 책임과 과제에 대하여 초점을 맞추어 설교한다면 얼마나 상식 밖의 모순적 설교가 되겠는가? 그런 의미에서 사실상 설교는 해당 지역교회의 목회자가 하는 것이 타당하다. 방문설교자가 성도들의 상태를 전혀 알지 못하는 입장에서 일방적 주장으로 일관한다면 매우 불행한 설교가 될 것이다.

구원받은 성도와 그렇지 못한 성도들의 비중 못지않게 청중의 신앙 파악에 중요한 요소들은 초신자와 오래된 성도들의 얼마나 섞여 있는지, 지역교회가 가지고 있는 교단적 배경이나 그 교단의 신학적 배경이 또한 중요하다. 더 나아가서 청중의 전반적인 신앙의 성숙 정도 등이 설교자가 설교를 준비하는데 반드시 파악해야 할 요소이다.

**둘째**, 청중파악에 중요한 요소는 청중들의 사회 일반적 배경에 대한 파악이다.

설교를 듣는 청중들의 연령대나, 청중들의 성비, 기혼자와 미혼자의 비율, 청중 대다수의 교육 정도와 사회 경제적 위치 등등의 외관적 청중의 파악이다. 이것은 차별적 설교를 위함이 아니라 그들의 일반적 환경이 가지고 있는 독특한 문제들과 해결해야 할 과제들, 가정적으로나 사회적으로 받는 부담들을 이해하여 그 문제들에 적용되는 설교의 준비를 하기 위함이다. 머리 아픈 사람의 다리를 긁어주는 설교는 피해야 한다.

**셋째**, 청중파악요소는 설교를 듣는 청중들의 심리적, 정서적, 인지능력에 대한 파악이다.

청소년들의 정서와 심리적 수용성과 노년층 성도들의 정서적, 심리적 수용성에는 당연한 차이가 있다. 이것이 설교 준비에 어떤 영향을 끼치는가를 파악하는 것은 지극히 타당한 요소가 아닐 수 없다. 개인별차이가 있지만 집단적으로도 청중의 성향은 다르다. 지적 감수성에서 어떤 청중들은 매우 합리적, 논리적, 사고 중심이 있는가 하면 어떤 청중들은 비교적 비합리적, 비논리적, 직선적 단순사고에 습관이 된 청중도 있다. 정서적으로 매우 예민한 그룹이 있는가 하면 매우 무덤덤한 반응으로 일관된 청중도 있다. 이런 청중 반응이 답답하여 때론 설교자가 억지로 그들의 "아멘" 반응을 강요하는 경우도 많다. 의지적 감수성이 강해 바로 응답하는 행동주의 청중이 있는가 하면 의지적 결정이 매우 느린 청중도 있다. 매사를 비판적, 부정적 입장에서 청취하는 청중이 있는가 하면 매우 수용적, 긍정적 태도로 준비된 청중도 있다. 이런 세 번째 요소를 파악하고 준비하는 설교가 설교 중 당황하지 않고 설교의 목적을 이루어갈 수 있는 준비가 된다.

아래의 도표는 설교자가 어떻게 어디에서 청중을 파악해야 하는가를 도식화한 것이다. 설교는 청중과의 대화이다. 설교의 주제와 목적의 설정은 청중의 정확한 위치와 그 방향을 결정해준다. 그들의 의지적 환경, 인지적 환경 그리고 감성적 환경의 면밀한 파악은 설교자가 설교의 주제를 선정하고 그 설교의 목적을 결정하는데 가장 중요한 문제의식이다. 해결되어야 할 관심 사항이 결정될 수 있는 핵심사항인 동시에 청중파악을 분명히 할수록 주제를 전달하는데 있어 청중과의 케미스트리, 즉 유기적 연관관계를 설교자가 느낄 수 있다.

이와 같은 청중에 대한 면밀한 분석과 이해는 변치 않는 성경적 설교주제일지라도 청중에 따른 설교내용의 구성과 전달방법을 효과적으로 준비할 수 있다. 더 나아가서는 해당 청중에 편안함을 줄 수 있는 설교자의 언어선정과 복장까지 세밀히 준비할 수 있을 것이다.

설교의 주제에 합당한 보조 자료나 예화의 선정도 청중에게 적절하고 긴밀하게 밀착될 수 있는 내용으로 선정하고 전달방법도 직설적 혹은 귀납적 형태의 활용을 청중에 따라 미리 준비할 수 있다. 설교자의 과제는 하나님 말씀의 진리와 교훈을 청중에게 가장 효과적으로 심어주는데 있는 것이므로 이런 청중에 대한 이해와 노력을 경시해서는 안 된다.

**청중과 설교자와의 상호작용**

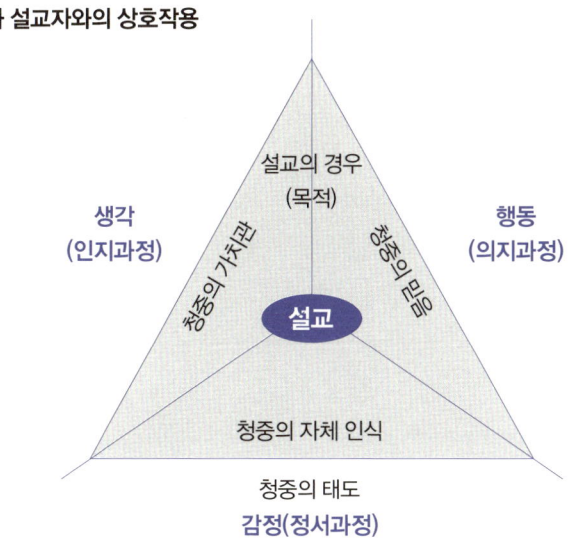

이와 같은 관점에서 설교자는 무엇보다도 목양자의 심정과 태도가 절실히 필요하다. 정보전달이나 신학적 지식전달이 아닌 청중에 대한 설득이기 때문에 설교자 자신이 청중에 대한 진지한 관심, 애정, 그들의 문제에 대한 공유하는 목양적 심정이 없이는 말씀을 심어주는데 한계를 가질 수밖에 없다.

### 나가는 말

　집단으로서의 청중은 서로 다른 인식도와 청취감각, 이해의 영역, 사고 과정의 차이를 가진다. 설교자는 이를 잘 파악해야 한다.

　설교자는 청중에 대한 바른 이해에 기초한 다양한 접근 방식의 적용을 통해 다양한 청중들에게 동일한 메시지를 변질 없이 효과적으로 전달할 수 있다.

　설교자는 청중에 대한 신앙, 정서, 인지, 의지적 성향을 분석함을 통해 전달할 메시지의 접근법을 결정한다. 또한 청중의 필요와 수용능력에 따른 설교의 목표와 주제를 진술할 수 있다.

　설교적 주제는 보편적 진리를 현대인에게 어떻게 전달할 것인가에 대한 재진술이다. 특정 환경에서 설교하는 설교자가 본문의 강해적 주제에서 얻은 하나님의 진리를 특정 청중에게 전달할 그날의 주제이다.

### 생각의 관점

- 지난 주일예배에서 전한 설교의 (혹은 들은 설교의) 강해적 주제와 설교적 주제를 구별하여 나누어 봅시다.

- 내가 목회하는 (혹은 내가 섬기는) 교회의 성도들의 청중을 3대 영역으로 분류하여 그 특성을 나눠 봅시다. 이 특성이 설교의 전달이라는 점에서 어떤 차이를 만든다고 생각하십니까?

# 제 9 장

# 설교적 주제의 설정

## 1. 석의적, 강해적, 설교적 주제의 상관관계

이미 말한 바와 같이 설교자의 설교 준비에 있어서 처음 과제는 석의적 주제를 정리하는 것이었다. 즉 성경의 본문이 처음 쓰였을 당시의 청중과 저자의 관점에서 주제를 얻어내는 것이었다. 그 후 두 번째 과제는 신학적 혹은 강해적 주제 도출이다. 강해적 주제는 특정시대, 특정지역의 청중을 염두에 둔 주제가 아니다. 모든 인류에 대한 하나님의 메시지를 석의적 주제에서 이끌어내는 과제이다. 이제 마지막 설교자의 과제는 강해적 주제를 지금 시대의 특정 청중을 향한 주제로 재 진술하는 것이다.

성경은 기본적으로 이스라엘에게 선지자를 통해서 주신 메시지이다. 이것이 이방인이요 전혀 다른 문화를 가진 우리에게 지금 이 상황에서 어떻게 그 맥과 주제의 끊임이 없이 논리적, 신학적, 문어법적으로 타당한 연결성을 가지고 지금의 청중에게 전달될 것인가의 문제이다. 아래의 도표는 이 세 가지 주제의 상호 연결성을 설명해주고 있다. 기본 베이스는 언제나 성경의 본문 자체이다. 이 본문을 전달하는데 중심 주제는 하나님의 마음, 의도, 메시지가 핵심이며 하나님의 마음이 곧 강해적 주제이다. 강해적 주제는 성경이 처음 쓰였을 당시 그들의 문화와 역사와 상황에 맞게 저자들로 하여금 전달되었다. 이 말씀이 이 시대를 살아가는 우리에게는 우리의 문화, 역사, 상황에 필요한 말씀으로 연결되어야 한다. 따라서 어떤 경우이든 이 세 가지 주제는 상호 통일성과 연합을 유지하는 동시에 그 시대의 요구를 변증하는 말씀으로 재 진술되어야 한다. 이 유기적 관계를 잘 이해하지 못할 때 설교자는 무리한 말씀의 전이나 내면적으로 동의하기 어려운 일방적 주장으로 변질되어 청중에게 하나님 말씀의 설득보다 자신의 주장의 설득으로 변질시켜버릴 수 있는 위험이 있다.

성경의 본문의 내용이 언제나 당시의 스토리나 역사성을 내포한 것만은 아니다. 이미 성경 본문 내용 자체가 일반적, 보편적 교훈이나 선포로 기록된 내용도 많다. 그런 경우에 사실상 석의적 주제와 강해적 주제 그리고 설교적 주제가 어떤 본질적 혹은 내용적 변화가 거의 없다. 그러기에 이 세 가지 주제들은 유기적 관계성을 가지고 있는 것이다.

**세 가지 형태 주제의 연결성**

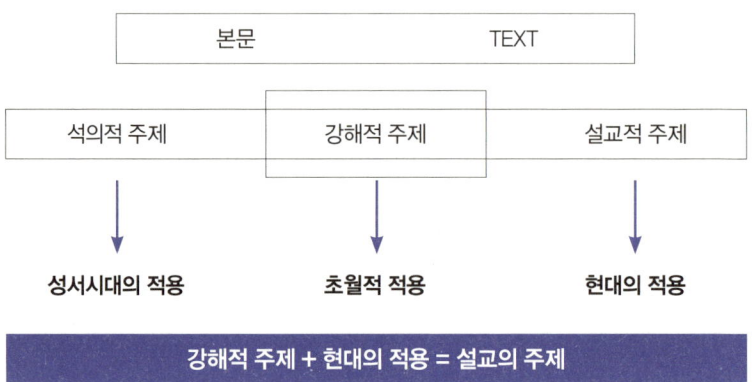

## 2. 설교목표의 설정과 진술

설교적 주제가 설정되면 설교자는 그 설교적 주제에 합당한 설교의 목표를 설정한다. 설교자가 반드시 기억해야 할 것은 설교의 목표는 어떤 주제나 제목에 대하여 잘 논의하고 설명하는 것이 아니라 주어진 설교의 목표를 성취하는 데 있다. 설교의 목표란 설교자가 하나님 말씀의 진리를 선포하고 가르쳐 청중에게 일어나길 바라는 구체적 변화의 진술이다. 이 변화는 단순히 청중만이 아니라 설교하는 설교자 자신에게서도 일어나야 하는 구체적 변화이다. 설교의 선포의 결과로 일어나기를 바라는 설교자와 청중의 내면에서 본문의 공감대로 이루어질 분명한 성서적 설교목표를 선정해야 한다.

설교하는 본인과 청중에게서 일어날 사고의 변화, 영적 깨달음의 변화, 인격적 변화 나아가서 행동적 변화를 기술하는 일이다.

> 설교자가 반드시 기억해야 할 것은 설교의 목표는 어떤 주제나 제목에 대해서 잘 논의하고 설명하려는 것이 아니라 주어진 설교의 목표를 성취하는 데에 있다.

설교목표의 진술은 설교자가 설교적 주제를 선정한 후에 그리고 설교의 전체적 원고가 작성되기 전에 작성되어야 한다. 왜냐하면 이 목표가 곧 설교의 내용을 관할하는 뼈대가 되기 때문이다. 물론 설교자의 설교목표가 설교 후 즉시 현상학적으로 확인될 사항을 아닐지 모른다. 그러나 설교는 주제와 목표의 선명성과 진지함 그리고 확실성이 설교 설득의 핵심이 되기 때문에 반드시 준비될 핵심사항이다.

설교의 결과를 단순히 성령의 하실 일로만 맡기고 단순히 선포하는 것과 설교자 자신의 마음속에 확실한 바람과 기대를 가지고 설교하는 것은 그 설교의 파워 면에서 다르다.

당연히 성령의 역사는 설교자의 기대를 초월하여 어떤 역사라도 일으킬 수 있다. 그러나 설교자의 책무는 하나님의 메시지가 이 시대의 청중에게 어떤 모습으로 역사할 것인가에 대한 영적 안목과 구체적 목표를 가지고 설교해야 한다. 설교자가 청중을 면밀히 파악하는 이유도 곧 청중의 문제를 확인하고 설교를 통하여 어떤 문제가 어떻게 해

설교자의 책무는 하나님의 메시지가 이 시대 청중들에게 어떤 모습으로 일어날 것인가에 대한 영적 안목과 구체적 목표를 가지고 설교해야 한다.

결 되어야 하는가를 제시하는 가이드라인이 되기 때문이다. 동시에 설교 준비과정에 도입부분, 내용부분, 적용부분, 결론 부분에 이 설교의 목표가 적절하게 제시 될 수 있기 때문이기도 하다.

**설교자의 고려사항**

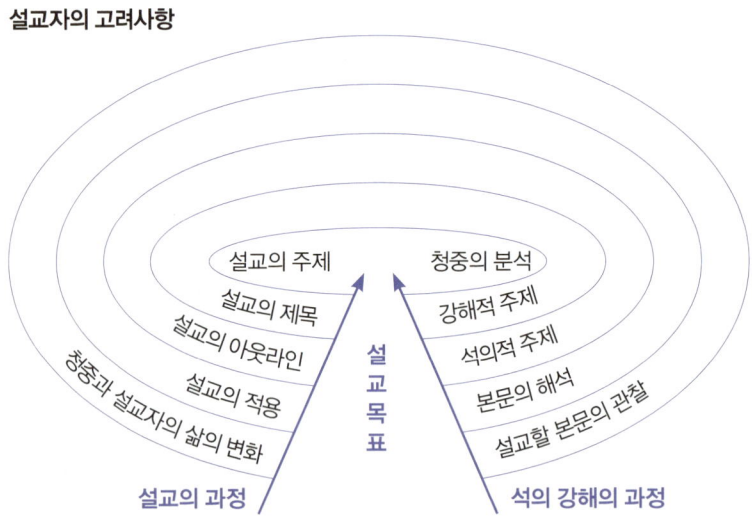

이 도표에서 보는 바와 같이 설교의 목표는 설교를 준비하는 과정에서 본문해석과 본문 연구과정과 설교의 진행과 디자인의 중심에서 그 전체를 관할하고 있다는 점을 설교자가 인지해야 한다.

## 3. 설교의 실제

### 누가복음 5:27-32의 설교적 주제와 설교목표

이 본문의 설교적 주제 선정과 설교 목표를 위하여 저자의 목회현장의 상황을 도입하여 간단히 기술하고자 한다. 이 설교가 선포될 현장은 미국 산호세에 위치한 침례교회이다. 장년모임이 약 사백 명 정도이며 1부와 2부로 나뉘어져 예배를 드린다.

1부 예배에는 약 칠십 명 정도의 사역자 중심의 예배를 드리며 2부에는 약 삼백오십 명 장년의 주일예배를 드린다. 교회의 역사는 25년 정도 된 꽤 연륜이 있는 교회이며 성도들 대부분은 소위 실리콘 밸리로 불리는 이 지역에서 오랜 이민생활과 신앙생활을 해 온 사람들이 대부분이다. 연령층은 다양한 편이어서 청년층이 약 30%, 중장년층이 40%, 은퇴 및 노년층이 30% 정도를 구성하고 있고 학력은 70% 이상이 대학을 졸업한 학력으로 석 박사학위소지자가 30% 정도에 이르는 분포를 보인다.

고학력 성도일수록 전문직에 종사하고 미국 본토인들과 경제, 사회적 관계를 맺고 영어권의 문화를 공유하면서 한국교회 생활을 하는 사람들이며 성도의 약 50%는 비전문직 경제, 사회생활을 하며 주로 한인사회 중심으로 상업이나 기타 사업을 하면서 생활 한다.

이런 학력과 직업의 차이는 적지 않은 경우에 같은 이민 생활 속에서도 서로 사고방식의 차이와 문화적 이질성을 보이기도 하며 일종의 열등의식이 부유층과 상대적 빈곤층, 고학력층과 저학력층 사이에서 직·간접적으로 보이기도 한다. 따라서 목양자의 세밀한 목양자세가 요구되며 오해의 여지를 불러오지 않도록 성도들에 대한 태도와 편향성 없는 목양행동이 요구된다.

특별히 이 지역의 특성상 주거환경과 지역에 따라 렌트 아파트에 사는 성도들과 고가의 주택에 사는 분들의 삶의 스타일이나 경제 환경이 현격히 다른 양상을 보인다. 한 지역교회에 다니지만 보이지 않는 그룹이 형성되기 쉬운 약점을 가지고 있다. 이런 보이지 않는 차이는 종종 교회의 여러 가지 일들 속에 서로의 마찰을 빚기도 하고 의견의 상충을 너머서 쉬이 정죄 혹은 비판하기가 쉬운 형편이 되기도 하며 목양자의 의견 여부가 매우 예민한 초점이 되기도 한다.

오래된 침례교회의 모습으로 자신의 신앙을 고백하고 구원의 믿음을 드러내는 침(세)례를 받은 분들이 거의 대다수이다. 여러 가지 훈련 프로그램을 통해 나름대로 신앙의 기초를 다져온 분들이 대다수이다. 하지만 신앙의 지적 이해에 그치기 쉽고 가슴과 행동으로 나타나는 신앙의 증거가 매우 약하다고 볼 수 있다. 고학력 소지자들과 일부 지식층은 설교의 인지 형태가 매우 논리적이고 증거입증의 과정을 중요시하나 대부분의 성도들은 직설적인 단순 이해를 보다 선호하는 편이다.

이상의 상황이 내가 섬기던 산호세에 위치한 교회의 대략적인 청중에 대한 파악이다. 이미 말한 바와 같이 이러한 청중파악이 설교 준비에 중요한 까닭은 같은 본문 같은 주제라 할지라도 어느 부분에 더 강조점을 둘 것인가에 대한 방향성을 결정하기 때문이다. 말하자면 청중들이 아직 구원의 확신 문제에 대부분 부딪혀있는지, 그리스도의 제자로서의 부르심을 알아야 하는 상황인지, 아니면 성숙한 성도로의 삶의 교훈이 필요한지 면밀히 살펴 일관된 방향성을 가진 설교로 준비될 것이다. 강조점을 둔다는 것과 주제를 변화시킨다는 것은 전혀 별개의 문제이다. 주제는 언제나 변함 없는 성서의 주제여야 하지만 현대 청중의 영적 상황과 신앙생활의 문제 등 그들의 상황에 따른 방향성과 강조점은 유연성 있게 적용되어야 한다.

만약 누가복음 5:27-32를 본문으로 전도 집회에서 구원초청에 방향성을 둔다면 성숙한 성도의 삶의 방향성보다는 복음의 선포에 방향성을 둘 것이고 만약 청년 성도들의 모임에서 그리스도의 제자로의 부르심에 방향성을 둔다면 그리스도의 제자가 되는 길에 보다 초점이 맞춰질 것이다. 이와 같은 이해를 가지고 본문의 설교적 주제를 도출하면 다음의 표와 같이 제시할 수 있다. 또한 도출된 설교적 주제를 토대로 설정한 설교의 목적은 표에 이어 제시된 '설교 주제에 합당한 설교의 목적' 섹션을 참조하라.

### 누가복음 5:27-32의 강해적 주제

**주요소**

병든 죄인인 사람이 만인의 의원이신 예수님의 치료를 받고 구원받아 하나님의 자녀와 예수님의 제자로 살아갈 수 있는 길은

**보충요소**

하나님 앞에 자신이 병든 죄인임을 시인하고 하나님의 부르심에 순종하여 자원함으로 죄를 회개하고 예수님이 이 땅에 오신 목적을 이루는 길이다.

### 누가복음 5:27-32 설교적 주제

산호세 OOO 침례교회 성도가 의원 되신 예수님의 치료를 받아 제자의 삶을 살 수 있는 길은 의원이신 예수님께 나아가 누구보다 자신의 병든 모습을 인정하고 예수님의 치료의 가르침에 순종하며 스스로 버려야 할 것을 버리는 순종으로 행동적 회개를 함을 통해 예수님이 이 땅에 오신 목적을 이루어드리는 길이다.

**설교 주제에 합당한 설교의 목적**

1. 교회 안에서 성도들이 어떤 문제를 당면할 때 먼저 자신을 주님 앞에서 돌아보는 자세를 가르친다.
2. 늘 자신의 영적 상태를 점검하고 자신의 병든 모습이 있다면 주님께 가지고 나아가는 신앙 태도를 가르친다.
3. 다른 성도들의 영적인 질병상태를 비판하고 정죄하는 태도를 버리고 불쌍히 여기고 그를 의원이신 주님께 나아가게 하는 돕는 자의 자세를 가르친다.
4. 누구보다도 참의원이신 주님의 가르침 즉 말씀의 가르침에 복종하는 자세를 가르친다.
5. 필요 시에 스스로 결단하고 돌이켜 회개할 수 있는 행동적 신앙의 길을 도전한다.
6. 치료에는 희생과 아픔이 따르고 그 이후에는 기쁨과 자유의 보상이 있음을 알게 한다.

설교의 주제와 설교의 목적이 이와 같이 정리되면 설교자는 설교의 아이디어와 방향성을 확실히 정한 상태가 되어 이제 설교의 윤곽을 정할 수 있는 준비가 완료 되었다고 볼 수 있다. 결국은 사실상 설교자로서 모든 본문연구와 석의 과정을 거쳐 온 이유는 설교목표를 성서적으로 타당하고 청중에게 합당한 것으로 설정하는데 있었다. 그리고 이 설교목표를 실행하고 이루기 위해 앞으로 설교를 구성하고 작성하여 전달하는 일까지 '설교목표'가 그 구심점으로 역할을 한다.

### 나가는 말

설교의 주제는 언제나 과정을 걸쳐서 얻어지는 특성을 갖는다. 즉 설교의 주제 이전에 먼저 본문 석의를 통한 석의적 주제가 설정되고 석의적 주제는 하나님의 주제인 신학적 주제로 전이되며, 신학적 주제가 결국은 현대청중을 향한 설교적 주제로 전환된다. 이 세 가지 주제는 그 대상 청중의 차이라는 점에서 특성을 달리하나 상호 유기적인 관계를 갖고 화학적 연결고리를 가진다. 주제의 전환이 선명할수록 청중은 오늘의 설교주제에 대한 인식을 분명히 하고 설득력을 더 얻는다.

주제는 그냥 주제로 남아있어서는 안 된다. 분명히 주제에서 비롯된 그날의 설교목표가 설정되어야 한다. 설교목표는 설교를 통한 성도들의 구체적인 심리적, 정신적, 지식적, 행동적 변화의 결과물로 제시되어야 한다.

### 생각의 관점

- 지난 추수감사절 예배에서 설교하셨던 말씀의 설교주제는 무엇이었으며 설교자의 설교목표는 무엇이었습니까?
- 그 설교목표는 추상적이었습니까 아니면 구체적이었습니까?
- 그 설교목표가 어떻게 성도들의 삶에 변화를 주었다고 평가하십니까?

# 제 10장

# 하나님께서 감동하시는 설교의 구성

## 1. 설교 윤곽의 구성

설교를 건축물에 비유한다면 설교의 윤곽은 기초공사 후에 건축물의 뼈대를 세우는 일과 같다. 설교 윤곽의 구성에 대한 사실상의 법칙은 없다. 윤곽의 모양새에 대한 원칙을 세우는 것이 그리 바람직한 방향도 아니다. 왜냐하면 설교의 윤곽은 궁극적으로 설교의 주제와 목표가 어떻게 전달되고 달성될 것인가의 효과성의 문제이지 그 자체가 목적이 아니기 때문이다. 다시 말한다면 설교의 윤곽은 설교의 주제와 목표가 특정한 청중에게 가장 잘 전달되고 이해될 수 있는 형태가 가장 좋은 설교의 윤곽이라 말할 수 있다. 그러기에 어떤 형태이든 다양

> 설교의 윤곽은 설교의 주제와 목표가 특정 청중에게 가장 잘 전달되고 이해될 수 있는 형태로 설정되어야 한다.

하고 융통성 있게 청중의 흥미와 수용성을 고려하여 만들어갈 수 있다. 따라서 설교의 윤곽은 특정 청중의 청취의 흥미도, 관심도, 이해도에 맞게 구성할 수 있다. 아무리 잘 준비되고 많은 시간을 들여 연구된 설교 내용이라 할지라도 청중이 이해하기 힘들거나, 설교의 흐름을 쉽게 놓쳐버리거나, 관심과 흥미를 집중시키기 어렵다면 청중을 탓할 일이 아니라 설교 구성에 문제가 있음을 인정해야 한다. 설교윤곽의 독창성 혹은 창의성을 인정하더라도 설교 구성의 일반적 모양새는 설교의 도입 혹은 서론 부분과 설교의 중심내용이 되는 본론과, 설교의 끝과 최종적 목표를 제시하는 결론 부분으로 이루어진다.

　설교의 도입부분은 청중에게 문제의 해답을 알려주는 부분이 아니다. 도입의 목적은 청중에게 문제의식을 제기하고 들을 수 있는 흥미와 관심을 이끌어내는 것에 있다. 당연히 설교 전달에 있어서는 최초에 이루어지는 일이다. 그러나 설교를 구성하고 작성하는 과정에서 가장 마지막 단계로 수행되어야 한다. 설교의 본론과 결론이 다 이루어진 후 이런 결론과 본론의 내용에 가장 합당한 설교의 도입이 무엇인가를 생각하고 가장 효과적인 설교의 서론부분을 작성하는 것이 논리적으로나 설교의 실질적 전달효과를 위하여 옳은 구성과정이라고 본다. 아직 본론의 내용이 충분히 이루어지지 않고 어떤 결론으로 매듭지을지 확정이 안 된 상태에서 서론부분에 시간을 쓰면서 먼저 작성을 한다는 것은 본론과 결론에 연결시키는데 오히려 장애가 될 수도 있다. 그러므로 설교자가 설교 본문을 정하고 일단 서론을 쓰는데 시간을 들이기 시작한다면 논리적, 합리적 사고과정에서 순서상의 실수를 하고 있는 것이다. 아래의 설교의 몸 구성 차트는 가장 일반적 형태의 설교 구성형태라고 말할 수 있다.

## 2. 일반적인 성서적 강해 설교의 기본 구성과 흐름

다시 강조하지만 설교의 형태나 구성은 어떤 절대적 포맷은 없다. 얼마든지 창의적이고 청중의 필요에 따라 재구성될 수 있으며 설교의 환경에 따라 토픽 대지도 3대지에서 1대지 설교로 전환될 수 있다. 여기에 제시된 기초윤곽은 전형적인 3대지 설교윤곽이라고 말할 수 있다.

설교자는 설교주제와 설교목표가 설정되면 주어진 설교환경에 따라 어떤 형태의 구성이 가장 효과적인지를 스스로 판단해야 한다.

**설교의 머리**

1. 본문 말씀 :
2. 설교 주제 :
3. 설교 목적 :
4. 설교 제목 :

**설교의 몸**

| | |
|---|---|
| 1. 서론 | (1) 도입 예화<br>(2) 배경의 설명<br>(3) 문제의 제기 혹은 주제의 제기 |
| | 전이구 (전환문장) |

| 2. 본론 | 1 대지 | **첫째 토픽 대지**<br>(1) 토픽소지<br>　예화<br>(2) 토픽소지<br>　예화, 적용 |
| | | 전이구(전환문장) |
| | 2 대지 | **둘째 토픽 대지**<br>(1) 토픽소지<br>　예화<br>(2) 토픽소지<br>　예화, 적용 |
| | | 전이구(전환문장) |
| | 3 대지 | **셋째 토픽 대지**<br>(1) 토픽소지<br>　예화<br>(2) 토픽소지<br>　예화, 적용 |
| | | 전이구(전환문장) |

| | |
|---|---|
| 3. 결론 | (1) 요약<br>(2) 종합 적용 및 초청 |

## 3. 설교 본론의 전개 형태

설교의 몸이라고 할 수 있는 설교 본론의 전개 형태는 앞서 말한 바와 같이 설교의 환경과 청중들의 인지적 정서적 혹은 의지적 분석에 따라 설교자가 적절하게 선정하게 된다. 대다수의 청중은 쉬운 설교를 원한다. 쉬운 설교란 청중의 설교 청취 과정에 너무 복잡한 생각을 요구하지 않는 단순하고 자연스러운 설교 본문의 전개이다. 경우에 따라서는 이런 자연스런 단순한 설교의 전개가 어떤 특정한 청중에게는 매우 진부하고 이미 결론이 보이는 듯한 인상을 주므로 설교의 흥미를 잃어버릴 수도 있다. 이와 같은 청중은 보다 많은 생각과 함께 주제를 풀어가는 질문형의 설교가 오히려 효과적일 수도 있다. 따라서 청중의 분석과 설교의 전개 형태의 선정은 그만큼 깊은 연관성을 갖는다. 설교자가 청중을 알아야 하는 이유가 여기에 있다. 전개 형태를 잘못 선정해 설교 전달과정에서 설교자나 청중이 매우 힘들어하는 불행한 경우가 종종 있는 것은 이 때문이다.

> 쉬운 설교란 청중의 설교 청취과정에 너무 복잡한 생각을 요구하지 않는 단순하고 자연스러운 설교 본문의 전개를 뜻한다.

이미 설교의 주제와 목표가 설정된 설교자는 일단 설교의 주제를 몇 대지로 나누어 전달할 것인가를 정해야 한다. 이것은 설교의 환경 즉 주어진 시간과도 깊이 연결된다. 아무리 좋은 설교라 할지라도 짧은 시간에 전해야 할 메시지라면 대지를 복수형으로 구성하는 것은 바람직하지 못하다. 반대로 어떤 경우이든 모든 설교를 1대지로 구성하려 하는 습관도 바람직하지 못하다. 말한 바와 같이 설교의 주제를 전달하는데 그 주제를 어떻게 논리적으로 자연스럽게 전개할 것인가를 설교자는 생각해야 한다. 대지의 결정은 설교주제와 목표달성의 효과성에서 결정되어야 한다.

대지란 결국 설교의 주제의 나누어진 부분이기에 대지와 대지의 연결이 자연스러워야 한다. 전형적인 삼대지 설교일 경우 주제를 처음 열어가는 첫째 대지는 필요에 따라 복수의 소지로 나누어져 설명될 수 있다. 소지로 나눌 필요는 설교자의 판단과 결정이다. 첫째 대지와 소지가 그 중심 주제를 청중에게 제시하고 이해시키고 설득하는 과정이라면 대지를 청중의 삶에 연결시키는 구실을 하는 것이 예화나 예증이다. 이 예화나 예증은 흥미 중심보다 그 토픽을 청중들의 삶과 사고 속에 유효적절하게 연결시켜 대지의 설명이 그들의 삶에 어떻게 관계되는지를 말해주는 데에 그 목적이 있다. 구체적으로 청중이 무엇을 어떻게 변화시키고 자신들의 삶에 어떤 행동적 의지적 적용이 첫째 대지의 말미에 제시되어야 한다.

이후 전이구란 첫째 대지에서 둘째 대지로 이어져가는 자연스럽고 순차적인 언어의 연결이다. 이를테면 "그렇다면 우리는 어떻게 이 진리를 전파해야 할까요?"라든가, "그러면 우린 어디에서 찬송을 불러야 할까요?" 등과 같이 대지와 대지의 연결어가 자연스럽게 논리적으로 이어질 때 청중은 설교의 흐름을 잃지 않고 소화해 나갈 수 있다. 이와 같은 패턴으로 첫째 대지 둘째 대지 그리고 마지막 대지까지 그 설교의 윤곽을 설정하고 이 모든 대지의 요약과 강조점으로서의 마지막 결론과 구체적인 적용의 초청을 결론에 제시한다. 경우에 따라서는 결론 부분에서 모든 대지를 아우를 수 있는 예화를 제시하기도 하고 각 대지에서 제시하는 적용들을 마지막 결론에서만 제시함으로 설교를 요약할 수 있다. 이런 설교의 본론과 결론이 작성되면 설교자는 본론과 결론에 가장 합당한 설교의 도입 즉 서론을 작성한다. 이미 알고 있는 본론과 결론의 내용을 염두에 둔 가장 청중의 이해, 관심, 흥미, 삶의 문제의식에 입각한 서론을 제시함으로 설교의 윤곽을 완성한다.

설교의 본론을 전개함에 있어 "어떤 모습으로 전개해나가는 것이 효율적이냐?"의 문제는 청중의 사고스타일이나 혹은 본문의 특수한 내용에 따라 적절히 구성할 수 있다. 대체로 크게 나누어본다면 본문의 흐름을 따라 본론을 구성하는 자연적 설교 본론의 구조 형태와 주제의 효과적 설득을 위한 논리적 본론의 구조 형태로 나누어 생각할 수 있다.

## 4. 자연적 설교 본론의 전개 형태

자연적 본론의 형태는 대부분 본문의 구성이 시간적 흐름에 따른 주제의 전이로 구성되어있거나 혹은 장소의 변경에 따른 본문의 주제 변경이 이루어질 경우이다. 예를 들면 사도행전 3:1-10 본문의 경우

가장 자연스런 본론의 전개는 그 장소의 변경에 따른 대지의 구성일 것이다. 첫 대지는 미문 앞 광장에 있는 사람들이 메고 오는 앉은뱅이, 둘째 대지는 미문 앞에서 만난 사도 베드로와 요한과의 도전과 응전, 마지막 대지는 치유 받은 앉은뱅이의 성전에서의 하나님 찬미로 결론 지을 수 있을 것이다.

또는 누가복음 5:18-26의 경우 첫째 대지는 침상에 매인 중풍병자와 메고 온 사람들의 상황, 둘째 대지는 지붕을 벗기고 달아 내려지는 중풍병자, 셋째 대지는 주님의 치료를 받고 침상에서 일어나 하나님께 영광을 돌리며 집으로 돌아가는 중풍병자로 정리될 것이다. 이와 같은 본문 상에 일어나는 사건 장소의 변경에 따른 본론의 구성은 설교 본문의 흐름에 따라 자연스럽게 연결되는 본론의 흐름이 될 것이다. 당연히 이런 본론의 흐름은 설교자가 설교를 진행하기가 매우 수월하며 청중 또한 설교의 흐름을 쉽게 호응하고 따라갈 수 있는 장점을 가지고 있다.

반면에 경우에 따라 특정한 청중들에게는 너무나 당연한 흐름이기에 흥미나 관심이 저하될 수 있는 약점이 있다.

## 5. 논리적 설교 본론의 전개 형태

논리적 설교 본론의 전개는 본문의 자연스런 시간적, 장소적 혹은 상황적 기술에 따르기보다 그 본문의 주제를 설교자나 청중의 논리적 사고에 따라 전개해나가는 방식이다. 이런 본론의 전개방식은 본문이 기록된 절별 순서를 따르지 않고 그 내용의 전체적 흐름에서 전달하고자 하는 주제의 논리적 전개에 초점을 맞춘다. 크게 두 가지 형태로 연역적인 논리에 기초한 본문 전개 방식과 귀납적 논리에 기초한 형태로 구분할 수 있다.

### 연역적 논리 전개에 의한 본론 전개

설교의 주제가 먼저 청중에게 제시된 후 이유나 입증 타당성을 설명해나가는 형태의 본론 전개이다. 이런 본론전개는 청중에게 일단 설교자의 중심주제가 명백하게 제시된 후 이 주장이 어디서, 왜, 어떻게 왔는가를 차례대로 설득해나가는 형태의 본론전개이다. 그러므로 설교의 토픽대지들은 설교의 주제를 입증하는 전개 형태가 된다.

예를 들면, 중심주제가 "오직 예수그리스도를 믿는 믿음만이 우리에게 구원을 준다."라는 주제가 있다면 설교자는 일단 이 주제를 명백히 제시한다. 그 이후 왜냐면 "첫째, 예수님 이외에는 구원을 줄 이름이 없기 때문이다." "둘째, 예수님만이 구원의 능력을 가졌기 때문이다." "셋째 구원은 우리의 행위가 아니라 믿음으로 얻는다고 말씀하셨기 때문이다."와 같은 설교 본론 전개 형태이다. 주제가 선명한 상태에서 각각의 토픽 대지들은 주제를 입증하고 설명하여 논리적으로 타당성을 부여하는 역할을 한다.

연역적 논리의 본론전개는 그 구조가 명확하여 듣는 자나 전하는 자가 쉽게 의사소통할 수 있는 장점이 있다. 하지만 이미 제시된 주제와 주장이 청중에게 '더 들어야 할까?'라는 의구심이 들게 만들 수도 있다. 흥미가 떨어진다는 표현이 가장 적절할 것이다. 그럼에도 불구하고 대부분의 설교는 이와 같은 연역적 형태로 본론전개가 이루어진다. 이는 복잡한 사고를 요구하지 않는 단순성과 선명성이 있기 때문이다.

### 귀납적 설교의 아웃라인 형태

연역적 설교 구성이 보다 단순하고 직접적인 명제와 주제를 제시한 후, 이를 설명하여 보충해나가는 설교의 형태인데 반해 귀납적 설교의 전개 형태는 주제에 관한 문제의식을 제시한 후 분석적 사고 과정을 거쳐 중심 진리와 주제를 확인해가는 과정으로 진행되는 설교 형태이다. 그러므로 청중은 설교의 주제에 관한 문제의식을 공유하면서 그 문제에 대한 해답을 찾아나가는 과정을 설교자와 함께한다.

따라서 명백한 설교의 주제와 설교자의 주장이 설교의 말미에 드러나는 것이 특징이다. 그렇기 때문에 이와 같은 설교의 전개 형태는 주제에 대한 증거의 여지가 많고, 명확하게 드러날수록 청중들은 주제에 대한 확신이 깊어진다. 반대로 문제는 제시되었는데 그 증명과정이 적고 명백하지 못하며 증

> 귀납적 설교 전개는 주제에 관한 문제의식을 제시하고 분석적 사고 과정을 거쳐 중심 진리와 주제를 확인해가는 과정으로 진행되는 형태의 설교이다.

명과정이 불충분할 경우 설교의 구성은 빈약해진다.

이와 같은 설교는 설교자의 문제제기가 설교의 흐름을 주도하며 청중은 설교자의 분석과정에 집중하면서 그 과정에 참여하며 결론을 함께 이끌어낸다. 본문에서 일어난 사건을 분석하며 그 인물들의 심리

> 원인과 결과에 따른 설교 전개는 일어난 사건의 원인들을 분석하여 청중에게 제시하면서 이 원인들이 발생시킨 결과들을 추적해 결과와 원인의 상관관계를 제시함을 통해 본문의 사건이 청중에게 제시하는 메시지와 신앙원리를 이끌어내는 방식이다.

과정을 분석하고 이러한 분석 가운데서 신학적인 논리와 분석을 추적해나간다. 이와 같은 설교의 귀납적 전개 형태는 청중의 호기심과 문제 해결과정의 참여를 통하여 함께 결론을 이끌어간다는 점에서 설교의 집중도를 높일 수 있지만 경우에 따라서는 사고과정에서 설교의 흐름을 잃어버리거나 복잡함을 인하여 주제의 결론을 얻지 못할 위험이 따르기도 한다.

이와 유사한 형태로 사건의 원인과 결과에 따른 설교의 전개가 있다. 본문의 제시한 사건의 스토리 가운데서 그 사건의 원인과 결과를 추적하고 결론을 맺는 설교전개가 있다. 이런 전개는 일어난 사건의 원인들을 분석하여 청중에게 제시하면서 이 원인들이 발생시킨 결과들을 추적하고 추적된 결과와 원인의 상관관계를 제시함을 통해 본문의 사건이 청중에게 제시하는 메시지와 신앙원리를 이끌어내는 방식이다.

예를 들면 사무엘상 15, 16장 사건 속에서 사울의 불순종의 원인제

공과 그 결과를 분석하는 설교라든가 사무엘상 2,3장에서 엘리의 아들들 홉니와 비느하스의 행위들이 발생시킨 그 가족과 이스라엘의 비극과 시련의 관계를 추적하는 형태의 설교이다. 이와는 반대로 먼저 결과를 분석하고 이 결과가 어떤 원인에서 비롯되었는지를 추적하고 입증하는 과정의 설교도 이루어진다. 이와 같은 설교의 전개는 먼저 본문의 사건을 개괄적으로 진술하고 이루어진 결과에 대한 확인과 이 결과를 일으킨 원인들을 따져봄으로 그 상관관계를 논리적으로 밝히고 그 상관관계 속에서 하나님의 메시지를 이끌어내는 설교이다. 부활하신 예수님께서 세 번째로 제자들에게 갈릴리 바닷게에 나타나셔서 고기를 구우시고 아침 식사를 마련하셨다. 이 사건이 일어난 전후 과정과 제자들의 행위 심리상태를 분석하여 요한복음에서 이 사건을 기록한 목적과 사건의 신학적 메시지를 얻어내는 과정을 말할 수 있다.

보다 단순한 형태의 귀납적 설교 전개 형태는 본문의 내용을 복수 혹은 단수의 질문으로 전개해나가는 방법이다. 예를 들면 빌립보서 2장에서 설교의 핵심이 그리스도의 마음을 본받는 자에 있다면 몇 가지 질문들 ("왜 우리가 그리스도의 마음을 본받아야 하는가?" "어떻게 본받을 수 있는가?" "언제 본받아야 하는가?")등으로 구성하고 그 질문들의 답을 본문의 문맥이나 문장 분석을 통하여 함께 이끌어가는 방법이다. 이런 질문형태는 청중에게 본문의 내용을 질문분석으로 구성시켜서 쉽게 전개를 따르게 할 수 있는 장점이 있다.

시편 150편의 내용을 전개할 때 그 핵심이 성도의 찬양에 있다면, '누구를, 왜, 어디서, 어떻게 그리고 누가 찬양하는가?'의 다섯 가지 질문으로 설교전개를 이끌어가기에 그 문맥과 내용에서 쉽게 이끌어낼 수 있을 것이다. 이 외에도 본문의 내용에 따라 본문에 나타난 인물, 사건 혹은 장소, 상반된 개념 등의 비교 대조를 통하여 설교의 중심 주제를 풀어나가는 설교전개의 형태가 가능하다. 유사한 인물들, 예수그리스도와 바울의 비교라든가, 반대로 엘리의 아들들과 사무엘의 대조적 비교를 통하여 그 결과의 차이분석을 통하여 설교를 전개해나갈 수 있다.

## 6. 어떤 설교의 전개 형태를 따를 것인가

설교의 전개 형태의 결정은 설교자가 본문의 문장구성과 문맥 형태 그리고 청중의 선호도 등을 고려하여 설교의 아웃라인을 변화와 창의적 방법으로 설정한다. 중요한 것은 설교의 목적과 주제가 얼마나 효과적으로 청중에게 전달될 것인가가 설교형태의 결정 핵심요인이다.

아무리 훌륭해 보이는 설교의 전개 형태라 할지라도 청중에게 설교의 목적을 잘 이룰 수 없다면 아무런 의미가 없다. 무엇보다도 중요한 것은 어떤 설교의 전개 형태이든지 언제나 본문의 내용과 직접적인 연결이 되어야 한다는 것이다.

보다 융통성 있는 설교형태의 작성을 위해 시간적으로 가능하다면 여러 가지 형태의 전개를 자유롭게 작성해보고 최선의 것을 이끌어내는 것도 좋은 방법일 수 있다. 중요한 것은 어떤 설교의 전개 형태이든지 한 대지에는 하나의 주제로 제한하라는 것이다. 한 개의 대지에 복수의 주제가 포함되면 설교전개가 복잡성을 띠면서 주제의 명확성을 이끌어내기 힘들다. 또한 한 대지를 이끌어내는 토픽문장은 반드시 문장 즉 주어와 서술어가 연결된 명쾌한 문장이어야 한다.

설교의 전개 형태를 무리하게 본문의 전개된 형태로 만들어가는 것이 바람직하지 않은 경우도 있다. 본문의 순서보다는 그 본문에서 제시되는 주제의 심각성과 중요성에 따라 논리적으로 전개하는 것이 보다 효과적일 수 있다. 설교의 구성이 한 대지 이상일 경우 대지에서 다음 대지로 전개를 이어갈 때는 설교의 문맥상 자연스런 논리적 전이가 이상적이다. 제 1 대지에서 제 2 대지로 이어가는 사고의 흐름이 자연스럽게 이어지고 청중이 그 설교의 주제를 파악하는데 자연스럽게 기대할 수 있는 전이가 되어야 한다. 전이시킬 때 사용되는 말을 전이구 혹은 경과구라고 말하는데 이를테면 "그렇다면 왜 우리는 하나님을 찬양해야 합니까?"라든가 "발에 힘을 얻고 일어난 직후 앉은뱅이가 한 일은 무엇입니까?" 등이 본문의 흐름이나 논리적으로 설교를 풀어나가는 자연스런 전이구 혹은 경과구가 될 것이다.

경과구의 기능은 대지와 대지의 관계성을 이어주는 역할이기 때문에 그 선택은 청중의 설교 이해를 돕는 데 매우 중요하다. 시제형의 가장 자주 쓰이는 경과구는 첫째, 둘째, 셋째 등이며 관계성을 돕는 것으로, 또한, 더구나, 그러므로, 등의 협동형 어귀가 있다. 보다 대조적 경과구로는 하지만, 그럼에도 불구하고, 다른 한편으로는 등의 경과구가 있다.

설교는 어떤 의미에서 화가가 하나의 그림을 그려나가는 과정과도 같다. 수채화를 그린다면 절대로 진한 색을 먼저 칠하지 않는다. 그려야 할 최종의 모습은 마음에 두고 그것을 그려나가는 과정을 반드시 순서에 따라 인내심을 가지고 단계적으로 그려나가야 한다. 이와 마찬가지로 설교자 또한 말하고자 하는 궁극적 결론을 마음속에 분명히 가지고 하나하나 풀어나가는 과정을 마음에 그림 그리는 순서처럼 도식화 해야 한다.

### 나가는 말

　설교의 윤곽을 설정하는 것은 설교자의 지극히 독창적 영역이라고 볼 수 있다. 그러나 그 독창적 윤곽을 진정 적절하게 활용하려면 보편적 설교의 윤곽에 충실해야 할 필요가 있다.

　설교의 윤곽은 청중과 직결되는 것으로 단순하고 자연스런 전개를 택할 것인가 논리적이고 귀납적 전개를 택할 것인가는 청중을 파악하는 설교자가 선택할 몫이다. 그 어떠한 형태를 택하든 설교자는 자신의 설교의 내용과 전개, 흐름을 자신이 그려야 할 그림처럼 투명하게 숙지하고 있어야 한다.

### 생각의 관점

- 지난주에 설교한 설교의 흐름을 원고를 보지 않고 가족 앞에서 진술해 보십시오.
- 다음 주에 설교할 설교의 흐름은 자연적입니까 논리적입니까, 왜 그렇게 택했습니까?

## 제 11 장

# 보조 자료를 적절히 활용하라

하나님의 말씀을 전파하는 설교는 기본적으로 성경 말씀 자체에 대한 설명이고 현대인이 적용할 수 있도록 풀이하여 설파하는 사역이다. 말씀을 풀 때 주의해야 할 것이 있다. 말씀이 기록된 것은 2000년 전이지만 그 말씀을 받는 사람들은 현재를 살아가는 사람들이라는 사실이다. 그러므로 말씀을 현대인에게 보다 용이하게 이해시키고 말씀을 그들의 삶에 연결시키는 작업이 필요하다. 더 나아가 그 말씀의 진리를 현대인에게 확증시키는 작업도 필수이다. 설교에서는 이를 위해 여러 가지 진리를 보완하고 이해를 돕는 문장들을 사용하는데 이런 내용을 보조 자료라고 부른다. 설교의 각 대지의 중심토픽들을 청중에게 더욱

> 설교의 보조 자료는 매우 조심스럽게 쓰여야 한다. 왜냐면 보조자료 그 자체가 설교의 중심이 되어 중심주제나 핵심진리를 오히려 방해할 가능성이 있기 때문이다.

분명하고 설득력 있게 전달하기 위해 사용되는 보조 자료는 적절하게 사용하면 매우 유익하다. 그러나 경우에 따라서는 보조자료 그 자체가 설교의 중심이 되어 설교의 중심주제나 전달하고자 하는 핵심 진리를 오히려 방해할 가능성이 존재한다. 그러므로 설교자가 설교를 준비할 때 보조 자료를 선택하는 일은 매우 조심스럽게 이루어져야 한다.

보조 자료를 선택할 때 설교자는 스스로에게, '이 보조 자료가 설교의 중심주제나 개념을 분명히 해주는 데 유익한가?' '설교의 중심주제나 개념의 타당성을 입증하는데 도움이 되는가?' '설교의 중심 주제를 청중의 삶에 받아들이는데 관련성을 갖고 확대 발전시키는가?' '설교의 중심주제나 개념을 적용시키는데 실제적으로 유익한가?' 등을 따져야 한다.

어렴풋이 관련된다고, 무조건 감동적인 이야기라고, 보조 자료로 사용하는 것은 하나님의 말씀을 전파하는 기본원리에서 벗어난 오류이다.

## 1. 보조 자료의 종류와 특성

**설명**

설명은 가장 설교의 기초적인 일이다. 설교의 주제와 토픽문장을 보다 분명하게 이해하고 신뢰할 수 있도록 도움을 주는 자료들이다. 가장 기초적이면서도 쉬이 잊게 되는 것이 용어의 정의이다. 설교에는 청중에게 생소한 성경 용어들이 많이 등장한다. 예를 들면, 구속, 성화, 섭리, 강림 등등의 용어들이다. 이런 단어들은 많이 들려지면서도 제대로 정의되지 못하는 단어들이다. 설교자가 강조 함에도 불구하고 청중들은 구체적으로 그 뜻을 알지 못하고 듣는 경우가 많다. 이런 모호함을 해결하기 위해 설교자는 어원연구라든가, 사전적정의, 어원해설, 동의어나 반의어의 제시 등을 통하여 그 개념을 가장 명확하게 정의를 내려주어야 한다. 메시아라는 흔하면서도 명백하지 못한 단어를 쓸 때, 메시아란 '기름 부음을 받은 자'라는 설명과 함께 구약과 신약에서 어떤 경우에 쓰였는지를 설명해 주는 것이 좋다. 아울러 오늘 설교에서 메시아라는 단어가 어떤 뜻으로 사용되는지도 설명해 준다면 청중이 설교를 이해하는 데 매우 큰 도움이 될 것이다.

설교에서 사용되는 어떤 개념이나 주제에 대한 구체적 가시적 설명이 필요한 경우가 많다. 예를 들면 유월절의 유래라든가, 성막 기물의 쓰임이라든가, 초대교회 집사들의 역할이라든가, 청중들의 현대 삶에서 경험치 못하는 개념, 사건 혹은 어떤 형태의 종교적 모양새들에 대하여 설교자는 간단하면서도 쉽게 이해할 수 있는 설명을 주어야 한다. 많은 경우에 설교자 자신이 그런 개념들에 대하여 이미 잘 알고 있기 때문에 청중도 그러하리라는 잠재적 기대를 한다. 그러나 청중은 그렇지 않은 경우가 많으므로 갈등하게 되는 경우도 허다하다.

이 외에도 인물들에 대한 배경과 비교설명이라든가, 인물의 비교를 통한 개념규명도 중요하다. 예를 들면, 엘리야와 엘리사의 차이, 이사야 선지자와 호세아 선지자의 가문 배경과 사역의 비교, 혹은 수가성 여인과 니고데모의 대조를 통하여 성서 주제의 개념을 명확히 설명할 수 있다.

### 재 진술

보조 자료의 목적은 성서적 개념이나 주제 원리를 알기 쉽게 청중에게 설명하고 설득하는 데 있다. 그러므로 설교자는 주어진 설교의 토픽문장이나 주제문 등을 청중의 입장에서 쉽게 이해할 수 있는 말로 다시 진술하여 도와야 한다. 재 진술은 이런 상황에서 중요한 역할을 한다.

누가복음 11:5-13에 예수님께서 기도의 간절함과 간구의 중요성을 가르치신 내용이 기록된다. 친구의 밤에 떡을 달라는 요청, 아비가 아들에게 주는 생선 등과 같은 표현들을 현대의 문화와 현실성에 비추어 재 진술하면 그 본의를 지키면서 청중에게는 기도의 신실성을 설명하는데 매우 도움이 된다.

### 사실 정보의 제시

설교자는 설교자의 주제와 주장을 설득하기 위한 자료로 그 주제에 관련된 사실적 정보들이나 통계자료 등을 제시함으로써 그 주장의 진실성과 타당성을 설득하기도 한다. 신문, 방송, 기타 저널 등에 기재된 내용이나 인터넷 검색을 통하여 얻은 자료들을 쓰기도 한다.

예를 들면 흡연과 폐암의 상관관계 통계라든가, 우울증과 종교성의 관계 등과 같은 설교주제에 관련된 현실적 사실적 정보를 제시함으로 주제의 설득을 보다 명백히 하고자 하는 자료이다.

이런 자료를 사용할 때는 설교에서 너무 자주 사용하는 것은 주제를 흐릴 염려가 있어 선별하여 꼭 필요한 자료만 사용함이 원칙이다. 또한 너무 오래된 자료는 그 실효성에 의문을 주기 때문에 사실 정보 제공의 자료는 가능한 한 최근의 자료를 사용함이 원칙이다. 또 이와 같은 사실 자료를 설득 보조 자료로 사용할 때는 청중에게 그 출처를 분명하게 밝혀야 한다. 과장이나 그릇된 자료 제공은 오히려 설교의 신뢰도를 잃게 한다.

### 인용구

설교에서 주제를 분명하게 해주고 설교의 주장에 권위를 높이기 위해 사용하는 보조 자료가 인용구이다. 설교의 주제 혹은 토픽문장과 관련된 유명인사의 발언 내용이나 글의 내용을 그대로 인용하는 방법으로 사용된다. 예를 들면 "지금은 고인이 되신 김영삼 전 대통령은 이렇게 말했습니다." 하며 그가 말한 "닭의 목을 비틀어도 새벽은 온다"를 인용하는 방법이 있다.

이런 인용구는 반드시 기독교인이어야 하거나 종교성을 가져야 하는 것은 아니다. 문학, 철학, 심리학, 의학, 과학 등 어느 분야든지 설교의 주제에 관한 한 그 인용은 널리 사용될 수 있다. 실로 설교는 단순한 기독교 교리 설명이 아닌 삶의 모든 영역에 대한 신앙적 접근이다. 때문에 설교자는 다양한 독서를 통해 청중의 삶의 문제를 공유하는 것이 중요하다. 이는 설교의 주제와 삶의 자리를 한 호흡으로 이해하는 차원에서 매우 중요한 인용이다. 다만 이런 인용구를 사용할 때 설교자는 인용된 내용이 청중이 잘 알고 있는 그리고 충분한 권위가 부여된 인물인가를 점검해야 한다. 설교자 자신만이 알고 있는 어떤 분이라면 그 실효성이 문제가 될 것이다. 또 인용을 할 때는 사실 정보 제공과 마찬가지로 그 출처를 명확히 밝혀야 하며 너무 편파적이거나 장문의 인용은 피해야 할 것이다.

### 예화

설교에서 가장 흔하게 자주 활용되는 보조 자료가 예화일 것이다. 설교에서 청중에게 예화의 중요성은 실로 크다. 예화는 설교의 전체 내용 혹은 부분적 주장을 더욱 분명하게 가시화하며 다른 자료들과 달리 단순입증의 자료보다 삶의 적용 차원에서 강한 전달을 준다는 점에서 매우 중요하다. 그 전달 효과가 크다는 점에서 설교자가 많이 활용하나 때론 그 예화 자체의 감동에 매몰되어 주제와 상관이 없거나 오히려 성서적 가르침보다 예화가 주는 도덕적 윤리적 감동으로 설교의 초점이 바뀔 수 있다는 점에서 매우 위험하기도 하다.

이야기 예화는 다양한 방향에서 출처를 얻을 수 있다. 가장 쉽게 얻어지는 예화는 설교자 자신의 삶의 경험에서 얻어지는 예화이다. 청중에게 매우 친숙하고 친밀한 파급력을 가질 수 있다. 때론 설교자의 독서에서 얻어진 예화를 쓰기도 한다.

설교자가 다른 설교자나 혹은 친지를 통해서 얻은 이야기일 수도 있다. 때론 설교자 자신의 상상력에서 창작된 이야기일 수도 있다. 이런 경우 청중에게 만들어진 예화임을 반드시 밝혀야 한다. 설교자들은 예화의 사용을 위해 끊임없이 개인적인 예화의 모음집을 만들어나가면서 필요시에 그 예화집을 활용하기도 한다. 목양자의 삶을 충실하게 살수록 설교자의 예화집은 풍성해진다. 양떼들의 사정을 많이 살필수록 양떼들에 관한 이야깃거리가 풍성해지며 그 이야기는 청중에게 호소력을 갖게 된다. 이런 면에서 설교자의 삶은 하루 종일 설교에 관련된 삶을 살아간다고 말할 수 있다.

설교 작성 시 바로 그 자리에서 어떤 예화를 이끌어내는 것은 쉽지도 않고 시간을 많이 소모하는 일이기 때문에 설교자는 평상시에 예화 스크랩북을 만들거나 예화 파일을 정리하기도 하고 제목별 예화 파일을 정리해두어 필요한 예화를 끊임없이 누적해나가는 일이 중요하다. 예화의 출처에 대하여 아래의 도표는 그 효용성을 설명해주는 면에서

도움이 된다('효과적인 예화 선정의 범위' 도표 참조).

예화의 효용성은 설교자의 삶의 영역과 청중의 삶의 영역을 공유하고 공감대를 느끼는가에 그 핵심이 있다. 예화가 가장 효율적이려면 청중의 삶과 설교자의 삶의 경험이 가장 가깝게 공유될수록 공감대와 설득력을 가질 수가 있다.

**효과적인 예화의 선정영역**

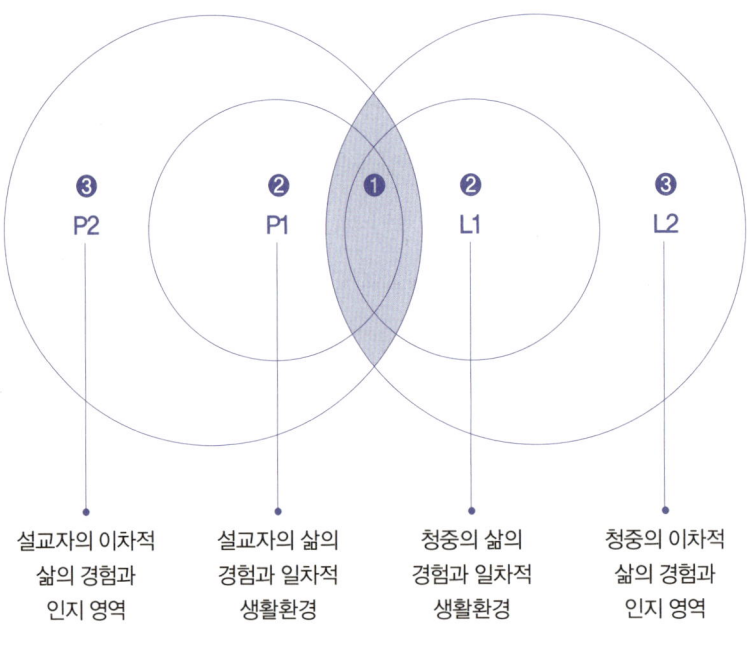

❶ **최선의 효과 영역**   설교자의 주관적 경험 + 청중의 주관적 경험
❷ **차선의 효과 영역**   청중의 주관적 경험 + 설교자의 일반적 경험
❸ **차차선의 효과영역**  설교자의 주관적 경험 + 청중의 일반적 경험
❹ **마지막 효과영역**    청중의 일반적 인지  + 설교자의 일반적 인지

여기에서 멀면 멀수록 설득력과 공감대는 멀어진다고 볼 수 있다. 어제 우리의 가정에서 일어난 사건 예화와 영국의 헨리 2세의 기록된 예화는 같은 공감대를 가질 수 없다.

이미 말한 바와 같이 예화는 설교에 유익하기도 하고 때론 무익하거나 해를 끼칠 수 있는 위험성을 내포하고 있다. 그런 점에서 다음의 주의사항을 깊이 고려하고 예화를 사용해야 한다.

- 예화는 성서적 주제와 원리를 분명하게 설명하고 설득하는데 관련된 예화를 사용해야 한다
- 예화는 설교의 목적을 돕고 조화되는 예화를 사용해야 한다
- 예화는 흥미 중심으로 선정되어서는 안 되며 설교의 아이디어에 직결되어야 한다
- 예화는 청중이 이해하고 공감할 수 있는 범위에서 선정되어야 한다
- 예화는 신선하고 창의적이 예화일수록 설득력을 갖는다
- 예화는 신실해야 하며 청중이 신뢰할 수 있는 근거를 제시해야 한다
- 예화는 흥미롭되 설교의 주제를 논리적으로 타당하게 입증하여야 한다

## 2. 설교의 실제

**누가복음 5:27-32 설교에 사용될 예화들**

서론 : 아내의 무릎 병과 병원

본론 : 제 1대지   의사를 잘못 만난 재난의 실례들

　　　　　　　장인어른의 시골 병원 열일곱 가지 약 봉지

　　　제 2 대지   치과에서 만난 다리 아픈 아주머니와의 대화

　　　　　　　칼국숫집에서 만난 노인과의 대화

　　　제 3 대지   달라스 사랑의 교회 김모 장로님의 간증

### 나가는 말

보조 자료는 설교의 각 대지의 중심토픽들을 청중에게 더욱 분명하고 설득력 있게 전달하기 위해 사용된다. 적절하게 사용하면 매우 유익하나 경우에 따라서는 보조자료 그 자체가 설교의 중심이 될 위험성이 존재한다. 설교의 중심주제나 전달하고자 하는 핵심 진리를 보조 자료가 오히려 방해할 수 있는 가능성도 있다. 그러므로 설교자가 설교를 준비할 때 보조 자료를 선택하는 일은 매우 조심스럽게 이루어져야 한다.

여러 가지 보조 자료 중 가장 흔히 효과적으로 사용되는 것이 예화이다 무조건 감동적이라고 사용하는 예화는 금물이다. 주제와 설교목표에 어떻게 관련되는가가 가장 중요한 요소이다.

예화의 선정범위는 설교자와 청중이 오늘의 삶에서 공유하는 영역이 가장 효과적이다. 조심할 사항은 너무 구체적이고 사적이어서 사생활의 드러남으로 일어나는 혼선을 만들어서는 안 된다.

### 생각의 관점

- 지난주에 하셨던(들었던) 설교에서 어떤 예화를 사용하셨습니까?
- 그 예화들이 설교의 주제와 목표에 도움이 되었습니까?
- 그 예화들은 청중과 설교자가 공유하기에 적절했습니까?

# 제 12장

# 무엇을 적용할 것인가를 분명히 제시하라 - 적용

## 1. 적용의 정의

하나님의 마음을 감동시키는 성서적 설교는 반드시 하나님의 뜻으로 현대의 청중의 무엇을, 어떻게 변화시킬 것인가가 명백하게 전달되는 설교이다. 하나님의 뜻은 영원불변하다. 그것은 어제나 오늘이나 변함이 없다. 그러나 사람의 삶은 시대와 지역, 문화와 삶의 스타일에 따라 끊임없이 변화되어 왔다. 그리고 이변이 없는 한 계속해서 바뀔 것이다. 그렇다면 설교자가 고민해야 할 것은 변하지 않는 하나님의 진리를 "어떻게 시시각각 변화하는 현대 사회의 청중들의 삶 가운데에 접목시킬 것인가"이다. 하나님의 말씀을 복잡한 가운데에서 정신없이 살아가는 현대인의 삶 속에 바르게 적용할 수 있는 방법들을 고민해야 한다. 말씀을 현대의 삶에 접목시키고 그대로 살아갈 수 있도록 독려하기 위해 설교자는 끊임없이 말씀을 탐독하고 묵상하고 하나님의 뜻을 물어야 한다. 하나님의 말씀을 현대의 청중들과 끊임없이 연결시켜주는 일이 설교자의 사명이다. 이 사명이 바른 영성 가운데에서 수행될 때 하나님은 감동하시며 잘했다고 칭찬하실 것이다.

설교자가 성경의 본문을 연구하고 그 본래의 의미를 분석하고 강해하여 그 자체만 설교한다면 성경 강해는 될지언정 설교가 되지는 못할 것이다. 설교는 신학 강좌가 아니라 청중의 삶의 문제를 다룬다. 때문에 설교자는 신학적 진리를 현대인의 삶에 무리 없이 보편적으로 공감할 수 있게 재구성해야 한다. 또한 삶과 말씀과의 관련성을 논리적으로 연결시켜 청중 스스로 자신의 변화를 결단할 수 있도록 이끌어주는 역할을 해야 한다.

그런 의미에서 적용의 문제는 설교를 설교 되게 하는 완성요소이다. 적용을 통해 설교자는 설교의 목적을 구체화할 수 있다. 또한 청중은 설교를 통해 자신들의 문제를 구체적으로 깨닫고 수용하면서 이 시점에서 자신이 무엇을, 어디서, 어떻게 변화시킬 것인가에 대한 해답을 얻는다. 따라서 설교에 있어서 적용은 이렇게 정의될 수 있다. 성서적 설교에 있어서 적용이란 설교자와 청중이 그 설교를 전달하고 혹은 듣고 나서 그 설교로 말미암아 설교자 자신과 청중 스스로에게 변화

> 설교의 적용이란 설교자와 청중의 상호관계를 통해 궁극적으로 이루어지길 바라는 인격, 지식, 행동, 태도의 변화에 대한 구체적 내용이다.

되기를 바라는 인격의 변화, 지식의 변화, 행동의 변화, 태도의 변화될 구체적 내용이다.

설교자는 성경의 해석은 적용이 아니라는 점을 절대 잊지 말아야 한다. 성경의 내용을 설명하고 정리하여 제시하는 일은 매우 중요하지만 그 자체는 미완성된 설교이다. 원리의 제시가 설교의 적용은 아니다. 어떤 설교자는 '원리를 제시하면 청중이 알아서 자신들의 삶에 적용해야 하는 것 아닌가' 생각하기도 한다. 물론 설교자가 서로 다른 삶의 환경을 가진 성도 개개인에게 모두 적용을 줄 수는 없다. 하지만 많은 경우에 청중들은 "그래서 날더러 어떻게 하라는 말씀입니까?"라고 좌절하며 말 없는 질문을 던지고 있다는 사실을 간과해서는 안 된다. 더 나아가서 청중들의 감성적 반응을 적용으로 착각해서도 안 된다.

마음에 감동을 주고 신선한 충격을 주는 설교는 중요하다. 그러나 그보다 훨씬 더 중요한 것은 청중의 마음에 행동적 결단과 의지적 결단이 내려진 설교이다. 흔히 설교 후 청중이 설교자에게 설교에 감사하는 표현으로 "은혜 많이 받았습니다." "감동적이었습니다." 등의 반응을 보일 수 있다. 그런 그들에게 설교자는 이렇게 재 질문해야 할 것이다. "그렇습니까, 그래서 성도님께서는 앞으로 어떤 의지적, 행동의 변화를 만들어 가시겠습니까?" 이렇게 질문했을 때 구체적으로 답변할 수 있는 설교야말로 완성된 설교라고 할 수 있을 것이다.

## 2. 적용의 원리

성경의 해석은 적용과 다르다. 그럼에도 불구하고 모든 설교에서 적용은 해석된 본문의 원리에 그 뿌리를 두어야 한다. 만약 설교자가 성경 본문을 잘 풀이했다고 할지라도 전혀 해석된 내용과 상관관계가 없는 성도의 삶의 적용을 주장한다면 그 설교는 뿌리가 없는 설교이며 그 말씀이 가르치는 신앙의 원리와는 동떨어진 설교가 될 것이다. 적용은 청중들의 구체적인 행동 양식, 사고방식, 태도 등의 구체적인 삶의 요구이기 때문에 설교자는 그 요구들이 오늘의 본문해석 어디에서 근거를 둔 것인지를 명백하게 연결 지어 설득해야 한다.

부주의한 설교자들이나 혹 이단적 주장을 하고자 하는 사람들이 가장 자주 보이는 설교의 형태가 있다. 그들은 성경에 처음 접근할 때부터 자신의 주장에 근거하여 성경을 끼워 맞춘다. 자신의 주장에 성경을 끼워 맞추다 보니 해석 자체가 허술할 수밖에 없다. 더 나아가 그들의 주장의 근거가 매우 모호하다. 또한 성경의 보편적 해석과는 전혀 동떨어진 주장이 많다. 해석에서부터 편견이 작용하여 적용 또한 자기 멋대로가 될 수밖에 없는 구조이다. 그러므로 성실한 설교자는 올바른 해석과 적용에 주의를 기울여야 한다.

옆의 도표는 적용과 해석의 관계를 설명해준다(성경해석과 적용의 관계 도표).

도표에서 보는 바와 같이 성경해석과 청중의 삶의 적용과는 그 해

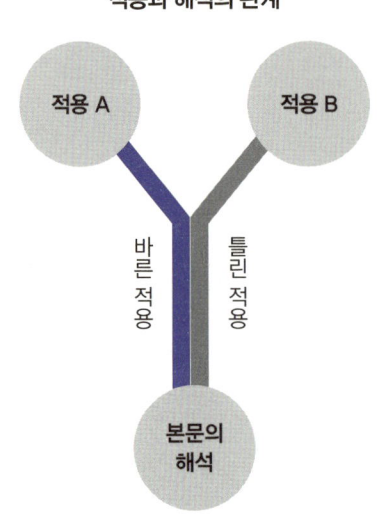

석여부에 따라서 전혀 다른 적용을 이끌어내기 때문에 이미 말한 바와 같이 설교자는 성경을 석의하고 강해할 때 자신의 개인적 선호도나 신학적 선호도를 떠나서 극히 객관적이고 합리적인 본문연구에 집중해야 한다.

적용이란 설교자 자신이 제 1차 대상이 된다. 그렇기 때문에 설교자는 본문 말씀을 연구하고 나서 자신에게 이런 질문들을 스스로 던져야 한다.

- 이 말씀 속에서 내가 따라야 할 삶의 모범은 무엇인가?
- 말씀 속에서 내가 피해야 할 죄는 무엇인가?
- 말씀 속에서 내가 붙잡아야 할 하나님의 언약은 무엇인가?
- 말씀 속에서 내가 따라야 할 오늘의 명령은?
- 말씀 속에서 내가 숙고하고 받아야 할 도전은?

이러한 적용 질문을 다양하게 던지고 그에 대한 자신의 답변을 찾아갈 때 청중에게 주장할 적용이 선명해진다.

## 3. 적용의 영역

적용의 가장 직접적인 대상이 청중이라는 점에서 설교자의 청중분석은 필연적이다. 다양한 문화와 연령과 신앙의 성향 등을 알고 그들이 처한 삶의 현장에 대한 합리적이고 객관적인 이해가 있을 때 적용을 이끌어내기 쉽다. 그러나 반대로 청중에 대한 객관적 이해가 부족하고 그들의 삶의 현장에 대한 감각이 없거나, 그들의 사고방식에 대한 사전 이해가 없을 때 청중에게 어떤 적용을 주장한다는 것은 매우 어려운 일인 동시에 위험하기도 하다.

아래의 도표는 적용을 이끌어낼 수 있는 영역을 도식화한 것이다. 하지만 청중의 특수한 환경을 고려한 특수한 적용의 영역은 언제나 가능하다. 예를 들어 설교자가 설교의 대상이 범법자들을 위한 구치소의

제소자라면 그 특별한 환경을 위한 적용의 메시지가 달라야 한다. 마찬가지로 말기 암 환자들의 모임이라면 그들만의 특별한 적용이 고려되어야 할 것이다.

## 4. 설교의 실제

### 누가복음 5:27-32의 적용들

참 의원 되신 예수님께 나아가는 것은 곧 우리의 질병의 문제를 들고 하나님 말씀 앞에 나아간다는 것을 의미한다. 하나님의 말씀 앞에 나아가 말씀의 음성과 메시지를 들어야 한다.

말씀 앞으로 나아가는 것은 당연히 설교의 말씀을 청종하는 것을 포함하여 개인적으로 하나님 말씀을 주야로 묵상하는 삶의 습관을 들이는 것이고, 그 말씀 속에서 나의 삶을 고치고자 하는 진실한 의지를 품는 것이다.

주님의 치유를 원한다면 내가 치료받아야 할 환자라는 것을 인정하는 것으로부터 출발해야 한다. 바리새인들은 자신들이 죄인이라는 사실을 몰랐다. 그래서 예수님의 치유를 받아들일 수 없었다. 그러나 세리 레위는 자신이 죄인이라는 사실을 알았고, 자신의 죄의 문제를 해결받기 위해 자신을 부르시는 예수님께 나아가 치유를 받았다.

그러므로 나의 영혼의 죄의 문제를 해결 받고 치료받기 위해서 먼저

해야 할 일은 내가 용서받아야 할 죄인이라는 사실을 인정하는 것이다.

예수님의 온전한 치료를 받기 위해 의원 되신 예수님의 처방과 지시, 그리고 수술을 반드시 각오하고 즉시 순종해야 한다.

레위는 예수님의 부르심에 즉각적으로 응답하면서 자신의 모든 것을 버렸다. 이와 같은 결단이 필요하다. 예수님을 믿고 따르며 그분의 치유를 전인적으로 받아들이기 위해선 이제까지 내가 옳다고 생각하고 나에게 유익이 된다고 생각했던 모든 것을 버리는 결단이 필요하다.

치료를 위해서는 의사의 처방에 절대 순종하는 것이 필수이다. 이와 같이 우리들의 영혼 문제의 치유를 위해서도 참 치유자 되시는 예수 그리스도의 처방에 절대 순종해야 한다.

### 나가는 말

설교는 신학 강좌가 아니라 청중의 삶의 문제를 다룬다. 그러므로 설교자는 신학적 진리를 현대인이 무리 없이 보편적으로 공감할 수 있도록 재해석해야 한다. 그들의 삶과의 관련성과 논리를 가지고 말씀을 연결해야 한다. 그럼을 통해 청중 스스로 변화를 결단할 수 있도록 이끌어야 한다. 그런 의미에서 적용의 문제는 설교를 설교되게 하는 완성 요소라고 할 수 있다. 석의적 과정과 강해적 과정이 적용에 중요한 이유는 바른 석의와 강해가 바른 적용을 만들 수 있기 때문이다.

성서적 설교의 적용은 설교를 통해 청중이 감동을 받아 인격과 지식, 행동과 태도에 유의미한 변화를 기대하는 구체적 내용이다. 적용은 청중의 구체적인 삶의 영역을 다룬다. 그러므로 막연하거나, 추상적인 적용을 제시해선 안 된다.

청중의 개인, 가정, 사회 영역을 걸쳐 설교의 주제와 목표가 어떻게 삶에 연결되는지를 설교자는 꼼꼼하게 살펴야 한다.

### 생각의 관점

- 지난주일 설교에서 성도들에게 구체적으로 어떤 삶의 적용을 제시했습니까?(제시 받았습니까?)
- 그 적용들은 본문의 내용과 풀이에서 적절하게 논리적으로 연결되어있습니까?
- 목회하는 성도들의 삶의 영역을 구체적으로 나누어 적용의 도표를 그려 보십시오.

# 제 13장

# 설교의 마지막 힘과 처음의 신선함을 유지하라

설교는 문서전달이 아닌 언어의 전달이다. 그런 면에서 언어전달의 시작과 종결은 그 설교의 내용을 충실하면서도 만족스럽게 전달하는 데 매우 중요한 역할을 한다.

서론이 청중으로 하여금 설교를 들을 수 있는 환경과 관심을 만들어내는 역할이라면, 결론은 청중이 들을 설교를 종합하고, 기억하며, 설교의 목표를 구체적으로 가시화시키는 매우 의미 있는 과정이다. 전달할 때는 서론이 먼저 전달되지만 설교를 준비하는 과정에서는 결론을 먼저 내린 뒤 결론에 부합하는 서론을 작성하는 것이 순서이다.

좋은 결론을 얻었을 때, 비로소 좋은 결론으로 이끌 수 있는 가장 적절한 서론이 무엇인가를 생각할 수 있기 때문이다.

## 1. 좋은 결론의 성격

> 설교의 좋은 결론은 적극적이고 긍정적이며 격려할 수 있는 성격을 지녀야 한다. 부정적이거나 정죄하는 용어의 결론은 지양해야 한다.

설교의 좋은 결론은 설교 전체의 내용을 종합하고, 연합하며, 일관된 단일성이 제시되어야 한다. 결론이란 이제까지 설교자가 주장하고 설득하고 설명한 내용을 함축적으로 청중에게 요약해 주는 성격을 갖는다. 그러므로 설교의 결론 부분에서 또 다른 새로운 개념을 끌어들이는 것은 매우 부적절하고 청중에게 혼동을 일으키며 설교의 주제를 모호하게 만들 수 있다. 그런 의미에서 설교의 좋은 결론은 보다 선명하고 명확한 내용이어야 한다. 길고 복잡한 내용을 다시 반복하는 결론이 되어선 안 된다. 청중에게 분명한 생각과 행동의 변화가 제시된 간결한 내용이어야 한다.

설교의 좋은 결론은 적극적이고 긍정적이며 격려할 수 있는 성격을 지녀야 한다. 설교의 결론 부분에서 부정적이며, 정죄하는 용어로 결론을 내리는 것은 피해야 한다. 비록, 설교 전체가 성도의 삶에 대한 책망과 회개를 촉구하는 내용이었다 할지라도 결론 부분에서는 격려와 할 수 있는 용기를 주는 내용으로 결론을 맺는 것이 필요하다.

설교의 좋은 결론은 말씀의 권위와 힘이 있어야 한다. 성도들에게 인격적 태도로 말하는 것은 필요하다. 하지만 그 결론을 하나님께서 우리에게 주시는 권면이며 해도 좋고 안 해도 좋은 모호한 결론을 내려

> 설교의 결론을 내리는 설교자는 자신이 전한 말씀이 하나님께서 주시는 엄위하신 명령임을 확신해야 한다.

선 안 된다. 결론이 권위 넘치려면 설교자가 먼저 자신의 주장이 아닌 하나님께서 우리에게 주신 엄위하신 명령이라는 확신이 필요하다. 자신이 받은 말씀에 대한 확신이 없다면 그만큼 결론에 대한 권위도 떨어질 수밖에 없다.

설교의 좋은 결론은 청중의 인격에 호소하는 결론이어야 한다. 권위가 있다 하여 일방적 주장이나 명령을 내리는 뉘앙스는 효과적이지 않다. 청중의 어려움에 공감하면서 청중의 마음과 정서에 부딪히는 결론이어야 한다. 그래서 궁극적으로 청중이 개별적으로 자신의 삶에 말씀이 부딪쳐올 때 그 말씀에 순종하고 헌신할 수 있는 기회를 주는 결론이 되어야 한다.

설교의 좋은 결론은 언제나 복음에 연결되는 것이 바람직하다. 모든 설교가 복음을 설명한다고 주장할 수는 없다. 그러나 모든 성경의 말씀이 그리스도에 대한 말씀임은 분명하다. 특별히 청중 가운데는 아직도 복음을 듣지 못했거나, 깨닫지 못했거나, 복음의 핵심을 이해하지 못하는 청중이 있을 수 있다. 물론 그럼에도 불구하고 설교의 결론을 억지로 구속사와 구원의 확신으로 연결할 필요는 없다. 하지만 언

제나 예수 그리스도가 중심이 된 결론을 내리는 것이 바람직하다. 율법을 준수하는 도덕적 내용이 아닌 복음의 감동에 입각하여 성도들이 하나님의 말씀에 자발적으로 순종의 결단에 이르도록 도와야 한다. 의무가 아닌 복음에 대한 기쁨과 감사로 자발적 순종을 이끄는 복음적 결론이 설교에서 중요한 이유이다.

또한 설교자의 결론 부분에 주의할 점이 있다. 간혹 설교자가 결론 부분에서 성도들에게 이해를 얻기 위해 준비 부족을 사과하는 경우가 있거나 성도들의 아량을 촉구하는 말을 하기도 한다. 이런 것은 절대적으로 피해야 할 결론이다. 설교의 권위와 진솔함을 의심케 만들 뿐이다. 또한 설교자의 습관으로 같은 결론을 여러 번 번복하는 상투적 경우도 피해야 한다.

### 누가복음 5장 27-32의 결론

사랑하는 성도 여러분!

이제 다시 우리 마음을 확정합시다! 주님 예수 그리스도만이 우리의 진정한 치료자 하나님이심을 인정합시다. 우리가 낙심되고, 절망스러울 때, 우리 죄의 문제로 마음이 어두울 때, 참 치료자이신 예수 그리스도께 나아갑시다. 그의 진리의 말씀에 '내가 어찌할꼬'하는 기도의 심정으로 참 치료자 예수 그리스도께 나아갑시다.

주님 앞에 나아갈 때 나의 지식, 교만, 자랑, 의로움을 다 버리고 "주님 나는 당신의 치료가 정말 필요한 병든 자이며 죄인입니다. 진실한 고백으로 그 앞에 나아갑니다."라고 고백합시다.

내가 남들의 잘못을 정죄했던 것, 미워했던 것 멸시했던 것들을 다 회개하고 간절한 심정으로 주님께 나아가는 것입니다. "주님 이제는 내가 누구에게든지 정죄하지 않고 서로 불쌍히 여기겠습니다."라고 결단하는 여러분들이 되시기 바랍니다.

주님 앞에 나아가서 주께서 무엇이라 말씀하시든 "주여 말씀하옵소서. 청종하겠나이다." 고백하면서 그에게 나아가야 합니다. "아무리 내 입에 쓰고, 손해 보는 것처럼 느껴질지라도 주의 말씀에 의지하여 순종하겠나이다."고백하면서 날마다 그에게 나아갑시다.

우리 다 같이 일어나셔서 "천부여 의지 없어서 손들고 옵니다." 찬송을 부른 후 합심하여 기도합시다. 나의 완악했던 마음을 회개하고 오늘 이 시간 예수님께서 나를 치료해 주시기를 간절히 바라며 나를 위해, 나의 가정을 위해, 나의 교회를 위해, 그리고 병든 내 조국을 위해 기도합시다.

## 2. 좋은 설교의 서론 성격

주어진 본문의 연구가 이루어지고 설교의 주제가 설정되며, 이에 따른 설교의 목표가 정해지면 그 목표에 맞는 설교의 적용과 결론을 정리할 수 있다. 여기까지의 과정을 통해 설교자는 설교의 윤곽과 내용,

그리고 청중의 변화를 촉구하는 결론을 확정했다. 이제 마지막 남은 과제는 '어떻게 설교를 시작할 것인가'이다. '어떻게 하면 청중이 설교의 주제에 마음을 기울여 듣게 할 것이냐'의 문제이다. 좋은 서론은 언제나 청중의 적극적인 청취 의지를 얼마나 일깨워 주는가에 달려있다. 좋은 서론은 청중이 신선한 기대감을 갖게 하고 주제에 대한 문제의식을 공유하며 설교에 임하게 한다.

### 서론의 목적

앞서 말한 바와 같이 서론은 청중이 설교를 잘 듣게 하기 위한 설교자의 모든 시도이다. 이러한 시도를 통해 설교자와 청중이 설교의 주제에 대한 친밀한 공감대를 형성하는 데 서론의 목적이 있다. 설교의 구성이 연역적이냐 귀납적이냐에 따라 서론의 제시가 다를 수는 있지만, 기본적으로 서론은 문제를 해결하는 과정이라기보다는 문제의식을 진지한 심각성을 가지고 설교자와 청중이 접근하는 과정이다. 서론이 잘 이루어지면 설교의 흐름이 자연스러워진다. 또한 본론과 결론으로 자연스럽게 연결되면서 청중과 호흡을 맞추며 잘 이끌어나갈 수 있다. 서론이 성공적일 때 설교주제의 본론과 결론이 논리적으로 타당성과 진지함을 가지고 이어질 수 있다.

### 서론의 성격

서론의 목적은 청중이 설교를 잘 들을 수 있도록 주의를 환기하는

데에 있음을 밝혔다. 그렇다면 좋은 서론의 성격은 무엇일까? 기본적으로 좋은 서론은 설교에서 제기되는 질문과 그 해답을 명확하게 보여주는 데에 그 근본 성격이 있다. 좋은 서론은 설교의 주제에 대해 청중의 진지하고 현실적인 관심을 끌어낸다. 더 나아가 "이 설교를 꼭! 잘 듣겠다!"는 청취 의식을 이끌어내는 데에까지 이른다.

> 좋은 서론은 설교에서 제기되는 질문과 해답을 명확하게 보여주는 성격을 가진다. 좋은 서론은 설교의 주제에 대한 청중의 진지하고 현실적인 관심을 이끌어낸다.

설교가 연역적 구성일 때에는 설교의 중심 주제를 명확히 제시하고, 그 중심주제의 청중과의 관련성을 접근시킴을 통해 청취의식을 일으킨다. 반대로, 설교의 구성이 귀납적일 때는 설교의 주제에 대한 문제의식을 초점으로 하여 문제해결에 대한 참여를 진솔하게 구하는 과정이 된다. 따라서 서론은 경우에 따라 시청각자료나 단막극 같은 자료를 통해서도 종합적으로 시도할 수 있다.

### 서론의 주의점

무엇보다도 서론은 길어서는 안 된다. 길면 길수록 흥미와 관심도가 떨어진다. 설교자가 너무 주제의 심각성에 스스로 몰입된 나머지 이미 서론에서 문제제시와 해결까지 길게 드러낸다면, 그 후의 본론과 결론은 매우 힘을 잃게 된다. 서론을 예화로 시작하거나 혹은 시사성이 있는 예증 혹은 유머러스한 이야깃거리로 시작할 수 있다. 하지만 그 내용은 반드시 주제와 직결된 내용이어야 한다. 너무 청중의 흥미에 집중하다 보면 주제와 상관없는 흥미 거리 이야기로 시간을 소모할 수 있다. 결론의 주의사항과 마찬가지로 설교자는 청중의 이해를 바라는 사과 형의 언어를 사용해선 안 된다. 시간이 부족해서 제대로 준비를 못했다던가, 등등의 변명형의 말로 서론을 사용하면 청중은 이해할 수는 있어도 설교에 대한 기대와 진지함을 잃게 된다. 특별히 서론에서는 반드시 본문의 내용이 제시되는 과정이 있어야만 한다. 때로는 본문에 대한 가시적 설명이 서론을 대신할 수도 있다.

## 3. 설교의 실제

### 누가복음 5:27-32의 서론

"건강하십니까?"

우린 이런 인사를 늘 서로 주고받습니다. 이런 질문식의 인사를 받으면 대개의 경우 "아! 네 그럼요. 덕분에 건강히 잘 지내고 있지요." 이런 식으로 덕담처럼 주고받습니다. 하지만 실상 나 자신을 곰곰이 생각해보면, 크고 작은 속병 혹은 곧 치료가 필요한 약한 부분이 누구나 있음을 인정하지 않을 수 없습니다.

아내는 늘 자신의 건강을 자랑하듯이 직장을 활발하게 다녔습니다. 15년을 다녔으니 꽤나 오랜 세월입니다. 일터가 병원이다 보니 여러 층을 오고 가면서 환자를 돌보기도 하고 이런저런 업무처리를 하곤 합니다. 다른 모든 동료는 항상 엘리베이터를 사용해 오르내립니다. 하지만 아내는 다리운동을 위해서, 또 스스로 '난 엘리베이터를 이용할 정도로 늙지 않았단 말이야!' 속으로 자랑하면서 펄쩍펄쩍 층계를 뛰다시피 다녔습니다. 그런데 수개월 전 무릎이 붓기 시작하더니 마침내는 잘 걸을 수 없는 형편까지 이르게 되었습니다. 괜찮겠지, 괜찮겠지, 하며 일을 쉬지 않았더니 끝내는 더 이상 버틸 수 없을 만큼 어려운 형편이 되고 말았습니다.

의사를 찾기 시작했습니다. 여러 의사를 만났습니다. 엑스레이는 물론 MRI 정밀사진도 찍고, 마침내 3개월 전 그렇게 바라지 않았던 수술까지 받았습니다. 좋은 치료자가 절실히 필요했습니다. 의사가 하라는 대로 3개월을 따르면서도 생각보다 쉽게 회복되지 않으면 가끔 저 의사가 정말 잘하는 분인가를 의심하기도 합니다.

내가 너무 마음이 안돼서 "여보 걱정하지 마 당신은 곧 완치돼서 나와 함께 걷고 뛰고 마음껏 다닐 거야"하고 위로하면 "정말, 정말 그렇게 될까? 나도 그렇게 치료되었으면 좋겠어." 마음이 짠합니다. 아내의 온전하고 완전한 치료가 절실히 필요합니다.

우리의 육신의 한 부분이 아파도 이렇게 마음이 짠합니다. 그런데 우리의 영혼은 이 세상 살아가는 동안 때론 원치 않는 질병에 걸려 그 아름다운 모습을 잃고 절룩거리며 절실한 치료를 받아야 할 때가 있기 마련입니다. 누가 어떻게 당신의 질병을 완전히 치료할 수 있습니까?

오늘 저와 함께 읽은 성경의 말씀은 이 땅에 치료자로 오신 예수님의 모습을 우리에게 명쾌히 설명해 줍니다. 또한 우리가 어떻게 영적 질병을 치료하여 건강하게 밝게 걷고 뛰면서 살아갈 수 있는지 그 길을 보여주십니다.

### 성경의 배경과 문맥 안내

누가복음은 이방 의사인 '누가'가 예수 그리스도에 대하여 이루어진 일들을 자세하게 살핀 내용의 기록입니다. 그는 데오빌로라는 로마의 고위 관료에게 예수 그리스도에 대하여 확신하도록 하는 목적으로 누가복음을 기록했습니다. 이방인인 데오빌로가 쉽게 이해할 수 있도록 역사가의 입장에서 사실을 중심으로 기록했습니다. 또한 자신의 직업인 의사의 입장에서 세밀한 관찰과 서적을 깊이 연구하여 얻은 결론들을 토대로 누가복음을 기록했습니다. 특별히 의사였던 누가는 예수 그리스도가 이 땅에 병들어 절망 가운데 있는 인간을 치료하시는 모습을 자세히 묘사합니다. 이를 통해 그가 이 땅을 치료하시는 하나님이심을 차근차근 기록하고 있습니다. 4:22-44에서 누가는 예수님을 인간의 영혼을 파괴하는 마귀의 지배에서 사람을 치료하여 귀신들린 병을 고치시고 구원하시는 치료자이심을 말씀합니다. 5:12-26에서는 중풍병자를 그 처절한 질병에서 치료하셔서 온전케 하시는 육신의 질병의 치료자로 기록합니다. 오늘 읽은 5:27-32에서는 죄와 탐욕에 병든 인간 정신의 병을 치료하는 주님으로 우리에게 소개합니다.

본문을 같이 교독하면서 읽어보십시다.

5:27 그 후에 예수께서 나가사 레위라 하는 세리가 세관에 앉아 있는 것을 보시고 나를 따르라 하시니
5:28 그가 모든 것을 버리고 일어나 따르니라
5:29 레위가 예수를 위하여 자기 집에서 큰 잔치를 하니 세리와 다른 사람이 많이 함께 앉아 있는지라
5:30 바리새인과 그들의 서기관들이 그 제자들을 비방하여 이르되 너희가 어찌하여 세리와 죄인과 함께 먹고 마시느냐
5:31 예수께서 대답하여 이르시되 건강한 자에게는 의사가 쓸 데 없고 병든 자에게라야 쓸 데 있나니
5:32 내가 의인을 부르러 온 것이 아니요 죄인을 불러 회개시키러 왔노라

오늘 본문에서 예수님의 치료를 받은 세리 레위는 예수님의 마지막 부름을 받은 제자입니다. 그는 모든 다른 제자들과 달리 그 당시에서는 가장 도덕적으로 타락한 창녀와 같이 사회적, 민족적으로 버림을 받은 자타가 공인하는 더러운 죄인이었습니다. 그는 앞서 소개된 중풍병자도, 귀신들린 자도 아니었습니다. 하지만 그는 세리로서 자신의

민족 구성원들의 멱살을 잡아 길거리에서 고리의 세금을 거둬 로마에 바치는 일을 했습니다. 물론 로마에게 지불해야 할 세금보다 훨씬 더 많이 세금을 거둬 자신의 배를 채우는 짓을 서슴지 않았던 자들입니다. 그만큼 세리들은 윤리적, 도덕적으로 깊은 병에 걸려 그 영혼이 절망 가운데 이른 치명적인 병자였습니다. 그런 그가 어떻게 그 무서운 질병을 치료받고 영광의 예수님의 열두 제자의 반열에 서게 됐는가가 오늘의 말씀에서 제시됩니다. 이를 통해 우리가 알게 모르게 걸려있는 마음과 영혼의 질병에서 치료되어 그리스도의 제자로서의 삶을 살아갈 힘을 얻기 원합니다.

### 나가는 말

좋은 설교의 서론은 '설교의 핵심주제에 대한 관심의 집중'으로 요약할 수 있다. 설교의 주제에 관하여 듣고자 하는 혹은 들어야 하는 의욕과 동기를 부여하는 시간이 서론이다. 서론에서 설교자는 어떤 형태의 설교 전개이든 상관 없이 '왜 여러분이 이 설교를 들어야 하는가'에 대한 이유와 절박함을 심어줘야 한다.

설교의 결론은 설교목표에 대한 청중들의 결단을 촉구하는 시간이다. 결단이기에 구체적일수록 좋다. 다만 설교의 주제와 상관없는 의도된 결단은 청중에게 오해를 살 수도 있다. 그러므로 그날 설교의 주제가 가슴에 심어지는 강력한 결론이 요구된다.

좋은 결론은 보다 긍정적이며, 인격적 호소이며, 언제나 예수 그리스도의 복음에 호소하는 성격을 갖는다. 결단은 설교자 자신의 결단과 함께 할수록 함께하는 설교의 힘을 가질 수 있다.

### 생각의 관점

- 지난주 당신은 어떤 말로 설교를 시작하셨습니까? 그 말씀의 내용이 설교의 주제에 적절한 관련성이 있었다고 생각하십니까?
- 서론과 결론의 시간적 분배가 지난주 설교에서 몇%를 차지했나요?
- 청중의 관심이 어느 정도 집중되고 모아졌다고 생각하시나요? 만일 그렇지 못했다면 그 원인이 어디에 있다고 생각하십니까?
- 지난주 설교의 결론에서 청중에게 어떤 결단을 부탁하셨습니까?

### 3부

# 누가

## 하나님께서 감동하시는 설교를 할 수 있는가?

여호와의 말씀이니라 내 말이 불같지 아니하냐
바위를 쳐서 부스러뜨리는 방망이 같지 아니하냐
(예레미야 23:29)

나의 하나님
내가 선포하는 설교가 당신 입술의 불이 되게 하옵시고
세상을 변화시키는 권능의 도구가 되게 하소서

제 14장

# 하나님께서 감동하시는 설교를 전달하라

　설교는 결국 청중에게 전달되는 언어와 음성을 통한 메시지의 전달로 마감한다. 많은 시간과 노력 그리고 준비를 통하여 구성된 '설교원문을 어떻게 가장 효과적으로 전달할 것인가'의 문제가 설교자의 마지막 관문이다. 설교자들은 각각의 개성과 전달 달란트에 따라 탁월한 전달을 하는 설교자도 있고, 어떤 설교자들은 말의 호소력이 부족하여 그 효과성 면에서 어려움을 겪는 설교자도 있다. 단순히 말해서 설교의 전달은 청중이 설교를 잘 듣고 이해하여 그들의 각자의 삶에 적용할 수 있도록 효과적으로 전달하는 모든 스타일과 전달기법을 말한다.

가장 기본적으로 효과적 전달은 표현의 선명성과 음성의 선명성이 기초가 된다. 따라서 용어의 선택과 사용이 분명하고, 청중이 알아들을 수 있는 언어의 선택이 중요하다. 단어와 문장의 사용이 여러 가지 의미를 내포하는 뉘앙스를 주는 것은 효과적 전달에 저해요소이다. 음성과 발음이 분명해야 하는 것은 가장 기초적이면서도 핵심적으로 중요하다. 설교자는 하나님 말씀 전달의 심각성을 알고 자신의 전달상의 약점을 알아 스스로 고쳐나가는 치열한 노력이 필요하다. 필자가 지금부터 살펴보려고 하는 설교 전달에 관한 사항들은 기술적인 요인들 보다 전달의 근본적 힘과 원리가 되는 설교자가 명심해야 할 전달의 요소들이다.
　설교의 전달에 있어서 무엇보다 중요한 기본 전제가 있다. 그것은 자신이 전하고자 하는 설교의 주제와 주장에 대해서 설교자 자신이 정직한 확신을 가지고 있어야 한다는 것이다.
　설교자는 자신의 설교에 대하여 그 내용이나 주장, 주제에 대한 절대적 확신이 있어야 한다. 설교자가 자신의 설교에 대하여 얼마나 절대적 확신을 갖느냐의 여부가 설교의 청중에게는 보이지 않는 전달 호소력을 창조한다. 이 확신의 정도가 설교자에게 전달의 열정을 만들고, 단순히 큰소리나 외침을 넘어서 마음에서 우러나오는 말씀의 힘을 생산해 낸다. 따라서 설교의 내용 가운데 설교자가 확신하지 않는 진리나 가설은 아무리 그럴듯하다고 해도 제외해야 한다. 설교는 지식의 자랑이 아니라 하나님의 음성에 대한 설교자의 개인적 응답과 확신이 영과 음성으로 파급되는 역동성을 가진다. 그러므로 설교자는 명확한 확신과 믿음을 가지고 담대하게 말씀을 선포해야 한다.

## 1. 진정성이 핵심이다

설교에서의 전달은 성경 지식이나 원리를 제공하는 장이 아니다. 설교자가 확신하는 하나님의 음성에 대한 인격적 감동과 헌신에서 오는 진정성이 청중의 청취와 공감을 일으킨다. 청중은 설교를 들으면서, '아 저 설교자가 마음에 진정한 간절함과 정직한 깨달음으로 말하고 있구나'하고 느낄만한 설교를 듣기 원한다. 진정성은 단순히 모든 언어에 심각한 태도를 가지라는 말이 아니다. 유머러스한 말에도 설교자의 진정성이 담긴다. 진정성은 설교자 자신의 생생한 간증이며, 하나님의 말씀을 공유하는 겸손한 태도에서 만들어진다. 이런 진정성이 청중의 마음을 움직인다. 진정성이란 단순한 설교자의 인격의 참신성만을 말하지 않는다. 설교에 있어서의 진정성은 선포하는 말씀이 진정 하나님의 말씀이라는 설교자의 확신에서 온다.

사도바울은 데살로니가 교회에 보내는 편지에서 그가 어떻게 진정성으로 교회에게 설교했는가를 고백하고 있다.

"이러므로 우리가 하나님께 끊임없이 감사함은 너희가 우리에게 들은 바 하나님의 말씀을 받을 때에 사람의 말로 받지 아니하고 하나님의 말씀으로 받음이니 진실로 그러하도다 이 말씀이 또한 너희 믿는 자 가운데에서 역사 하느니라"(살전 2:13)

바울은 확신에 찬 하나님의 말씀을 전했다. 그리고 그 진정성은 데살로니가 교인들에게 고스란히 전이되었다. 그들은 실로 바울의 선포를 하나님의 말씀으로 받아들였다. 바울의 확신은 성도들에게 강력한 진정성으로 작용했다. 실로 그 당시에는 신약성경이 없었던 시기였다. 하나님의 부르심을 받은 사도 바울의 말씀을 담은 편지에 불과했다. 그러나 사도바울 자신은 물론 교회도 일치된 마음의 확신을 가졌다. "이 말씀은 바울의 말이 아닌 하나님의 말씀이다!" 어떻게 이런 확신이 가능했을까? 그것은 성령의 역사가 아니고서는 설명될 수 없다. 존 스토트 목사는 이런 확신이 주는 진정성을 이렇게 표현했다.

"하나님께서 말씀하셨다는 확신! 이런 확신이야말로 설교자로 하여금 손을 흔들며 설교할 수밖에 없는 열정을 더해주며, 심장이 고동치고 피가 끓게 하며, 설교자의 손짓과 입술로 전해지는 하나님 말씀의 영광으로 인해 눈에 불꽃이 튀게 한다."

설교자의 진정성의 강도는 설교자의 모든 설교 전달의 개성이 가득한 독특한 전달효과를 창출한다.

## 2. 설교자 자신에게 설교하라

설교 전달의 진정성과 관련되어 설교자는 항상 그 설교를 통해 자신이 가장 먼저 은혜를 받아야 할 대상자로 여기고 설교해야 한다. 설교자

> 설교자 자신이 은혜 받지 못하는 설교는 다른 이를 은혜 받게 할 수 없다.

자신이 은혜받지 못하는 설교는 다른 이가 은혜받을 수 없다. 과도한 감정표현이나 정서적 표현보다는 말씀을 전하면서 성령께서 설교자 자신에게 주시는 은혜를 구해야 한다. 설교자가 성령의 감동으로 은혜받을 때 그 감동은 청중에게 성령의 역사를 통하여 흘러간다. 설교자에게 있어 반드시 기억해야 할 말이 있다. 일찍이 워런 위어스비가 지적한 것처럼 "설교란 설교자 자신이 포함된다"는 것이다(preacher is the preaching). 설교는 단순한 메시지 전달이 아니라 자기 자신의 녹아진 인격 자체의 전달이다. "말씀이 육신이 되어 우리 가운데 거하시매"(요 1:14)는 이러한 명제를 매우 명확하게 드러낸다. 예수 그리스도의 삶 자체가 진리를 육신으로 표현하신 삶이었다. 예수님은 그의 삶을 통해 그가 누구인지 만천하에 알리셨다. 설교자는 이러한 그리스도를 본받는 사람이다. 자신이 전한 설교는 곧 자신의 삶을 전하는 것과 다르지 않다!

## 3. 적극적이며 소망적 표현의 설교를 하라

본문의 내용에 따라 혹은 주제의 심각성에 따라 하나님의 책망과 교훈과 바르게 하는 뼈아픈 말씀이 설교의 중심이 될 수도 있다. 하지만 설교자는 하나님의 마음을 대변하는 대변인임을 잊지 말아야 한다. 하나님의 화법을 익혀야 한다. 책망 뒤에는 위로를 주시고 지적 다음에는 방법을 알려주셨다. 언제나 하나님의 방법은 부정을 넘어서 긍정을 말씀하신다. 그러므로 설교자는 그 설교의 흐름을 소망과 내일의 희망에 두고 설교해야 한다. 정죄 후에는 용서가 있어야 하며 판단보다는 훈계에 초점을 둬야 한다. 질책 후에는 반드시 할 수 있다는 용기를 심어줘야 한다. 비판 보다는 깨달음에 포인트를 줘야 한다.

그리고 때로는 목회자가 설교하며 자신의 감정을 토설 한다든지, 교인들에게 훈계하고자 했던 내용들을 여과 없이 말하는 경우가 있다. 이것은 바람직하지 않은 설교의 방식이다. 설교자 자신의 감정과 어떤 이슈에 대한 책망에 압도되어 설교를 책망과 정죄의 도구로 사용해선 안 된다. 설교자가 설교를 자신의 주장을 피력하는 도구로 사용하는 순간 설교의 재앙이 걷잡을 수 없이 번지게 될 것이다.

## 4. 부디 쉽게 전달하라

전달의 내용이 아무리 깊고, 심각하고, 복잡하고, 상세하다 할지라도 그 내용을 전달할 때는 초등학생도 이해할 수 있을만한 단순한 내용으로 전달하는 것이 중요하다. 얼마나 단순하고 쉬운가는 설교 리허설을 통해서 짐작해 볼 수 있다. 어떤 설교자는 자신의 설교의 복잡성에 지성의 우월성을 느끼기도 하는데, 이것은 참으로 슬픈 일이다. 설교가 신학적 요소를 갖고 있기 때문에 특정한 신학적 용어나 개념이 안 나올 수는 없지만, 신학교의 강단에서 사용되는 용어를 알지 못하는 청중에게 굳이 이해시키려고 장시간을 쓴다면 어리석은 일이다.

> 설교는 어려운 신학 영역보다 가장 기본적이고 단순한 신앙의 원리를 알기 쉽게 그리고 진지하게 설명해 주고 도전해주는 전달임을 잊지 말자!

설교는 어려운 신학적 영역보다 가장 기본적인 단순한 신앙의 원리를 알기 쉽게 그리고 진지하게 설명해주고 도전해주는 전달임을 잊어서는 안 된다. 현대 설교에 가장 강력한 영향력을 주고 있는 미국 캘리포니아 주 새들백 교회의 릭 워렌 목사의 설교는 굉장히 단순한 구조를 가진다. 하지만 성경의 한 원리를 추출하여 주요한 생활 적용을 끌어내는 프린스플 설교를 통해 그 메시지의 파워를 높인다. 많은 개념의 말 많은 주장이나 복잡한 이론보다 단순하면서 쉽게 그리고 생활에 적용되는 설교를 하라.

## 5. 성령의 임재와 역사를 강력히 요청하라

어떤 면에서 설교의 전달은 영의 싸움이다. 아무리 잘 준비된 설교 내용이라 할지라도 육신적이거나, 인간적 감정으로 임하게 될 때 반드시 패배한다. 왜냐면 사탄은 하나님 말씀이 전달되는 것을 가장 싫어하기 때문이다. 그래서 사탄은 설교자의 마음을 공격하여 괴롭히고 자신을 우쭐하게 만든다. 설교 전달에 인간의 자랑과 육신의 욕심을 개입시키는 방법으로 설교의 전달을 극단적으로 방해한다. 이러한 공격에 우리가 육신으로 대응하거나 감정적으로 대응하면 사탄에게 필패할 수밖에 없다. 우리가 성령을 믿는다면 동시에 악령의 역사와 실제를 인정해야 한다. 설교의 준비부터 전달에 이르기까지 철저한 성령의 간섭과 지키심 그리고 도우심을 간구해야 한다. 그때 역사가 일어난다. 설교자 자신이 상상하지 못하는 말씀 전달의 놀라운 역사가 일어난다.

> 어떤 면에서 설교는 영의 싸움이다. 사탄은 하나님의 말씀이 전달되는 것을 극도로 싫어하기 때문에 설교자의 감정과 마음을 공격하여 괴롭히고 우쭐하게 만든다. 그렇기에 설교자는 성령의 인도하심과 돌보심을 지속적으로 구해야 한다.

R.C Sproul은 "성령과 설교자는 효과적인 설교에 있어 아주 밀접한 관계에 있다"고 말한다. "성령은 능력 있는 설교에 다이너마이트 같은 역동성을 부여한다. 우리는 성령의 기름 부으심이 필요하다. 성령의 기름 부으심이 없다면 우리의 말은 능변이든 아니든 완고한 마음에서 튀

어나와 수증기처럼 소멸할 것이다. 그러므로 설교자는 말씀과 성령에 헌신해야 한다. 성령은 말씀과 함께 역사하며 하나님의 말씀이 없이는 역사하지 않는다"라고 주장한다. 이 주장은 어떻게 준비된 설교 원고 일지라도 그 전달의 힘은 반드시 성령과 함께함을 깨우치는 말씀이다. 설교의 전달은 어떤 경우이든 설교자에게는 중압감을 줄 수밖에 없다. 더구나 긴 설교의 원고에 의지하고 그 원고 내용을 숙달하여 청중 앞에 섰을 때 스스로에 대한 암기 정도에 의심을 품고 원고에 의지하다 보면 전달의 효과적 능력을 잃기 십상이다.

그래서 그래그 하이슬러 박사는 '육화된 설교'(incarnational preaching)를 주장한다. 설교자가 자신의 설교를 자신에게 내면화시켜 설교하라는 이 권면은 설교자가 성령이 역사에 따라 움직이는 것이 설교의 핵심 조건임을 일깨운다. 당연히 설교를 준비하는 본문연구의 과정에 성령의 조명과 도우심이 필요하다. 뿐만 아니라, 설교를 실제 전달하는 현장에서 성령의 역사와 선포하게 하시는 도우심은 설교 전달의 가장 중요한 핵심이라 말할 수 있다.

하이슬러 박사는 누누이 강조하며 설교 전달에서의 성령의 역할에 전적으로 동의한다. "설교자가 원고를 갖고 설교하든지 아니면 원고 없이 설교하든지 성령이 이끄는 설교를 하는 설교자들은 한 가지에 동의한다. 그들은 그들의 메시지 전달에 성령이 능력을 부여해 주실 것을 믿는다. 여러 가지 면에서 설교는 하나님이 우리를 하나님의 진리의 말씀을 선포하도록 부르신다는 것을 믿고 설교하는 믿음의 행동이다.

설교자로서 우리를 부르신 하나님의 성령이 우리 곁에서 계시면서 그가 우리의 마음과 생각 속에서 만들어주신 메시지를 우리가 전달할 때 그 명령을 준행하도록 도와주시리라는 것을 믿는 것이다. 우리는 성령이 우리를 채우시고 우리를 통제하시고 우리 곁에 계시고 우리를 통해 설교하심을 신뢰한다." 이런 설교가 바로 하나님을 감동시키는 설교임은 두말할 나위가 없다.

## 6. 제발 흉내 내지 말라

설교자가 자신의 부정확한 발음이나 말의 빠르기 억양 등에 신경을 쓰고 끊임없이 발전해나가는 것은 마땅히 노력하고 바로잡아 나갈 과제이다. 이런 모든 노력은 청중의 입장에서 그들의 고충을 최대한 줄여주자는 배려이고, 하나님 말씀의 전달이 가장 효과적으로 이루어지기 위한 성실한 설교자의 애씀이다. 그러나 설교자가 쉽게 빠질 수 있는 유혹 중 하나는 세간의 유명한 설교자의 음색이나 전달 기술을 모방하려고 애쓰는 시도이다. 가끔, 필자는 '저분은 어떻게 저렇게 그 유명한 목사님의 설교 음성과 같을까?' 하고 생각이 들 때가 있다. 음색, 고저, 강약 이 모든 것이 아주 유사하다는 느낌이 들 때 실상 감동을 받기보다는 안간힘을 다하는 설교자의 노력에 측은함이 들 뿐이다.

유명한 가수의 노래 모창을 잘한다고 유명한 가수가 되는 것이 아니다. 유명한 설교자의 설교를 흉내 낸다고 훌륭한 설교자가 되는 것이 아니다. 하나님께서는 각각 설교자에게 각자의 인격과 개성 심지어는 음색까지 고유하게 부여해 주셨다. 설교자는 자신에게 주어진 고유한 자신의 인격과 개성이 담긴 설교 전달에 최선을 다해야 한다.

## 7. 최고의 청중 하나님을 바라보고 전달하라

설교는 언제나 불특정 다수의 청중을 대상으로 전달하는 하나님의 메시지이다. 그렇기 때문에 설교자는 청중의 준비된 모습 혹은 청중의 여러 상황에 따라 전달에 영향을 받지 않을 수 없다. 흔히 듣는 이야기로 시골 교회의 어느 설교자가 주일 아침 설교에 갑자기 전국적으로 인지도가 높은 물리학자가 예배에 참석하자 설교의 내용에 자기가 아는 가능한 한 모든 과학이론을 섞어가며 설교하다 완전히 설교를 패배한 설교 전달 우화를 상기해 본다. 아마 그 설교자는 그 청중의 마음에 드는 설교에 전념하다 보니 그런 우를 범했을 것이다. 그런 우화는 비판하기보다는 자신을 생각하는 계기로 삼았으면 한다. 거의 모든 설교자들에게 유사한 경우의 경험이 있을 것이다. 자신의 예배당에 높은 사람이 앉아 있을 때 느끼는 심적 부담이 클 것이다. 그리고 그 사람의 마음에 드는 설교를 하고 싶은 욕망에도 사로잡힐 것이다. 그런 부담과 욕망이 과욕을 부리게 만들고 설교 전달을 방해하는 요소가 되고 말았던 경험이 많이 있었을 것이다.

앞서 말한 바와 같이 청중의 눈높이와 청중의 문제에 합하는 설교는 필요하고, 끊임없이 연구해야 할 목양적인 설교의 자세임에 틀림없다. 그러나 특정 청중의 마음에 드는 설교를 시도하다 보면 가장 중요한 청중, 즉 그 말씀을 우리에게 주시고 항상 섭리하시는 하나님을 잊게 되는 치명적 위험이 존재한다. 하나님을 잊은 설교는 본질을 벗어나 버린다. 설교자는 언제나 설교를 듣는 좌석 맨 중간 앞줄에 설교자를 바라보는 주님의 눈길을 가장 먼저 의식해야 한다. '이것이 당신의 말씀입니다'라는 영적 자아의식을 가지고 때로는 청중의 방해나 예기치 못한 전달의 소음이 있을지라도 변함없는 제일의 청중, 하나님 한 분을 위해 열정을 다하여 설교해야 한다.

## 8. 목양자의 구령 열정과 사랑으로 연합된 전달을 하라.

『오늘의 세상을 향한 성서적 설교』라는 책을 쓴 로이드 페리는 설교의 태도를 네 가지로 요약한다. 첫째는 신문기자가 사실을 전달하는 목적을 가지고 전달하듯 기자처럼 전달하라고 한다. 둘째는 나라를 대표하는 대사가 그 나라를 위해 대변하는 위엄을 가지고 전달하라고 한다. 셋째는 선지자가 소유한 권위와 힘을 가지고 전하라 한다. 마지막으로는 양떼를 먹이고 인도하는 목자의 심정으로 설교하라고 한다.

　아무리 회개를 촉구하는 설교도 분노의 감정을 실어 설교하는 설교는 하나님을 감동시키는 설교가 아니다. 의로운 분노 그 자체로 자기를 정의로운 설교자로 자평하는 오만은 용납되어서는 안 된다. 하나님의 말씀의 목적은 최후의 심판 때까지 회복을 기다리시는 아버지의 마음에 있다. 그러므로 설교자의 설교 전달은 응징과 정죄와 분노의 대상이 되어선 안 된다. 반드시 회복을 목적으로 하는 목양자의 설교여야 한다.

"형제들아 사람이 만일 무슨 범죄한 일이 드러나거든 신령한 너희는 온유한 심령으로 그러한 자를 바로잡고 너 자신을 살펴보아 너도 시험을 받을까 두려워하라 너희가 짐을 서로지라 그리하여 그리스도의 법을 성취하라"(갈 6:1)

　설교는 죄를 범한 영혼을 응징하는 자리가 아니다. 설교자는 절대적 온유함으로 설교해야 한다. 온유함은 범죄사실을 언급하는 것을 회피하는 것을 의미하지 않는다. 오히려 바로잡는 일이다.  바로잡는 일은 '회복'(restoration) 시키는 일이다. 회복이냐 정죄냐는 어마어마한 차이를 만든다. 회복이 그리스도의 법이다. 이것을 설교자는 잊어서는 안 된다.

　릴랜드 라이킨은 성경 강해자들에 대하여 이렇게 말한다. "설교하거나 가르칠 때 마치 조사연구발표나 강의안을 준비하는 것처럼 하는 경향이 많다. 그러나 설교자는 설교 준비와 전달을 마치 이야기를 전개하거나 시를 쓰는 것처럼 전해야 한다." 이는 어떤 권면도 딱딱한 지식전달이나 귀납법적 토론 전개식 설교가 아니라 청중의 인격과 삶을 이해하는 목양자의 부드러운 설교를 말하는 것이다. 절대 진리는 타협 없이 전하되 전달의 영은 이해와 사랑과 회복의 기쁨을 소망으로 둔 설교 전달이어야 한다.

## 9. 예수그리스도와 복음을 증거하는 설교에 집중하라

"모든 설교에서 예수님을 말해야 하는가?" "모든 설교에서 복음을 증거해야 하는가?" 이런 질문들에 대하여 설교자의 다양한 반응과 대답이 가능하다. 이런 질문에 '예' 혹은 '아니오'로 일방적 답변을 하는 것은 불필요한 오해를 만들 수도 있다. 그러나 본질적으로 성경 자체가 예수님을 기록하고 있다. 예수님께서 요한복음 5장에서 "너희가 성경에서 영생을 얻는 줄 생각하고 성경을 연구하거니와 이 성경이 곧 내게 대하여 증언하는 것이니라."라고 말씀하시면서 "너희가 말씀 가운데 있지 아니하다."라고 책망하신 말씀을 보면 이를 알 수 있다. 예수님이 말씀하시는 성경은 '구약성경'을 말한다. 비록 구약성경에서 예수 그리스도라는 이름을 구체적으로 말하지 않더라도 구약성경의 모든 주제가 '메시아' 예수 그리스도로 수렴됨을 주장하고 계신다. 당시 유대의 율법학자들과 서기관들, 바리새인들은 성경을 심도있게 연구하고 가르치며 산다고 자부하는 집단이었다. 그러나 그들은 성경의 중심이신 메시아가 그들의 앞에 나타났음에도 알지 못했다. 너무나 치명적인 실패였다. 그들은 메시아를 찾지도, 받지도 않았다. 이로써 그들의 성경 연구는 무의미한 종교 행위에 지나지 않았음이 만천하에 고발된다.

같은 이유로 우리가 이 시대에 신약성경 뿐 아니라 구약성경을 하나님의 말씀으로 선포할 때 설교자의 선포 가운데 예수 그리스도에 대한 선포가 당연히 중심이 되어야 한다. 예수 그리스도를 말한다 함은 곧 복음을 말하는 것이다. 복음은 예수 그리스도의 죽으심과 부활하심, 승천하심과 다시 오심을 통한 믿는 자의 은혜로 주시는 구원을 의미한다. 그렇지만 모든 본문에서 일방적으로 이런 내용만을 말하라는 것은 아니다. 어떤 구약의 본문이든 그 핵심적 내용 가운데는 직·간접적으로 그리스도의 나타나심과, 그리스도의 인격, 구원과, 우주적 섭리, 다시 오실 소망이 드러난다. 이는 율법서와 시가서, 예언서에서 반드시 발견된다.

이것은 사도행전 28장에서 날짜를 정하여 거처에서 아침부터 저녁까지 바울이 강론하여 하나님의 나라를 증언하고, 모세의 율법과 선지자의 말을 가지고 예수에 대하여 권한 기록에서 명백하게 드러나는 설교의 모형이다. 사도바울은 그 당시 실존하는 구약성경을 풀어서 어찌하든지 예수의 일, 즉 구원과 복음의 사건을 설명하는 데 집중했다.

따라서 설교자는 '하나님이 감동하시는 설교'를 할 때 반드시 예수 그리스도의 복음 증거에 정진하고 전념하는 것이 당연하다. 간혹 오랜 신앙생활을 전통적 가문과 전통적 교단에서 해 오신 분들이 장로 권사의 직분을 가지고 있음에도 불구하고 복음과 예수 그리스도에 대한 깨달음이 빈약한 것을 경험한다. 이러한 현상은 그들이 평생 들어온 설교가 예수 그리스도의 증거와 복음 자체에 소홀했다는 것을 반증하는 것이기도 하다.

## 10. 설교의 실제

**누가복음 5:27-32 설교의 전문**

이제까지 필자는 상기의 한 본문을 가지고 설교의 준비 과정 과정마다 무엇을 어떻게 준비해야 하는가를 전개과정에 따라 제시해 왔다. 이렇게 한 이유는 모든 설교자가 나와 동일하게 그 과정을 따라 똑같이 해야 한다는 주장을 말하는 것은 아니다. 다만 필자는 한 편의 설교가 어떤 순서를 통해 이루어지는가에 대한 이해를 돕기 원했다. 또한 다양한 접근의 방식 속에서 필자가 생각할 때 최소한의 있어야 할 기본 과정이라고 믿는 설교 준비 원리를 제시했다. 그리고 그 과정에 따른 설교 준비의 과정을 보여주고자 했다. 이 모든 과정을 하나의 흐름으로 정리하여 여기에 제시함으로 설교를 배우는 목양의 초보자나 심지어 평신도 선교사라 할지라도 절차를 따라 설교를 준비함을 통해 설교 준비를 막연하게 느끼지 않길 바라는 마음이었다.

지금까지 나누었던 내용들을 기초로 하여 정리된 설교문은 다음과 같다.

- **설교 제목** : 나의 치료자 예수 그리스도
- **본문** : 누가복음 5:27-32
- **주제** : 사람이 의원 되신 예수님의 치료를 받으려면 늘 자신이 예수님의 치료가 필요한 죄인, 병든 자임을 인정하고, 늘 참 의원 되신 예수님께 나아가 주님의 진단과 처방을 받아 그대로 순종해야 한다.

### 서론 – 설교 도입

"건강하십니까?"

우린 이런 인사를 늘 서로 주고받습니다. 이런 질문의 인사를 받으면 대개의 경우 "아! 네 그럼요. 덕분에 건강히 잘 지내고 있지요."이런 식으로 덕담처럼 주고받습니다. 하지만 실상 나 자신을 곰곰이 생각해 보면, 크고 작은 속병 혹은 곧 치료가 필요한 약한 부분이 누구나 있음을 인정하지 않을 수 없습니다.

아내는 늘 자신의 건강을 자랑하듯이 직장을 활발하게 다녔습니다. 15년을 다녔으니 꽤나 오랜 세월입니다. 일터가 병원이다 보니 여러 층을 오고 가면서 환자를 돌보기도 하고 이런저런 업무처리를 하곤

합니다. 다른 모든 동료는 항상 엘리베이터를 사용해 오르내립니다. 하지만 아내는 다리운동을 위해서, 또 스스로 '난 엘리베이터를 이용할 정도로 늙지 않았단 말이야!'속으로 자랑하면서 펄쩍펄쩍 층계를 뛰다시피 다녔습니다. 그런데 수개월 전 무릎이 붓기 시작하더니 마침내는 잘 걸을 수 없는 형편까지 이르게 되었습니다. 괜찮겠지, 괜찮겠지, 하며 일을 쉬지 않았더니 끝내는 더 이상 버틸 수 없을 만큼 어려운 형편이 되고 말았습니다.

의사를 찾기 시작했습니다. 여러 의사를 만났습니다. 엑스레이는 물론 MRI 정밀사진도 찍고, 마침내 3개월 전 그렇게 바라지 않았던 수술까지 받았습니다. 좋은 치료자가 절실히 필요했습니다. 의사가 하라는 대로 3개월을 따르면서도 생각보다 쉽게 회복되지 않으면 가끔 저 의사가 정말 잘하는 분인가를 의심하기도 합니다.

내가 너무 마음이 안돼서 "여보 걱정하지 마 당신은 곧 완치돼서 나와 함께 걷고 뛰고 마음껏 다닐 거야"하고 위로하면 "정말, 정말 그렇게 될까? 나도 그렇게 치료되었으면 좋겠어." 마음이 짠합니다. 아내의 온전하고 완전한 치료가 절실히 필요합니다.

우리의 육신의 한 부분이 아파도 이렇게 마음이 짠합니다. 그런데 우리의 영혼은 이 세상 살아가는 동안 때론 원치 않는 질병에 걸려 그 아름다운 모습을 잃고 절룩거리며 절실한 치료를 받아야 할 때가 있기 마련입니다. 누가 어떻게 당신의 질병을 완전히 치료할 수 있습니까?

오늘 저와 함께 읽은 성경의 말씀은 이 땅에 치료자로 오신 예수님의 모습을 우리에게 명쾌히 설명해 줍니다. 또한 우리가 어떻게 영적 질병을 치료하여 건강하고 밝게 걷고 뛰면서 살아갈 수 있는지 그 길을 보여주십니다.

### 성경의 배경과 문맥 안내

누가복음은 이방 의사인 '누가'가 예수 그리스도에 대하여 이루어진 일들을 자세하게 살핀 내용의 기록입니다. 그는 데오빌로라는 로마의 고위 관료에게 예수 그리스도에 대하여 확신하도록 하는 목적으로 누가복음을 기록했습니다. 이방인인 데오빌로가 쉽게 이해할 수 있도록 역사가의 입장에서 사실을 중심으로 기록했습니다. 또한 자신의 직업인 의사의 입장에서 세밀한 관찰과 서적을 깊이 연구하여 얻은 결론들을 토대로 누가복음을 기록했습니다. 특별히 의사였던 누가는 예수 그리스도가 이 땅에 병들어 절망 가운데 있는 인간을 치료하시는 모습을 자세히 묘사합니다. 이를 통해 예수그리스도가 이 땅을 치료하시는 하나님이심을 아주 차근차근 기록하고 있습니다. 4:22-44에서 누가는 예수님을 인간의 영혼을 파괴하는 마귀의 지배에서 사람을 치료하여 귀신들린 병을 고치시고 구원하시는 치료자이심을 말씀합니다. 5:12-26에서는 중풍병자를 그 처절한 질병에서 치료하셔서 온전케 하시는 육신의 질병의 치료자로 기록합니다. 오늘 읽은 5:27-32에서는 죄와 탐욕에 병든 인간 정신의 병을 치료하는 주님으로 우리에게 소개

합니다.

본문을 같이 교독하면서 읽어보십시다.

5:27 그 후에 예수께서 나가사 레위라 하는 세리가 세관에 앉아 있는 것을 보시고 나를 따르라 하시니

5:28 그가 모든 것을 버리고 일어나 따르니라

5:29 레위가 예수를 위하여 자기 집에서 큰 잔치를 하니 세리와 다른 사람이 많이 함께 앉아 있는지라

5:30 바리새인과 그들의 서기관들이 그 제자들을 비방하여 이르되 너희가 어찌하여 세리와 죄인과 함께 먹고 마시느냐

5:31 예수께서 대답하여 이르시되 건강한 자에게는 의사가 쓸 데 없고 병든 자에게라야 쓸 데 있나니

5:32 내가 의인을 부르러 온 것이 아니요 죄인을 불러 회개시키러 왔노라

오늘 본문에서 예수님의 치료를 받은 세리 레위는 예수님의 마지막 부름을 받은 제자 마태입니다. 그는 모든 다른 제자들과 달리 그 당시에서는 가장 도덕적으로 타락한 창녀와 같이 사회적으로 민족적으로 버림을 받은 자타가 공인하는 더러운 죄인이었습니다. 그는 앞서 소개 된 중풍병자도, 귀신들린 자도 아니었습니다. 하지만 그는 세리로서 자신의 민족 구성원들의 멱살을 잡아 길거리에서 고리의 세금을 거

뒤 로마에 바치는 일을 했습니다. 물론 로마에게 지불해야 할 세금보다 훨씬 더 많이 세금을 거둬 자신의 배를 채우는 짓을 서슴지 않았던 자들입니다. 그만큼 세리들은 윤리적, 도덕적으로 깊은 병에 걸려 그 영혼이 절망 가운데 이른 치명적인 병자였습니다. 그런 그가 어떻게 그 무서운 질병을 치료받고 영광의 예수님의 열두 제자의 반열에 서게 됐는가가 오늘의 말씀에서 제시됩니다. 이를 통해 우리가 알게 모르게 걸려있는 마음과 영혼의 질병에서 치료되어 그리스도의 제자로서의 삶을 살아갈 힘을 얻기 원합니다.

### 본론 – 어떻게 치료의 길을 열어갈까요?

1. 환자는 무엇보다도 의사를 잘 만나야 합니다.

병든 환자를 진심으로 불쌍히 여기고 진실하게 살피며 그의 질병을 확실하게 치료할 능력이 충분한 의사를 만나야 합니다. 세상에는 그런 의사가 없습니다. 예수님만이 당신을 치료할 수 있는 참 의사입니다. 오늘의 본문은 세관에 앉아 있었던 마태이자 레위로 불렸던 세리를 조명합니다.

성문으로 들어오는 길목에 위치한 세관은 오늘날의 톨게이트 비슷하게 길목에 판을 만들어놓고 행인들의 돈을 갈취하듯 걷어냈습니다. 사람들은 그를 모멸감을 갖고 대했으며, 그는 그러한 동족들의 부정적인 시선에 무방비로 노출되었습니다. 상처를 받았고, 언제나 죄인처럼 떳떳하지 못했습니다. 그 성문을 통해 수많은 내노라하는 사람들이 지나갔습니다. 헬라의 철학자도, 유대의 종교지도자, 율법사, 서기관도 지나갔지만 그들은 의사가 아니었습니다. 그들은 세리 레위를 멸시의 대상으로 여길 뿐이었습니다. 그의 병든 영혼을 치료하고자 하는 의지도 없었고 능력도 없는 이들이었습니다.

그런 그에게 예수님이 찾아오셨습니다. 긍휼과 자비의 눈길로 그 죄인을 바라봅니다. 그리고 그에게 말합니다. "나를 따르라"이 짧은 한마디는 의원 되신 예수님의 사랑과 자비, 치료의 애정이 깊이 묻어있는 주님의 음성이었습니다. 이 음성 앞에 세리는 온 영혼에 스며오는 치료하시는 하나님의 부르심을 들었습니다.

레위는 그 부름 앞에 "당신은 누구입니까?"하고 따지지 않습니다. "내가 왜 당신을 따라가야 합니까?"라고 되묻지도 않습니다. "별 이상한 사람 다 보겠네"라고 말하지 않습니다. 레위는 그저 그 음성을 들었습니다. 그리고 마음에 받았습니다. '이분이야말로 나의 이 절망적 질병에서 구원하고 치료하실 분'이라고 확신하고 일어섰습니다. 그는 참 치료자이시며 참 의원 되시는 예수 그리스도를 만났습니다.

만약, 레위가 참 치료자이신 예수님의 부름을 무시했다면, 아니 예수님이 아닌 거짓 종교인을 따라갔다면 그는 치료는커녕 더 큰 질병에 노출되었을 수도 있습니다.

우리 장인어른은 92세이지만, 비교적 건강하시고 정정하십니다. 그런데, 어느 날인가부터 심한 어지럼증을 호소하시고, 잘 일어나질 못하는 것이었습니다.

아내가 걱정하면서 아버님 집을 방문했습니다. 아버지가 잡수시는 약이 열일곱 가지임을 보고 경악했습니다. 동네 의사가 처방해 준 약은 병을 고치는 약이 아니라 너무 많은 약으로 사람이 치어서 정신을 못 차릴 약이었습니다. 부랴부랴 서울의 모 병원으로 모셨습니다. 새 의사 선생님은 17가지 약을 다 버리라고 했습니다. 그리고 4가지 약을 지어 주셨습니다. 그 후로 어지럼증이 없어졌고 다시 총명해지셨습니다.

우리 육체의 건강도 의사를 잘못 만나면 더 크게 망가집니다. 하물며 사람의 영혼을 다루는 의원을 잘못 만나면 어떻게 되겠습니까? 몸의 망가짐에서 끝나는 것이 아니라 영원한 생명을 빼앗길 수도 있지 않겠습니까? 참 의원 되시는 예수님을 따르십시오. 거기에 진정한 치유와 회복이 있습니다. 우리의 육신뿐 아니라 우리의 영혼과 심령골수까지 치료하시는 참 의사는 예수 그리스도뿐입니다. 우리 주 예수 그리스도는 하나님이십니다. 출애굽기 15:26에 "나는 너희를 치료하는 여호와"라고 선포하십니다.

우리는 예수님을 나의 구세주로 믿지만, 보지도 못하고 듣지도 못합니다. 하지만 우리가 예수님의 능력을 경험할 수 있는 통로가 있습니다. 바로 하나님의 말씀입니다. 우리에게 예수님은 하나님 말씀으로 찾아오십니다. 요한복음 1:1 "태초에 말씀이 계셨다"고 말합니다. "이 말씀은 하나님이시라"고 말합니다. 뿐만 아니라 "말씀이 육신이 되어 우리 가운데 거하신다"고 말합니다. 누가복음의 시작도 우리 가운데 이루어진 일에 대한 "말씀의 목격자"라고 증언합니다. 예수님 본인께서도 율법사들에게 "모든 성경은 나 즉 예수그리스도의 증거"라고 말합니다.

이 모든 증거들이 무엇을 말합니까? 우리가 참 의원 되신 예수 그리스도께 나아간다는 것은 우리의 질병의 문제를 들고 하나님 말씀 앞에 나아간다는 것을 의미합니다. 레위가 예수님의 "나를 따르라" 하신 말씀 앞에 나아간 것처럼 "주님! 내게 이런 문제가 있습니다." "이런 아픔이 있습니다." "내게 이런 치유가 필요한 고통이 있습니다." 하고 그 말씀 앞에 나아가 그 음성과 메시지를 듣는다는 것입니다.

말씀 앞에 나아가는 것은 당연히 설교의 말씀을 청종하는 것뿐만 아니라 개인적으로 늘 하나님 말씀을 주야로 묵상하는 삶의 습관이며, 그 말씀 속에서 나의 삶을 고치고자 하는 진실한 의지입니다.

환자가 온전한 치료를 받기 위해서 참 의사를 만난다는 것은 가장 중요하면서도 근본적인 시작입니다. 그러나 만남이 모든 것을 해결하는 것은 아닙니다.

2. 참 치료자이신 예수님을 만난 사람은 자신의 병든 상태를 진실히 인정하고 고백할 수 있어야 치료를 받을 수 있습니다

레위는 자신이 예수님을 만났을 때 인간의 죄를 사하며 영혼의 질병을 치료하는 예수 그리스도에게 자신의 삶을 의탁했습니다. 만약 자신이 지금까지 살아온 삶을 정당화하고 나에게 문제 될 것이 없다고 스스로 주장한다면, 그는 겸손히 주님께 나아갈 수가 없었을 것입니다.

예수님께서 바로 이전의 본문에서 중풍병자를 고치시면서 "네 죄 사함을 받았느니라."고 말씀하심으로 자신이 인간의 죄를 사하실 권세를 가지신 하나님이심을 이미 선포하셨습니다.

하나님의 치료를 받는 것과 자신의 질병을 인정하는 것은 절대적 상관관계를 가지고 있습니다. 이 본문 속에는 예수님 앞에 나아온 다른 종류의 사람들이 있습니다. 저희 서기관과 바리새인들이었습니다. 그들은 예수님을 만났지만 자신을 치료한 하나님으로 만난 것이 아니라 세리 레위를 치료하시고 그의 친구들의 잔치에 참여하셔서 치료의 기쁨을 나누는 이들을 정죄하고 힐난하기 위해서 온 것입니다. 그들은 세리와 죄인과 함께 먹고 마시는 것은 구약의 율법에 위반되어 레위기의 가르침을 어기는 것이라고 주장하는 종교인들이었습니다.

그들은 늘 자신들의 삶은 깨끗하고 무죄하며 거룩한 유대인이라고 자부하고 살았습니다. 자신의 질병을 인정하기보다는 다른 이들의 잘못을 찾아다니며 꾸짖는 이들이었습니다. 이들의 이런 도전과 정죄 앞에 예수님은 무엇이라 말씀하십니까?

"예수께서 대답하여 이르시되 건강한 자에게는 의사가 쓸 데 없고 병든 자에게라야 쓸 데 있나니 내가 의인을 부르러 온 것이 아니요 죄인을 불러 회개시키러 왔노라"라고 말씀하십니다. 여기에 건강한 자, 의인이 누구겠습니까? 바로 서기관들과 바리새인들이 아니겠습니까?

그렇다면 그들은 진정 건강한 자이고 병이 없는 의인입니까? 예수님께서 그렇게 인정하신 것입니까? 결단코 그렇지 않습니다.

인생 가운데 의인은 없다고 성경은 수없이 말씀하십니다. 모든 사람이 죄를 범하였다고 말씀하십니다. 예수님의 치료가 필요치 않은 건강한 의인은 이 땅에 존재하지 않습니다. 아니 이 서기관과 바리새인들은 병든 죄인일 뿐 아니라 자신은 건강한 의인이라고 주장하는 영혼의 가장 치명적인 질병 '교만'의 병을 암처럼 가지고 있는 사람들이었습니다. 예수님의 이 비유 말씀은 그들의 문제가 병이 없음이 아니라 자신의 질병인 '교만'의 병, '의인병''종교'의 병, '율법'의 병을 무겁게 짊어지고도 자신의 병을 볼 수도 없고 인정하지도 못하는 그들을 향하여 "그런 이들은 참 의원되신 예수님께서 치료할 수 없음"을 선포하는 말씀입니다.

누가복음 18장에서 나타나는 바리새인의 기도는 이 사실을 더 명확하게 드러냅니다. 이 에피소드는 그들의 영적 상태를 말해줍니다. 바리새인과 세리가 다 같이 성전에 올라가서 기도하는 모습은 다 같이 치료자 하나님께 나아갈 수밖에 없는 동일함을 보여줍니다. 그러나 그들의 기도문은 치명적 차이를 보입니다.

"바리새인은 서서 따로 기도하여 이르되 하나님이여 나는 다른 사람들 곧 토색, 불의, 간음을 하는 자들과 같지 아니하고 이 세리와도 같지 아니함을 감사하나이다 나는 이레에 두 번씩 금식하고 또 소득의 십일조를 드리나이다(눅 18:11-12)하고, 세리는 멀리 서서 감히 눈을 들어 하늘을 쳐다보지도 못하고 다만 가슴을 치며 이르되 하나님이여 불쌍히 여기소서 나는 죄인이로소이다 하였느니라"(눅 18:13)

여기서 바리새인의 기도를 요약하면, "나는 의인입니다" "나는 저 사람들과 같은 병자가 아닙니다"를 주장하는 기도입니다. 그러나 "하나님이여 불쌍히 여기소서, 나는 죄인이로소이다 하였느니라." 세리의 기도는 자기인식이 분명한, 다시 말해 자기의 병든 상태를 인정하는 겸허한 모습임에 의심의 여지가 없습니다. 치료자 예수님은 이런 사람을 치료하십니다. 아니 이런 사람밖에 치료할 수가 없습니다.

다 같이 예수님을 만났지만, 그 결과는 참혹하게 달랐습니다. 레위는 온전한 치료를 받고 그 기쁨을 나누기 위해 주님과 제자들과 자신의 친구들을 집에 모셔 큰 잔치를 하는 기쁨을 나누었고 바리새인과 서기관들은 어쩌면 주님의 냉혹한 책망을 들으면서도 깨닫지 못하고 미움과 증오 가운데 전혀 치료의 기쁨을 누릴 수 없는 불행을 자초했던 것입니다.

사랑하는 성도 여러분!

정녕 여러분들은 주님의 사랑으로 치료받기를 원하십니까? 정녕 원하신다면 바리새인의 태도를 버려야 합니다. 세리의 태도를 취하십시오. 치료자 주님 앞에 나아가십시오. 우리가 우리의 의로 하나님의 자녀가 되었습니까? 우리가 잘나서 예수 그리스도의 십자가의 보혈의 공로를 믿어 죄 사함을 받았습니까? 그렇지 않습니다. 우리 중 아무도 나 자신이 의로워서 하나님의 자녀 된 자가 없습니다. 우리는 열린 목구멍이요 회칠한 무덤과 같은 로마서 3:18의 말씀처럼 철저한 죄인이었고, 이 죄인 됨을 우리가 인정하였기에 그 은혜를 입어 구원의 백성이 되었습니다. 구원의 백성이 된 이후에 우리가 완전한 의인처럼 살았다고 자신할 자가 누구이겠습니까? 그러기에 우리는 끊임없는 주님의 치료와 만지심이 필요한 연약한 존재입니다. 이런 모습 그대로 우리가 주님 앞에 나아가 나의 병든 모습을 솔직히 인정하고 주님의 치료를 요청할 때 주님은 반드시 치료해 주십니다. 아멘.

불행히도 때론 교회 안에서 늘 자신의 잘못은 절대 인정하지 못하고 남의 잘못을 예리하게 지적하면서 자기는 항상 옳다고 여기는 사람들이 있습니다. 남다른 헌금 생활, 기도 생활을 하지만 자신의 문제를 결코 나누지 못하고 목사님 탓, 장로님 탓 혹은 그릇된 누구의 탓을 하기에 연연하는 교인들이 많이 있습니다. 자신의 의가 너무 강하기에 쉽게 지도자들을 무시하고 타인을 정죄합니다. 여러분 이런 사람을 주님이 치료하실 수 있을까요? 오늘 말씀은 이런 분들에게 경고합니다. "네가 너의 병든 상태를 인정하기 전에는 나도 너를 치료할 수 없노라"고 엄중히 경고하는 것입니다.

이런 면에서 교회는 병자들이 모인 병원과 같은 곳입니다. 누구도 온전히 건강한 자가 없는 병원입니다. 이 병원의 치료자는 예수님 밖에 없습니다. 그러기에 환자들은 서로의 약함을 정죄하지 않고 서로 불쌍히 여기고, 치료의 소망을 나누며, 어떻게 서로 치료할 수 있는지 정보를 나누며 감싸는 것이 당연합니다.

제가 지난주에 치과에 갔는데 어떤 연세든 아주머니가 앉아서 무릎을 연신 만지고 있었습니다. 무릎이 아픈 아내가 생각났습니다. 조심스럽게 말을 걸었습니다. "아주머니 무릎 아프세요?"

그 아주머니는 "네 수술 받은 지 두 달이 지났는데 이렇게 목발을 짚네요." 나는 "아 그래요 우리 집사람도 무릎 수술 받았는데 이제 석 달 지났어요. 곧 괜찮아질 거예요" 그 아주머니는 싱긋이 미소 지으며 안도했습니다.

어제는 칼국수 집에 혼자 국수 먹으러 갔습니다. 제 옆에 노인이 앉아서 칼국수를 드시고 일어나고 있었는데, 혼자 일어날 수 없을 지경으로 다리가 아파서 쩔쩔매는 것이었습니다. 마음이 너무 안돼서 일어서서 도와드리고 싶었습니다. 그러나 그 어르신은 내게 "고맙습니다 하지만 나 혼자 일어나는 게 오히려 편합니다." 그런 이후에 아마 십분은 걸려 일어나 신발을 신고 계셨습니다. 도와드리지 못한 것이 못내 안타까웠습니다.

교회가 이런 곳이 아니겠습니까? 교회는 누가 누구를 정죄하는 곳이 아니지 않습니까? 병든 자, 어려운 자, 죄인을 용납하고 주님 앞에 함께 나아가 함께 치료받는 곳이 아니겠습니까?

사랑하는 성도 여러분!

우리가 진정 교회가 치료받은 은혜의 성도들이 모인 곳이요, 또 치료 받아야 할 영적 환자들이 예수님을 찾아오는 곳이라면 우리는 정녕 서로를 불쌍히 여기며 서로를 격려하며 아무도 서로를 정죄하지 않으며 설령 마음은 아플지라도 사랑하기를 포기하지 말아야 합니다.

"형제들아 사람이 만일 무슨 범죄한 일이 드러나거든 신령한 너희는 온유한 심령으로 그러한 자를 바로잡고 너 자신을 살펴보아 너도 시험을 받을까 두려워하라 너희가 짐을 서로 지라 그리하여 그리스도의 법을 성취하라"(갈 6:1-2). 교회는 정죄하는 곳이 아니라 온유하게 바로잡는 곳(Gentley Restore), 아주 부드러운 심정으로 잘못된 자를 회복시키는 곳입니다. 그 회복시키는 방법은 짐을 서로 지는 우리의 희생으로 가능합니다.

3. 치료자 예수님의 온전한 치료를 받으려면 의원 되신 예수님의 처방과 지시 때론 수술을 반드시 각오하고 즉시 순종해야 합니다

이 본문에 등장하는 모든 사람들은 죄인이었습니다. 이 본문에 등장하는 모든 사람은 예수님의 치료가 필요한 환자들이었습니다. 예수님은 이 모든 분들을 치료하실 수 있었고 그것을 원하셨습니다. 그러나 불행히도 치료받을 수 있는 사람과 치료받을 수 없는 사람은 극명하게 갈라졌습니다.

레위는 자신이 정말 세리의 기도처럼 하나님 앞에 얼굴을 들 수 없는 죄인임을 깨달을 뿐만 아니라 치료자 예수님의 음성을 듣고 그에게 치료를 부탁했습니다. 예수님의 "나를 따르라"는 음성에 즉시 순종함으로 온전한 치료를 받고 기뻐 자신의 집에서 큰 잔치를 주님을 위해 베풀었습니다.

예수님은 실상 그를 부를 때에 모든 것을 버리라는 명령을 하지 않으셨습니다. 그러나 그의 영은 예수님을 따르기 위해 자신의 죄악 가

득한 세리의 상을 버림이 마땅함을 깨달았습니다. 그리고 스스로 그것을 버렸습니다. 이것이 치료의 마지막 단계였습니다. 그래서 예수님께서는 "내가 온 것은 죄인을 불러 회개시키러 왔다"라고 말씀하셨습니다. 단순히 부르신 것이 아니라 회개시켜 치료하시기를 바라셨습니다.

만약, 예수님의 말씀을 저희 서기관과 바리새인이 깨달았다면 병든 자가 나를 필요로 한다고 하신 말씀과 예수님이 이 땅에 오신 목적은 의인을 부른 것이 아니라 죄인을 불러 회개시키려 함이라는 말을 자신들을 위한 말로 깨닫고 "주님 나는 죄인입니다. 나는 병든 자입니다." 무릎을 꿇고 그 앞에 나아갔다면 반드시 그들도 치료함을 받고 죄의 사함을 받아 구원에 이르렀을 것입니다.

불행히도 그들은 그 길을 역행했습니다. 그들은 예수님의 의원 되심을 부인했고 오히려 그들이 그들의 종교법으로 예수님을 고치려 했습니다. 치료가 절대적으로 불가능했던 이유입니다. 만약, 세리 레위가 예수님의 그 음성을 듣고 다 동의하고, 마음에 감동을 받으면서도 세리의 좌판이 아까워 주님을 따르는 결단을 포기했다면 치료는 불가능했을 것입니다.

여러분! 누가복음 18:18에서 젊은 관원이 예수님께 나아와 무엇을 하여야 영생을 얻겠냐고 물어본 사건을 기억하십니까? 그는 신실했습니다. 그는 율법을 다 스스로 지켰다고 할 정도로 도덕적이었습니다. 그러나 그가 주님의 마지막 부탁에(재산을 다 팔아 가난한 자에게 주고 나를 따르라는) 부자이므로 크게 근심하며 돌아갔습니다. 마지막 단계를 결단할 수 없었기 때문에 치료의 결정적 계기를 잃어버린 것입니다.

분명한 것은 의사가 환자를 고치는 것이지 환자가 의사를 고치지 않는다는 사실입니다. 진정 낫기를 원한다면 의사의 처방을 순종해야 합니다. 의사가 항생제를 일주일 먹으라고 하면 싫어도 일주일 먹어야 합니다. 스스로 생각해서 이틀 먹고 이젠 증상이 없으니까 하고 중지하면 다시 발병합니다.

제가 미국에서 한창 공부하면서 어느 지역교회를 목회하고 있을 때였습니다. 교회를 진심으로 섬기는 김모 장로님은 미국 장로교 병원에서 약사로 일하고 있었습니다. 하루는 그분이 내게 와서 심히 마음 아파하며 이런 이야기를 들려주었습니다.

"목사님 제가 약국에서 열심히 약을 짓고 있었는데 방송으로 제 이름을 부르며 응급실로 오라는 다급한 부름이 있어서 하던 일을 멈추고 응급실로 갔습니다. 갔더니 어느 중년의 한국 환자가 병상에 누워있고 미국 여러 의사들이 그분과 의사소통이 안 되서 난감한 표정으로 날 부른 것이었습니다."

그 분과 자초지종을 이야기해보니 그분은 불법체류자로 빌딩에서 청소를 하며 어렵게 살면서 가족이 올 날을 고대하는 분이었는데 어느 날 너무 열이 심해서 혼자 견디다 못해 거의 실신 상태가 되어서 병원에 실려 온 것이었습니다.

의사 선생님들은 내게 이 사람은 매우 위급하니 즉시 입원하고 수술 절차를 밟아야 한다는 것이었습니다. 그 말을 그 환자에게 해주었는데 그분은 막무가내였습니다. "선생님 내 병은 내가 압니다. 이런 거 아무것도 아닙니다. 해열제 먹고 3일만 버티면 깨끗해집니다. 이 의사들 돈 벌려고 너무 그러는 겁니다. 난 여기서 지체할 수 없어요. 제발 날 퇴원시켜주십시오" 아무리 설명을 해도 듣지 않고 완강하여 말릴 수가 없었습니다. 며칠 후 저희 병원에 영안실에 한국 사람이 있다 하여 들렸습니다. 놀랍게도 그분이었습니다. 너무 마음이 아팠습니다.

그렇습니다. 그분은 분명 좋은 의료시설에서 좋은 의사의 치료를 받아 병을 고칠 수 있는 기회가 있었습니다. 그러나 그분은 의사를 믿지 못했습니다. 의사의 지시를 거부했습니다. 그 결과 가장 불행한 죽음을 자초했습니다.

우리는 우리의 문제를 안고 성경 말씀 앞에 나아갑니다. 우리가 우리의 질병을 인정하고 주님 앞에 나아갑니다. 주님 앞에 나오셨다면 반드시 우리 주님의 음성인 성경 말씀의 가르침에 순종해야 합니다. 이것이 주님의 음성이고 가르침이라고 확신한다면 순종하고 행동을 결정하고 삶을 돌이킬 때 치료의 기적이 일어납니다.

### 결론 – 마지막 결단

사랑하는 성도여러분!

이제 다시 우리 마음을 확정합시다! 주님 예수 그리스도만이 우리의 진정한 치료자 하나님이심을 인정합시다. 우리가 낙심되고, 절망스러울 때, 우리 죄의 문제로 마음이 어두울 때, 참 치료자이신 예수 그리스도께 나아갑시다. 그의 진리의 말씀에 '내가 어찌할꼬'하는 기도의 심정으로 참 치료자 예수 그리스도께 나아갑시다.

주님 앞에 나아갈 때 나의 지식, 교만, 자랑, 의로움을 다 버리고 "주님 나는 당신의 치료가 정말 필요한 병든 자이며 죄인입니다. 진실한 고백으로 그 앞에 나아갑니다."라고 고백합시다.

내가 남들의 잘못을 정죄했던 것, 미워했던 것 멸시했던 것들을 다 회개하고 간절한 심정으로 주님께 나아가는 것입니다. "주님 이제는 내가 어느 누구에게든지 정죄하지 않고 서로 불쌍히 여기겠습니다."라고 결단하는 여러분들이 되시기 바랍니다.

주님 앞에 나아가서 주께서 무엇이라 말씀하시든 "주여 말씀하옵소서. 청종하겠나이다." 고백하면서 그에게 나아가야 합니다. "아무리 내 입에 쓰고, 손해 보는 것처럼 느껴질지라도 주의 말씀에 의지하여 순종하겠나이다." 고백하면서 날마다 그에게 나아갑시다.

우리 다 같이 일어나셔서 "천부여 의지 없어서 손들고 옵니다." 찬송을 부른 후 합심하여 기도합시다. 나의 완악했던 마음을 회개하고 오늘 이 시간 예수님께서 나를 치료해 주시기를 간절히 바라며 나를 위해, 나의 가정을 위해, 나의 교회를 위해, 그리고 병든 내 조국을 위해 기도합시다.

### 나가는 말

설교 전달의 핵심은 성령의 역사이다. 성령의 임재와 강력한 도우심과 역사하심이 전달의 힘을 창조한다. 그럼에도 불구하고 아래의 아홉 가지 전달의 원칙은 모든 설교자에게 숙고할 만한 과제라고 생각한다.

1. 설교자의 진정성이 핵심이다.
2. 설교자 자신에게 설교하고 그 설교에 녹은 자신을 전하라.
3. 언제나 적극적이며 소망적인 표현을 잃지 말아야 한다.
4. 전달을 쉽게 하라.
5. 성령의 임재와 역사를 강력하게 요청하라.
6. 흉내를 내지 말고 자신의 고유한 전달을 하라.
7. 최고의 청중 하나님 한 분을 바라보고 선포하라.
8. 목양자의 구령열과 사랑으로 연합된 설교 전달을 하라.
9. 예수 그리스도와 복음을 증거하는 설교에 집중하라.

### 생각의 관점

- 본인이 생각하는 설교 전달자로서 나의 강점과 약점은 위의 아홉 가지 중 무엇이라고 생각하십니까?
- 이 강점을 계속 발전시키고 약점을 보강할 계획과 방법을 논의해 보십시오.

# 제 15장

# 반드시 당신의 설교를 냉철하게 평가하라

## 1. 평가의 두려움

이 세상의 모든 일들은 냉철하고 사심 없는 객관적 평가의 과정을 통하여 발전하고 개발된다. 삶의 어느 분야이든지 평가가 없으면 발전이 중단된다. 의학, 과학, 문학, 예술 모두 치열하고 때론 매우 예리하며 아픈 평가의 과정과 비판을 통하여 보다 나은 형태로 진화, 발전하는 것이다. 설교의 능력도 마땅히 그러하다.

설교가 갖는 그 심각성과 중요성이 이 세상의 어떤 영역의 일보다 크기 때문에 설교는 치열하게 그리고 가장 예리하게 분석되고 평가되고 비평되어야 할 영역이다. 그럼에도 불구하고 현실적으로 볼 때 자신의 설교를 평가하는 설교자는 드물다. 아니 평가를 두려워한다.

> 세상의 모든 일은 평가와 비판을 통해 발전을 이뤄왔다. 설교 또한 하나님의 말씀을 전하는 것인 만큼 설교가 갖는 심각성과 중요성은 세상의 어떤 영역의 일보다 더 크다. 그러므로 치열하고도 예리하게 분석되고 평가되어야 한다.

수년 전, 우리나라의 정의구현사제단에 소속한 유명한 신부가 미사 시간에 하신 설교가 사회적 문제로 크게 부각된 적이 있다. 왜냐면, 신부님의 설교 내용이 어떤 신앙의 원리가 아닌 매우 극단적으로 자신이 속한 단체의 정치적 주장을 하면서 그들과 반대되는 입장의 관계자나 정치 집단을 사용해서는 안 될 언어로 정죄하고 멸시했기 때문이었다. 이 때 이 설교에 대한 민형사상 법적 문제가 대두되었을 때 정의구현 사제단에서는 '설교의 성역' 즉 성직자의 설교를 비성직자의 입장에 있는 사회 정치 기관이 관여할 수 없다는 논리로 강변했다. 이 의견에 일부 그와 같은 견해를 가진 종교인들이 공조하면서 성명을 내기도 했다.

그에 대하여 필자가 그 당시 동아일보에 기고한 적이 있다. 필자의 주장하는 바는, 설교는 성역일 수 없다는 것이다. 설교는 성스럽고 거룩한 하나님의 말씀을 선포하는 사역이기에 어느 연설이나 주장보다도 그 양심적, 도덕적, 사회적, 종교적 책임을 져야 하는 막중한 내용이어야 한다. 또한 반드시 비평과 평가가 철저히 이루어져야 함을 역설한 적이 있다(동아일보 2013년 11월 30일 기재). 왜 목회자들은 자신의 설교를 평가하는 것을 두려워하는가?

## 2. 평가를 꺼리는 이유와 평가의 필요

### 설교자가 받은 하나님 말씀의 진리라는 확신 부족 때문에 열린 평가를 두려워한다

세상의 학문도 그 학술적 근거가 어디에서, 어떻게, 어떤 과정을 거쳐 이루어졌는지 공중 앞에 내어놓을 때는 가장 정직하게 제시하고 드러내는 것이 그 주장이나 학술의 신빙성을 확보하는 유일한 길이다. 그 학술의 명제와 결과가 다른 연구자의 복사나 무단 이용이 아님을 공적으로 확인 받는 것이다.

설교는 학술논문이 아니다. 하지만 그 주장하는 바가 하나님의 절대 진리라는 엄위한 전제를 가지고 공적인 청중 앞에 제시하는 권위를 갖는다. 이러한 점에서 그 어떤 학술논문보다 더 명쾌한 열린 평가와 검증이 보장되어야 한다. 설교가 비록 과학적 검증이나 수학적 명제가 아니라 할지라도 설교자는 자신이 주장하는 하나님의 음성과 메시지가 어디서 왜 어떻게 받게 되었는지에 대한 열린 드러냄이 있어야 마땅하다. 이것은 설교를 잘했느냐, 못했느냐의 문제가 아니라 설교 준비의 양심과 윤리의 문제이다. 오늘날 교회의 여러 고질적 문제 가운데 하나는 유명 설교자의 설교내용 복사이다. 이러한 복제설교가 설교 전반의 신빙성에 악영향을 끼치는 것은 설교자들이 자신의 설교 검증을 두려워하거나 회피하는 현상에 기인하는 것이다.

어떤 의미에서 설교의 핵심은 왜 이 주장과 설득이 하나님의 의도이며, 하나님의 지시이며, 하나님의 뜻하신 바인가를 청중에게 검증시키는 과정이라고 볼 수 있다. 그리고 검증을 위해서는 설교에 대한 열린 마음, 열린 드러냄이 필수적이다. 어떤 이가 스스로에게 신적인 권위를 부여하여 "내가 하는 말은 진리이다."라는 전제 속에서 이루어지는 설교는 매우 위험할뿐더러 악한 세력에게 설교를 악용하게 하는 빌미를 얼마든지 줄 수 있다.

### 설교자의 설교 준비의 부실함이 드러남을 두려워하기 때문이다

주어진 예배환경과 시간 속에 일방적으로 전달되는 설교내용은 얼마만한 노력, 기도, 수고와 헌신 속에서 이루어졌는가가 설교의 내용 속에서 자연스럽게 드러난다. 물론 설교자가 자신의 설교 과정을 상세히 보고하여 청중에게 그 인정을 받으라는 말은 아니다.

그러나 설교를 충실히 준비하는 것은 무엇보다 중요하다. 하나님과 사람 앞에서 한 설교 한 설교 부끄럼 없는 준비는 아주 당연하고 필수적이다. 그러나 목회자가 설교에 대한 준비를 제대로 하지 못할 경우 그것은 고스란히 자신의 설교에 드러난다. 준비되지 않은 설교에 대한 변명과 시간 때우기 식의 말씀이라는 인식을 청중들에게 준다면 청중들의 고통은 이만저만이 아니다. 뿐만 아니라 청중이 입는 영적인

> 대부분의 청중은 그들의 직장, 전문분야에서 치열하게 노력한다. 그리고 냉철한 평가를 받는다. 그들에게 목회자의 설교가 제대로 준비되지 않은 허술한 설교라고 인식된다면 그들은 마음에 상처를 크게 입을 것이다. 그리고 목회자의 설교 주제를 하나님의 음성으로 받아들이는 데에 어려움을 겪을 것이다.

피해와 손해는 어떻게 배상할 것인가?

대부분의 청중은 그들만의 직장이나 전문분야 속에서 치열하게 노력하며, 냉정하게 비판받으며 살아가고 있다. 그러므로 그들의 삶의 가이드라인으로서 영적 진리를 마음에 받는 설교 전달의 순간에 지극히 허술하게 준비된 설교라는 인식을 벗어날 수 없을 때 심적인 고통은 이루 말할 수 없다. 그 설교의 주장을 하나님이 이 시간 자신에게 주는 메시지로 받아들이기가 고통스러워진다.

유일한 청중의 자기 설득의 근거는 '그래도 저분이 하나님이 세우신 설교자이니까 무조건 받아들이자'는 권위주의적 노력이지만, 현대 사회의 청중에게 이런 사고를 기대하고 부탁한다는 것은 매우 무리하고 현실적이지 못하다.

### 설교는 나만의 감춰진 독특한 영역이라는 신적 특권 의식이 평가를 꺼리게 한다

목회자들은 여러 다른 영역에서는 목소리를 높이기도 하고, 어떤 종교적 현안들에 대해서는 교단적으로나 각 지방회 모임에서 신랄한 비판과 논의가 활발하다. 하지만, 정작 가장 중요한 사역의 핵심인 설교에 대해서는 어떤 활발한 논의나 평가, 발전 방안이나 투자를 지극히 꺼린다. 설교자 각자가 성역처럼 서로 묵인하면서 서로가 서로를 접근 불가능한 영역으로 만들어간다. 이것은 큰 문제가 있다. 매우 잘못된 전통이며 관행이고 반드시 고쳐야 할 설교자의 태도이다.

어떤 교단을 막론하고 목회자들에게 있어서 설교보다 더 중요한 사역은 없다. 그렇다면, 교단적인 협력이나 노력이 활발해져야 한다. 설교의 질의 증진과 발전방안이 가장 중요한 일이 되어야 한다. 그런 노력을 위해서는 알려진 설교자들, 대형교회의 설교자들부터 자신의 설교의 출처와 준비과정을 후배들에게 열어주어 객관적 검증과 평가의 과정을 건설적으로 이루어가야 한다. 설교에 대한 선입견을 버리자! 설교는 목회자의 고유한 영역이라든지 신성불가침의 영역이 아니다. 충분히 평가할 수 있는 여지가 있으며 개선하고 가다듬고 더 신경써서 준비함을 통해 진보를 이뤄낼 수도 있다.

## 3. 평가의 내역

### 남의 설교가 아닌 자신의 설교를 평가하라

가끔 우리는 탁월한 설교학자나 비평가들의 서적을 통해서 다른 설교자들의 설교내용을 조목조목 들어 그 잘못된 점을 지적하며 비평

평가하는 분들을 보기도 한다. 물론 그렇게 해야만 하는 학자의 진정성은 있으리라 가정하지만 결코 바람직한 행위는 아니다. 어떤 설교나 설교자의 영성과 그 방향성에 대한 건전한 비평(비판이 아닌)은 필요하며 청중의 분별을 위해 마땅히 앞서가는 분들의 고언과 지적은 필요하지만 그것은 분별을 위한 것이지 설교자들의 능력을 평가하는 일이 되어서는 안 된다. 타인의 설교는 분별하되 자신의 설교는 철저히 평가해야 한다.

미국의 시카고에서 윌로크릭 교회를 목회하는 빌 하이벨스 목사의 "당신의 설교를 성장시키라"라는 제목의 칼럼에서 그는 "내가 윌로크릭 교회에서 메시지를 전할 때에는 언제나 나의 설교에 대하여 나에게 평가해줄 수 있는 사람 6명이 있다. 설교 평가의 기능이 제도적으로 마련되어 있으며 나는 그들을 신뢰한다"라고 고백한다. 나는 그가 섬기는 매머드 대형교회를 부러워하지 않는다. 다만 그의 설교자로서 냉철한 정신을 부러워한다. 결코 쉽지 않은 일이다. 그렇기에 그의 전 생애를 걸쳐서 설교의 역량이 놀랍게 발전해온 것은 이상한 일이 아니다. 빌 하이벨스 목사는 다른 사람을 평가하는데 시간을 쏟지 않았다. 자신의 설교를 평가하는데 온 힘을 기울여왔던 것이다.

조금만 시간을 들여 관찰하면 어느 유명한 설교자의 젊은 시절의 설교와 상당한 세월이 지난 이후의 설교를 비교했을 때 그 설교의 구조나, 전달, 논리적 설득력이 변화하고 있는지 쉽게 인지할 수 있다. 이것은 설교가 변치 않는 독특한 개인적 사안이라는 오해를 쉽게 거절할 수 있는 증거이다. 설교의 진리성과 본질은 변할 수 없지만, 그 전달과 설득력과 말씀의 깊이 있는 성숙도는 끊임없이 변화, 발전하는 요소이다. 그러므로 설교자는 스스로 설교를 위해 어떠한 노력을 얼마나 연속적으로 기울여왔는지에 대해 스스로 물어야 한다.

객관적 평가의 부재는 이런 발전의 가능성을 스스로 막아서는 것과 같다. 사실 발전 없는 설교로 인하여 설교자 스스로도 때론 번민하지 않는가? 한 교회에서 끊임없이 발전하지 않는 설교를 듣는 청중은 갈등하며, 이리저리 예배처를 옮기기도 하는 영적 낭비를 하지 않는가?

그런 의미에서 각 교단의 설교자들의 모임에서는 소그룹 설교자 모임을 활발하게 전개토록 협조하고 이끌어 주어야 한다. 그 소그룹에서 자신의 설교 준비과정과 설교내용을 가감 없이 드러내 동료들의 칭찬과 도전을 끊임없이 들으면서 자신의 설교를 진화 발전시킬 동기를 부여해 주어야 한다.

실로 설교자로 준비하는 신학교육의 실상을 볼 때 여러 가지 신학에 대한 지식은 분주히 가르친다. 하지만 누구도 일대일 설교 지도를 받지 못하는 것이 현실이다. 겨우 한 두 차례 클래스에서 설교해 보는 형식적 과정으로 설교에 대한 훈련을 갈음하는 것은 지극히 모순적 설교자 양성 교육이 아닐 수 없다. 그런 면에서 필자는 설교의 분야가 철저히 개인적 멘토십이 필요한 영역이라고 생각한다.

설교자들은 "목사님 오늘 설교 은혜 받았습니다."하는 성도들의 멘트로 자신의 설교를 평가해선 안 된다.

설교자들은 "목사님 오늘 설교 은혜 받았습니다."라고 말하는 성도들의 멘트를 설교에 대한 평가로 오해해선 안 된다.

필자가 달라스 신학원의 박사과정을 입문할 때 모든 필기시험을 마치고 면접관 교수들과 면담을 하는 자리를 갖게 되었다. 당시 신학원에서 멀리 떨어져있는 곳에서 전화로 이런저런 질문을 아내가 배석한 자리에서 묻게 되었다. 마지막 질문이라고 물으시면서 내게 "그래, 당신의 설교에 대하여 당신의 아내는 어떻게 평가하고 있나?" 하는 아주 난처한 질문을 하시는 것이 아닌가. 옆에 앉은 아내를 슬쩍 보니 얼굴에 미소를 띠며 내 대답을 기다리고 있었다. "교수님들, 솔직한 고백인데요. 우리 아내는 나의 가장 신랄한 설교 비평가여서 매우 고달픕니다."라고 대답하였더니 모든 교수들이 박장대소를 하는 게 아닌가. 창피한 생각이 들었지만, 아내 옆이니 과장해서 말할 수도 없었다. 아내는 내가 어떻게 설교 준비하고 어떻게 전달하고 어떻게 자신을 위하여 노력하는지를 누구보다 더 잘 알고 있었기 때문이다. 더 기가 막힌 것은 교수들이 이구동성으로 "자네, 걱정하지 말게 우리 모두도 그렇게 시달리고 있거든"하는 것이 아닌가.

나는 이 인터뷰 과정을 잊지 못한다. 우습기도 하지만 설교의 평가가 얼마나 신랄하게 가장 가까운 사람에게서부터 있어야 마땅한가를 깨우치는 계기가 되었기 때문이다. 어찌 아내에게만 국한할 수 있겠는가. 자신과 함께 사역을 나누는 사역자들끼리 스스럼없는 건설적 평가와 비판과 격려가 나누어져야만 한다. 중대형교회의 목회자들은 부사역자들과 전도사 혹은 이제 막 설교사역에 입문하는 분들에 대하여 가장 신실한 멘토로서 그들의 메시지 전달을 도와주어야 한다. 왜냐하면, 이것이야말로 공동사역의 본질이기 때문이다. 이런저런 비즈니스적 일거리만 주고 설교는 알아서 하라는 식의 현대교회의 사역자 시스템은 실로 심각하게 수정 보완되어야 한다.

## 4. 평가지

어떻게 평가할 것인가? 필자는 설교 평가 내역서를 참고로 제시한다. 꼭 이렇게만 해야 할 것은 아니지만 적어도 이런 내용들이 평가되어야 마땅하다고 생각하는 부분들이다.

### 성서적 설교의 자기 평가서

설교자 이름 : 

설교 장소 : 

설교 경우 :

## [제 1 평가]
### 설교의 내용이 성서적으로 적합한가에 대한 평가
1. 설교의 주제가 석의적, 신학적으로 타당한가?
2. 설교의 내용은 충분한 본문 석의를 바탕으로 하고 있는가?
3. 설교의 내용과 성경 본문의 흐름은 일치하는가?

## [제 2 평가]
### 설교의 구성은 잘 짜여있는가?

### 서론 부분에 대한 평가
1. 제목의 선정이 적절한가?
2. 문제의 제기가 선명하게 제시되었는가?
3. 청중은 관심을 집중하는가?

### 본론에 대한 평가
1. 설교의 주제가 청중에게 선명한가?
2. 설교의 전개가 논리적으로 정리되어 있는가?
3. 설교의 전개와 본문의 전개가 일치하는가?
4. 주장하는 바가 성서적으로 잘 입증되고 있는가?

### 결론에 대한 평가
1. 본론의 내용을 잘 요약 정리해 주고 있는가?
2. 청중이 무엇을 어떻게 할 지가 분명한가?
3. 청중에 대한 도전이 확실한가?

**[제 3 평가]**

**설교의 관심과 흥미에 대한 평가**

1. 예화의 제시가 신선하고 흥미로웠는가?
2. 시청각 매체의 사용은 적절했는가?
3. 설교자와 청중이 같은 호흡으로 움직였는가?
4. 단어의 선택과 음성 제스처는 자연스러웠는가?

**[제 4 평가]**

**설교의 적용성에 대한 평가**

1. 설교의 중심주제가 청중의 삶과 진지하게 연결되어 있는가?
2. 적용이 성서적 해석과 강해에 논리적 연결이 분명한가?
3. 적용의 내용이 구체적이고 선명한가?

이상의 4가지 영역에 대하여 설교자가 자신의 설교를 듣고, 혹은 동역자의 설교를 듣고 정직하게 10점 만점에 적절한 점수를 주어 전체적 평가를 실시한다. 이후 평가의 이유와 검토해야 할 점을 정직하게 토의함으로써 설교의 증진을 서로 이루어가는 것이다.

### 나가는 말

누구든지 평가받는다는 것은 그다지 행복한 일이 아니다. 그러나 분명한 것은 냉철한 평가 없이는 진정한 발전이 없다는 사실이다. 평가가 없기 때문에 수십 년간 설교하면서도 같은 설교의 수준과 내용에 머물러 버린다. 청중은 말 없는 고통을 감내하거나 청중석을 비우게 된다. 따라서 설교자는 결코 평가를 두려워해서는 안 된다.

건전하고 객관적이고 유익한 평가는 설교자로서의 나의 실상을 객관적으로 바라보게 하고, 나의 발전을 스스로 지켜볼 수 있는 감각을 주기도 한다. 예수님의 제자가 되는 길이 처음부터 성숙한 제자가 된 것이 아니라 훈련을 통하여 이루어져 가는 것처럼 설교자도 신학교 졸업으로 완성되는 것이 아니라 신학교 졸업이 훈련의 출발점이라는 사실을 잊어서는 안 된다.

### 생각의 관점

- 본인의 설교를 스스로 들어보고 스스로 평가해 보신 적이 있으신가요?
- 타인의 설교를 듣고 단순히 '좋다''나쁘다'를 떠나서 무엇이 왜 어떻게 유익했고 그렇지 못했는지 서로 토의한 적이 있으신가요?
- 설교를 하는 동역자들과 정기적으로 만나서 설교의 내용을 가지고 상호 토의하는 시간을 가져 볼 의향은 없으신가요?
- 나의 설교를 발전시킬 방안은 어떻게 준비하고 계십니까?

# 제 16 장

# 하나님을 감동시키는 설교자로서의 부름

## 1. 우리 모두는 설교자일 수 있다

근본적으로 하나님은 예수 그리스도의 제자 된 모두에게 복음의 소식을 전파하라고 명하셨다. "너희는 가서 모든 족속으로 제자 삼아 내가 분부한 것을 가르쳐 지키게 하라." 이것은 단순한 전도의 대위임령이 아니라 설교의 부르심이며 멸망의 흑암 가운데 있는 인류에게 하나님의 복된 소식을 설교할 모든 이에게 주신 모든 이의 사명이다. 따라서 설교의 훈련은 특정한 제도권에 있는 사람들의 몫으로 제한하는 것은 옳지 않다.

> 하나님의 말씀을 사모하고 말씀 전하는 일에 열정을 가지고 있으며 어디서나 복음을 전할 영적 준비가 되었다면 남녀노소를 불문하고 하나님의 말씀의 대언자로 쓰임 받을 수 있다.

만약 어느 성도가 자신의 사업을 위해 어느 특정 지역에 가게 되었다고 가정해 보자. 그 지역에서 복음을 전하고 열매를 맺어 예배를 드릴 장소와 여건이 마련되었다. 그런데 막상 예배를 드리려니 신학도나 안수를 받은 설교자가 없어 설교를 못하는 상황이 되었다. 이 얼마나 어처구니없는 모순의 상황인가? 당장 인근에서 목사나 전도사, 혹은 선교사를 모실 형편조차 되지 않는다면 예배를 드릴 수 없는 것인가? 하나님의 말씀을 사모하고 그 말씀 전하는 일에 열정을 가지고 있고, 어디에서나 하나님의 복음을 전할 영적 준비가 있다면, 남녀노소 누구를 불문하고 하나님의 말씀의 대언자로 쓰임 받을 수 있다. 문제는 "그가 과연 준비되고 훈련되어 있는가?"의 문제일 것이다.

## 2. 우리 모두가 설교자는 것은 아니다

비록 예수 그리스도를 믿는 모든 성도가 특정 상황에서 설교할 수 있는 자격이 있다 할지라도 성도 모두가 설교자일 수는 없다. 이것은 하나님께서 이스라엘 백성을 구원의 백성으로 모두를 부르셨지만, 모든 이스라엘인을 선지자로 부르시지 않은 것과 동일하다. 하나님은 하나님 자신의 말씀을 대언할 사역자를 부르시고 훈련시키시고 일하게 하시는 주체이시기 때문이다. 다시 말한다면, 설교는 설교의 부르심을 받은 자의 '사명'이라는 것이다. 자신의 삶을 설교자의 사명으로 살기를 원한다면 반드시 하나님의 설교자로서의 부르심을 확신해야만 한다.

이스라엘에 수많은 선지자들이 있었지만 그 모두가 참 선지자는 아니었다. 그들의 능력이나 선지자학교 출신성분이 문제가 되었는가? 그렇지 않다. 하나님이 부르시지 않은 이들이 마치 부르심을 입은 것처럼 행세했기 때문이다. 그들에게 하나님은 말씀을 주시지 않았음에도 불구하고 그들은 선지자 행세를 했다. 왜냐하면 그들의 사적인 이해와 목적을 위했기 때문이다. 그들은 그들의 목적과 이해를 위해 마치 자신이 하나님의 계시를 받은 양 거짓으로 말씀을 선포했다. 그랬기 때문에 자기도 망하고 하나님의 백성도 망하게 하는 불행을 자초했다. 예레미야서 23장에서 이런 부름 받지 않는 설교자들을 "여호와의 말씀을 도적질한 자"라고 표현하고 "거짓과 헛된 자만으로 백성을 미혹케 하는 자"라고 말하면서 여호와의 치심을 언약하지 않는가.

오늘날의 설교자도 동일한 선상에서 생각해야 한다. 좋은 신학교를 나오고 소위 말하는 스펙이 대단하고 웅변력이 있고 사람들이 많이 따른다는 표면적 모습이 설교자의 참됨을 절대로 보장해 주지 않는다.

성경을 사랑하는 모든 성도가 사도 바울을 예수 그리스도 이후의 최대의 말씀 선포자로 인정하고 존중한다. 그러나 그는 실로 "말에 졸한 자"라고 스스로 표현했다. 참 선지자의 대명사와 같은 예레미야는 당대 가장 사람들과 권력자들에게 멸시당하는 무명한 선지자였다. 우리는 이를 기억해야 한다.

오늘날 여러 기독교 교단의 신학적 방향성에 따라 신학생들을 설교자로 부르고 훈련하는 것은 설교자로 부르는 과정에서 필요한 최소한의 제도적 노력일 수는 있지만, 신학교의 졸업이 설교자로의 부름을 보증하는 것은 결코 아니다. 하나님의 말씀 선포에 진실히 헌신된 교단과 설교 교육기관이라면 반드시 설교자로서의 부르심에 대한 확신이 피교육자들에게 확인 되어야 한다. 오늘날 보편적으로 인정하는 교단 신학교들이 그러한가에 대한 견해는 서로 다를 수 있지만, 적어도 필자의 경험과 우리나라 신학대학들의 현실을 볼 때 대단히 우려스러운 상황에 있음을 피력하지 않을 수 없다.

> 하나님의 말씀 선포에 진실하게 헌신된 교단과 설교 교육기관이라면 반드시 설교자로서의 부르심에 대한 확신이 피교육자들에게 확인 되어야만 한다.

신학교는 두 가지의 우를 범하고 있다고 보인다. 첫 번째 우는 분명한 설교자로서의 부르심에 대한 확신이 있는 신학도를 교육함에 있어 하나님의 말씀을 중심으로 하기 보다 곁가지에 신경을 쓰는 것이다. 예를 들면 하나님의 말씀보다 특정 교육기관의 신학적 신조나 현대사조의 자유주의 신학을 주창하는 것을 들 수 있다. 설교에의 헌신보다 인간의 종교학문으로서의 지식을 강조하기도 한다. 하나님 말씀 자체에 대한 연구와 애정보다 성경에 관한 비판주의를 주로 가르치기도 한다. 이러한 교육의 사조가 설교자로의 부르심의 열정으로 입학한 생도들에게는 혹독하고 혼란스러운 시련을 줄 수밖에 없을 것이다.

신학교가 범하는 두 번째 우는 애초에 설교의 부르심이 없이 종교기관의 일꾼으로 입학한 생도들을 효과적으로 걸러내지 못한다는 것이다. 설교자로의 부르심이 없고 하나님을 향한 사명감이 없는 사람들을 여과 없이 교육하는 우를 범하고 있는 것은 아닌지 생각해 보아야 한다. 사명감이 없는 자들에게 '설교자'라는 증명인증을 붙여주어 하나님의 말씀 고유의 선포보다 자신들의 이익을 위해 말하는 거짓된 설교자들을 배양하고 있는 것은 아닌지, 그래서 불행하고 처참한 교회들과 성도들을 만들어내는 복음의 역행을 초래하고 있는 것은 아닌지 냉철히 판단해야 한다.

불행히도 필자는 이런 현상에 대하여 경험을 통해 능히 감지하고 있고, 마음 아파하고 있음을 말하지 않을 수 없다. 이런 불행한 현실은 소위 보수주의 신학교육 기관이나 자유주의 신학교육 기관에 별반 차이가 없는 보편화된 불행이다. 오늘날의 사회 안팎에서 기독교에 대한 불신과 부패한 모습들이 자주 모든 이에게 드러나게 되는 수치와 아픔을 겪는 것은 우연한 일이 아니다. 교단과 교단신학교의 말씀에서 떠난 종파주의와 부와 권력에 연연하여 부르심의 확신이 없는 거짓 설교자들을 양산한 말씀과 복음의 거역에서 비롯된 필연적 모습이다.

그렇다면 오늘날 하나님께서는 어떻게 하나님 말씀의 선포자 혹은 설교자를 부르시는가? 구약 성경에서 우리는 신앙의 선조들, 아브라함과 이삭, 모세와 그 이후의 모든 선지자들을 개별적으로 부르시고, 말씀하시고, 보내시는 과정을 읽을 수 있다. 예수 그리스도의 구속사역의 완성과 이어서 오게 된 교회의 복음 선포는 그 이전의 부르심과 확연히 다르다. 그 이전의 부르심이 개별적, 직접적 부르심이었다면, 그리스도 이후의 부르심은 개별적이기보다 보편적이었으며 직접적인 부르심보다 사도들과 교회를 통한 간접적 부르심이었다.

초대교회 역사 이래로 우리는 부르심에 관한 끊임없는 갈등과 투쟁의 역사를 본다. 하나님의 부르심을 받은 진실한 복음 선포자들과 사욕을 위해 사탄의 지배하에 있는 거짓 교사, 거짓 선포자들이 끊임없이 반목한다. 복음서에서 예수님께서는 교회 가운데 쉼 없이 선한 양떼들을 죽이고 그릇된 길로 이끌어 가려고 하는 거짓 선지자들의 출현을 경계하셨다. 사도들의 서신서에서도 이들은 모습을 드러낸다. 교회의 역사 가운데서 목도하고 있다.

이 갈등과 투쟁의 역사는 지금도 이어지고 있다. 교회, 교단, 그럴듯한 신학교 등지에서 설교자로, 교수로, 신학자로, 목회의 선후배 사이로 계속 이어진다. 누가 진실한 설교자이고 누가 거짓을 말하는 자인가? 누가 사명을 가진 진정한 설교자이고, 누가 자신의 사리사욕을 채우기 위해 자리를 채우고 있는 자인가?

## 3. 구원의 확신과 감동을 경험한 자

"너희가 거듭난 것은 썩어질 씨로 된 것이 아니요 썩지 아니할 씨로 된 것이니 살아 있고 항상 있는 하나님의 말씀으로 되었느니라"(벧전 1:23)

사람은 감격한 것을 선포한다. 말씀으로 구원받은 감격은 말씀을 선포하게 된 최대의 원동력이다. 자신이 믿지도, 신뢰하지도, 감격하지도 않은 것을 설교로 선포한다는 것은 불가능하다. 만약 그런 사람이 말씀을 선포한다고 하면 그것은 선포가 아닌 기만일 뿐이다.

사람마다 예수 그리스도를 만나게 되는 계기는 다를 수 있다. 그러나 그리스도와의 만남이 100% 구원으로 이어지진 않는다. 병 치료를 받았다고 그것이 구원은 아니다. 큰 환란에서 건짐을 받은 것이 구원은 아니다. 증조부 때부터 내려오는 기독교 가문의 전통이 구원을 의미하지 않는다. 그 모든 것은 예수 그리스도를 알게 되는 계기일 뿐 그 자체는 구원이 아니다. 성경이 말씀하고 있는 것처럼 사람이 죄 사함을 받고 그리스도의 보혈을 믿어 구원에 이르는 것은 오직 한 길, 썩지 않는 하나님의 구원의 언약을 통해서이다.

주님이 하늘에 오르신 역사적 사건 이래로 이 땅의 어느 사람도 예수님을 본적도 없고 하나님을 물리적으로 만난 사람은 없다. 오직 그의 약속한 말씀만 우리에게 있고, 그 말씀에 대한 전폭적 신뢰와 인격이 땅의 어느 사람도 예수님을 직접 뵙거나 하나님과 물리적 만남을 가진 자는 없다. 다만 그의 말씀이 우리에게 있고 그 말씀에 대한 전폭적 신뢰와 인격적 영접을 통해 구원의 감격이 우리에게 찾아온다. 적 영접으로 구원의 감격은 우리에게 온다. 이 거듭남의 역사와 감격이 없이는 설교자로 부름 받는다는 것은 있을 수 없는 일이다. 이 당연하고 가장 기초적인 부르심의 조건을 갖추지 못한 설교자가 있겠는가? 반문할 수 있을 것이다. '자신의 삶을 기독교의 성직에 헌신하고 평생을 설교자가 되겠다고 안수받고 남들이 공적으로 인정하는 신학교를 졸업한 사람이 이런 기초적인 조건을 갖추지 못할 수는 없지 않겠는가?'라는 상식적인 생각을 할 수 있다. 그러나 불행히도 이런 가장 근본적인 설교자의 부름의 조건이 선결되지 못한 설교자가 많다는 것이다. '어떻게 그런 설교자가 많다는 것을 속단하는가?'라고 생각할 수 있다.

이런 질문에 대한 답변은 역으로 이렇게 말할 수 있다. 만약 하나님의 말씀을 하나님이 주신 영감으로 기록된 절대불변의 진리의 말씀으로 믿지 못하고 우리가 보지도 듣지도 못한 수 천 년 전의 유대교의 종교지도자들의 인간적 종교 저서로 여기고 말하고 믿는 설교자가 있다면, 우주의 기원이요, 인간의 기원인 창세기를 유대교의 우화나 신화로 여기며, 다니엘서의 다니엘을 실존 인물이 아닌 정치적 목적으로 유대인이 세운 유대의 민족주의 소설처럼 여기는 설교자가 있다면, 예수 그리스도의 모든 기록을 부분적으로 인정하고 기적과 이사의 모든 초

자연적인 사건의 기록을 신화로 여기는 설교자들이 있다면, 그리고 초대교회의 서신서들과 묵시록적 기록이 오직 인간이 만들어낸 짜깁기의 종교문서로 알고 믿고 가르치는 설교자들이 있다면 실로 어느 신학교를 막론하고 이렇게 믿고 가르치고 역설하고 주장하는 교수들과 설교자들이 너무 많은 것이 사실 아닌가?

그들이 여기 베드로서에서 말씀하시는 썩지 않는 영원한 씨 곧 하나님의 말씀으로 거듭난 분들이라고 과연 말할 수 있을 것인가? 하나님의 말씀 자체에 대한 절대적 영원한 진리 됨을 인정 못한다면 자신을 구원한 말씀의 약속을 그들 스스로가 어떻게 신뢰하며 거기에 어떤 구원의 감격이 가능하겠는가? 신뢰가 없고 감격이 없는 성경의 말씀에 그들이 시간을 바쳐 정성과 열정을 들여 하나님의 뜻을 찾고 구하는 노력을 기울일 수가 있겠는가?

> 구원 받지 못한 설교자가 설교하는 것은 사람들에게 받아야 할 구원마저 잃게 만드는 가장 공포스러운 일이다.
> —스펄전—

일찍이 스펄전은 그의 저서 『나의 생도들에게 주는 나의 강의』라는 책에서 거듭나지 않은 설교자들에 대한 가공할 공포를 "그들은 마치 자기 자신은 절대적 흑암 가운데 있는 장님이면서 안과 의사의 자리에서 남들을 가르친다. 구원받지 못한 설교자가 설교하는 것은 사람들에게 받아야 할 구원마저 잃게 하는 가장 공포스러운 일이다"라고 역설한다. 그리스도의 영을 통해 말씀으로 거듭나지 못한 자가 그리스도에 대하여 설교하고 가르친다.

이것은 논리적, 상식적 차원에서 불가능한 것이다. 그래도 그들이 설교자의 이름으로 강대상에서 설교한다면 그 동기와 그 설교의 원천이 어디에서 오는 것이겠는가. 필자는 이 책의 서두에서 제시한 예수님의 예리한 지적된 말씀을 다시 상기시키지 않을 수 없다.

"스스로 말하는 자는 자기 영광만 구하되 보내신 이의 영광을 구하는 자는 참되니 그 속에 불의가 없느니라"(요 7:18).

남다른 양심적 선행을 보인다고, 사회정의에 목청을 높이는 분이라고, 거룩한 성의를 입고 평생을 설교자의 이름으로 산다고 그 설교의 참됨을 속단할 수 없다. 그러므로 설교자로 쓰임 받기를 정녕 원한다면 가장 먼저 점검할 일은 내가 말씀으로 거듭난 사람인가에 분명한 해답을 얻어야만 한다.

## 4. 설교자로서의 부르심에 대한 확인

말씀으로 구원받은 큰 확신과 감격은 가장 기초적이고 근본적인 모든 그리스도인이라면 가져야 할 확신이다. 이것을 '구원으로의 부르심'이라 말할 수 있다. '구원으로의 부르심'을 입은 성도는 예외 없이 하나님의 '사역으로의 부르심'을 받게 된다.

"우리는 그가 만드신 바라 그리스도 예수 안에서 선한 일을 위하여 지으심을 받은 자니 이 일은 하나님이 전에 예비하사 우리로 그 가운데서 행하게 하려 하심이니라"(엡 2:10)

시인 천상병씨는 이 땅에 소풍 왔다가 잘 놀다 간다고 고백했지만, 우리 그리스도인은 이 땅에 놀러 온 하객들이 아니다. 선한 일을 위하여 보내심을 받고 그 일을 행하기 위해 왔고 존재한다. 무엇이 선한 일인가? 자신을 위하여 하나님이 부르시는 선한 일을 찾아 행하는 자는 복되고 행복한 사람이다. 이것을 '사역으로의 부르심'이라고 말할 수 있을 것이다. 사역은 다양하다. 한 가지 사역만이 옳거나 위대하거나 더 높이 여김을 받을 사역은 없다. 그중의 하나가 '설교자로서의 부르심'이다.

## 5. 말씀 선포에 대한 열정과 헌신, 실천에 대한 강한 의지

하나님은 우리를 그분의 사역 가운데 강제징집하시는 분이 아니다. 우리에게 소원을 두고 행하게 하신다 말씀하셨다(빌 2:13). 어디에서든 하나님의 말씀을 선포하는 기회가 있으면 마음에 감동과 열정을 느끼며 그 가치를 가장 소중하게 여길 수 있는 사람인가에 대한 자기 점검이 필요하다. 말씀을 전하는 자는 그 말씀대로 사는 자여야 한다. 물론, 누구도 자신은 완벽한 순종의 사람이라고 말할 수는 없다. 그러나 어떤 말씀이든지 하나님이 말씀하시면 나는 순종하겠다는 의지는 스스로 확인할 수 있고, 교회적으로 확인될 수 있는 일이다. 남에게 가르치는 것은 좋아하면서 스스로 그 말씀대로 살기는 거역한다면 설교자로의 부름이 아니다.

호주의 무어신학교에서 성경신학을 가르치는 그래엄 골즈워드는 "설교 한편의 준비는 본질적으로 하나님 말씀의 진리를 해명한다는 과제의 본질이 주관한다. 설교자는 공공 관심사인 문제에 대하여 강연하는 것도 아니며, 연설 기술을 연습하는 것도 아니며, 종교적인 확신이나 견해를 전하는 것도 아니다. 설교자는 하나님의 말씀 선포라는 거룩한 사역을 감당하는 것이다. 그 과제는 하나님이 주신 것이며, 권위 있는 말씀의 전달을 포함하고 있기 때문에 설교자는 반드시 이 말씀의 다스림에 순복해야 한다."라고 강조한 것은 두 번 강조할 필요가 없을 만큼 필수적인 설교자의 영성이다.

## 6. 말씀 선포의 은사에 대한 자타의 공인

이것은 남달리 말을 잘한다던가 언변이 좋다는 말과는 다른 의미이다. 하나님 말씀에 대한 깨달음이 있고 그 깨달음에 대한 사모함이 남다르고, 그 깨달음과 선포를 위해서 구체적 시간과 열정을 바치고 바치고자 하는 의지가 자기 스스로에게나 교회적으로 '인정되는가'이다. 말씀 선포의 기술적 은사는 개발할 수 있는 영역이다. 그러나 내면의 열정의 은사는 개발보다 내재하는 은사라고 말할 수 있다.

### 7. 설교자로서의 부르심에 대한 내적 확신

말씀 선포자의 부르심은 순간적인 각오가 아니라 오랜 기도 가운데 성령께서 개인적으로 주시는 확신과 평안이 요구된다. 성령의 음성을 민감하게 영으로 들을 수 있는 영성이 요구된다. 여기에서 열거한 설교자로의 부르심에 합당하다면, 필자가 제시한 설교 준비과정을 기쁨으로 따라갈 의욕과 열정이 있을 것이다. 만약, 이런 성경의 본문연구과정과 하나님이 감동하시는 설교로의 길이 하고 싶지 않고, 가고 싶지 않고, 행하고 싶지 않은 짐일 뿐이라면, 절대로 설교자로서의 부르심이 있다고 자부해서는 안 될 것이다.

### 8. 정말 하나님의 말씀을 가장 사랑하는가?

설교자는 하나님의 말씀에 생명적 가치를 두고 사랑하는 사람이어야 한다. 열심 있는 성도나 주를 위해 봉사하는 성도들이 한결같이 고백하는 말은 "주님 사랑합니다"이다. 그렇다면, 주님을 사랑한다는 말이 구체적으로 무엇을 말하는가? 교회를 위한 충성봉사, 많은 구체적 증거들을 말할 수 있을 것이다. 하지만 가장 근본적이고 본질적인 주님 사랑은 주님의 말씀에 대한 극진한 애정이다. 우린 예수님을 볼 수도, 들을 수도, 만질 수도 없는 한계 속에서 주님을 말하고 있다.

우리가 주님을 느낄 수 있는 영역은 오직 주님의 말씀이다. 말씀이 육신이 된 것이 주님이시다. 주님은 곧 말씀이시다(요 1:1-3). 어떤 이에게 하나님의 말씀은 성도가 지킬 규범으로 무겁게 다가와 사랑하기보다는 어려운, 피하고 싶은 존재로 다가오기도 한다. 어떤 이에게는 하나님의 말씀이 공부할 자료가 되어 분석하고, 비판하고, 신학적 지식으로 자신의 지적 우수함을 드러내는 대상이 되기도 한다. 예수님께서 열심 있는 유대인들에게 "너희가 성경에서 영생을 얻는 줄 생각하고 성경을 연구하거니와 이 성경이 곧 내게 대하여 증언하는 것이니라 그러나 너희가 영생을 얻기 위하여 내게 오기를 원하지 아니하는도다 다만 하나님을 사랑하는 것이 너희 속에 없음을 알았노라"(요 5:39-42)하셨음을 잊지 말아야 한다.

설교자가 하나님의 말씀을 선포하는 최대의 동기요, 목적이요, 열정의 근본 힘은 말씀에 대한 사랑이다. 이 말씀에 대한 사랑이 곧 인격이신 하나님을 사랑하는 증거이기 때문이다. 사랑의 구체적 증거는 늘 생각한다는 것이다. 늘 사모하는 마음으로 바라본다는 것이다. 어느 장소, 어느 때라도, 어떤 상황에서라도 하나님의 말씀을 생각에서 지울 수가 없는 상태가 됨을 의미한다. 그것이 설교자로 부르신 부르심의 증거이다.

## 9. 성경의 완전무오함을 확신하는가?

오래전 풀러신학교 성경신학 교수이자 크리스채너티 투데이(Christainity Today) 편집장으로 지내왔던 해럴드 린드셀(Harold Lindsell) 박사가 그의 저서『성경을 위한 전투』서문에서 누구든지 자신을 기독교인이라고 고백하는 사람에게 던진 근원적 질문이 있다. 그것은 "당신은 어디에서 당신이 그리스도인이라는 지식 사실을 얻었는가?"이다. 만약, 그 답변이 "성경에서다"라고 말한다면 성경의 내용은 완전무오한 말씀이어야 한다. 성경의 어느 부분은 맞고 어느 부분은 틀리다면 모든 것이 틀릴 가능성이 있는 것이요, 성경에서 얻어진 구원에 관한 어떤 지식도 온전하다고 신뢰할 수 없는 것이다. 하나님의 말씀을 인격적으로 사모하고 깊이 사랑하는 것은 그 말씀의 온전함과 확실함의 확신과 신뢰에 의해서만 가능하다. 뭔가 불확실하고, 믿기 어렵고, 뭔가 전적으로 하나님이 영감으로 주신 말씀이 아닌 인간의 작품으로 느껴진다면 사랑할 수도, 전할 수도 없다.

성경적 설교의 권위자인 시드니 그래대나우스가 그의 저서『현대설교자와 고대의 본문』이라는 설교학 저서에서 "명백하게 말해 설교자로서의 부름은 모든 성경은 하나님의 영감으로 기록되었다는 사실에 직결되어 있다"라고 말했다. 또한 "선지자들이 소유한 권위는 그들이 갖는 선지자라는 명칭이나, 그들의 인간적 우월성이나, 그들의 부르심의 소명에 의거한 것이 아니라 그들이 선포하는 하나님의 말씀자체에 기반을 둔 것이었다"라고 말한 것은 하나님께서 주신 말씀 자체에 대한 일체의 의혹이 없는 절대 신뢰의 관계를 말하고 있다. 성경의 영감설에 대하여 다양한 접근이 있고 학설이 있다. 하지만 설교자는 그런 학설을 신봉하기보다 단순히 "모든 성경은 하나님의 감동으로 된 것으로…"라고 기록한 디모데후서 3:16을 문자적으로 받아들이고 확신해야 한다.

이것은 설교자의 의지적 결단이고, 이 결단에 대한 성령의 위로와 감동의 개인적 체험이며 이 결단의 힘으로 얻는 설교의 힘이다. 이 결단 속에 오직 성경만이 사람을 구원하는 능력의 계시와 구속의 역사를 이루는 하나님의 말씀이요, 따라서 오직 성경만이 오고 오는 세대의 모든 하나님을 경배하는 성도의 믿음과 행위의 표준임을 확신해야 한다. 그래서 완전하지 못한 이 땅의 교회의 설교자와 교회의 지도자 그리고 온 성도가 어떤 의견의 불일치에도 그 말씀 앞에 "아멘"으로 순복할 절대 계시로 받고 선포할 수 있는 것이다.

말씀에 대한 확신과 사랑이 설교자 개인으로 하여금 끊임없이 말씀을 묵상하게 만들고 공적인 자리에서 말씀을 읽게 하고 그 말씀의 권위를 높이는 데 최선을 다하게 만든다. 그래서 설교자는 항상 현재형으로 하나님의 말씀이 설교자 자신의 삶을 주관하고 나의 인간적 오류를 치료한 간증이 넘쳐야 한다. 또한 말씀을 순종한 간증이 설교로 나타나게 된다. 그러므로 설교자는 '선포한 말씀이 성도들에게서 어떻게 순종으로 열매를 맺는가'를 주시하기보다, 오히려 '나 자신이 말씀 때문에 삶의 방향을 바꾸고 행동의 결정을 바꾸었던가'를 스스로 점검하는 겸허함이 있어야 한다.

## 10. 하나님과 동행하는 삶의 모습과 영성

설교자는 단순한 복음의 열정이나 하나님 말씀에 대한 열심 그 이상의 자신의 삶에 대한 '영성점검'이 요구된다. 설교자를 포함한 이 땅에 존재하는 어떤 사람도 하나님 앞에서 완전한 영성과 완전한 삶을 살고 있다고 자부할 수는 없다. 그러나 다음의 몇 가지 핵심적인 질문들은 설교자로 부르시는 '하나님의 부름에 자신이 합당한가?' 스스로 점검할 수 있도록 도움을 준다.

**첫째, 설교자로서 쉽게 당면하는 하나님의 말씀과 무관한, 때론 거스르는 종교적 규범과 제도들, 율법주의적 전통들, 심지어 신학적인 법적 구속들 이런 형태들의 율법주의에 대하여 스스로 자유로울 수 있는가?**

"주의 영이 있는 곳에 자유함이 있다"는(고후 3:17) 사도바울의 가르침이나 예수님께서 "너희가 내 말에 거하면 내 제가가 되고… 진리를 알지니 진리가 자유케 하리라"(요 8:32). 하신 말씀은 그리스도의 말씀을 선포하는 설교자는 반드시 말씀의 진리를 떠난 어떤 종교적, 율법적 형태에도 스스로 매이지 않는 자유의 영이 있어야 함을 보여준다. 여호와의 율법에 열심인 유대인들이 그리스도의 제자 즉 설교자가 될 수 없었던 것은 그들의 정신세계와 영적 세계의 억압자인 '율법의 굴레'를 떠나지 못한 이유였다. 비록, 설교자가 현대에 있어 유대인의 율법의 억압을 받지 않는다 할지라도 그에 못지않은 하나님의 말씀을 거스르는 수많은 현대 기독교 종교적 율법 조항은 말씀 선포자의 자유를 억압한다. 오늘날 대부분의 설교자들은 그들이 속한 교단과 조직의 규범 속에서 사역하고 있다. 교단과 조직의 규범은 편의상 필요하다. 남용과 사탄의 시험을 피하기 위한 우리들의 최소한의 노력이다. 그러나 말씀을 선포하는 데는 이 조직이나 규범이 상위개념이 되어서는 안 된다. 말씀의 진리는 보편적이며 우주적 하나님의 음성이기에 이런 규범과 조직의 필요가 선포의 자유에 절대로 방해가 되어서는 안 된다.

**둘째, 자신의 몸과 영혼을 주장할 수 있는 죄들로부터 자유로운 사람인가?**

죄는 그 성격이 어떠하든 영에 속한 사람에게 자신을 찌르는 번민과 내면의 갈등을 초래한다. 이것이 습관적으로 설교자의 생활을 침범

한다면, 죄에 대한 정리가 없이는 설교자의 직분을 감당할 수 없다. 자신의 입으로 선포되는 하나님 말씀의 진리와 자신이 버리지 않는 명백한 죄들의 갈등과 충돌은 매우 파괴적이고 해악을 초래한다.

때론 이런 죄악은 말씀을 거스르는 성적인 죄악일 수 있다. 사회 통념적 법적인 기준은 시대에 따라 변질되어 과거의 죄가 오늘의 유행이 되기도 한다. 그러나 하나님의 영과 말씀에 속한 사람은 죄는 죄일 뿐 그 이상도 그 이하도 아니다. 챨스 콜슨은 그의 저서『The Body』라는 책에서 성직자의 이혼율이 어떤 전문직보다 높으며, 설교자 열 명 중의 한명의 설교자는 자신이 이끄는 교회의 성도와 불륜의 관계를 맺고 있으며, 성직자의 25%가 부적절한 성적인 접촉을 시도하고 있다고 통계를 발표한 적이 있다. 이와 같은 숨겨진 설교자들의 성적 죄악이 오늘날의 설교위기와 직결되어 있음은 더 말할 나위가 없을 것이다. 만약 누가 이런 성적인 죄악을 감추고 설교자로 부름 받았다고 자처한다면, 그 부름은 스스로 만들어낸 부름일 것이다.

### 셋째, 사회적, 영적 죄악들에서 자유한가?

우상 숭배하는 자가 하나님의 말씀을 선포할 수 없다. 마찬가지로 마약이나 알코올 중독자가 하나님의 말씀을 선포할 수 없다. 가끔 오랜 수감생활 속에서 하나님을 만난 죄수가 설교자로 나서기도 한다. 위대한 일일 수도 있지만 과거의 죄와 행악의 습관에서 떠난 증거가 없다면 매우 위험한 인간적 열정일 수 있다. 실제 설교자로 신학교육과 안수를 받았음에도 불구하고 과거의 죄성이 그대로 살아 그리스도의 이름을 실추시킨 사례가 얼마나 많은가?

"돈을 사랑하는 것이 일만 악의 뿌리"라는(딤전 6:9-10) 바울의 가르침은 설교자가 얼마나 돈에 대하여 자유로워야 하는지를 말해준다. 재정적 불의는 설교와 동행할 수 없다. 오늘날 복음의 훼방이 각 교회들과 설교자들의 부정한 돈의 탐욕에서 비롯되는 현상은 말로다 할 수 없는 참담함을 준다. 예수님께서 제자들에게 돈과 하나님을 동시에 섬길 수 없음을 가르쳤다(마 6:24). 돈을 사랑하고 돈을 섬기는 영으로 설교자의 자리에 설 수 없는 것이다. "복음을 설교하는 자는 복음으로 말미암아 산다"(고전 9:14). 이러한 바울의 가르침은 설교자의 전적인 가치와 삶의 의미, 그리고 삶의 목적이 복음 설교 자체에 있어야 함을 말하고 있다.

## 11. 영적 투쟁에서 야기되는 상처와 아픔을 감내할 준비가 되었는가?

설교는 종교적 낭만이 아니다. 진리선포에 대한 사람들의 칭찬이 아니다. 설교자는 진정 거스르는 세대와 거스르는 신학과 거스르는 거짓 영들에 대하여 피 흘려 싸울 수 있는 용기가 준비되어 있어야 한다. 조금만 눈여겨본다면, 사도바울의 말씀 선포 사역은 끊임없는 거짓 교사들과 거짓 설교자들과의 피 흘리는 투쟁이었음을 알 수 있다. 예수님의 구속사역과 말씀사역의 최대의 적이요, 십자가의 죽음을 부른 이들 역시 다름 아닌 당대에 여호와를 가장 잘 섬기고 가르친다는 유대 거짓 종교 지도자들이었음은 말할 나위가 없다. 그런 면에서 오늘날도 동일한 도전과 동일한 싸움이 요구되어지는 현장이 바로 설교의 장이다. 참 설교자와 삯꾼 설교자의 차이는 무엇일까? 아마도 모든 청중이 떠나고 외로운 강단만 남아도 끊임없이 선포하는 설교자는 참 설교자일 것이요, 군중이 떠나고 갈채가 빛을 잃고 명예와 돈이 떠나면 강단을 떠나는 이는 스스로 삯꾼이었음을 증명할 것이다.

## 12. 자유주의 신학을 버리라

바울은 이제 하나님 말씀의 선포자요, 설교자가 될 디모데에게 강력히 촉구하는 메시지를 디모데전서 6장에서 주면서 "누구든지 다른 교훈을 하며 바른말 곧 우리 주 예수 그리스도의 말씀과 경건에 관한 교훈을 따르지 아니하면 그는 교만하여 아무 것도 알지 못하고 변론과 언쟁을 좋아하는 자니… 마음이 부패하여지고 진리를 잃어버려 경건을 이익의 방도로 생각하는 자들의 다툼이 일어나느니라….오직 너 하나님의 사람아 이것들을 피하고 의와 경건과 믿음과 사랑과 인내와 온유를 따르며 믿음의 선한 싸움을 싸우라"(딤전 6:3-12). 라고 도전한다.

신학의 이름으로 자유주의자들은 그리스도의 말씀과 가르침에 마음을 두지 않는다. 그 말씀의 비평과 변론에 마음을 두며, 언쟁에 목적을 가지며, 경건을 자기 이익의 재료로 삼는 자들이다. 이런 자들에게 참 설교자는 언쟁에 얽히지 아니하며 변론에 세월을 낭비하지 않는다. 이것들에게서 자신을 지키며, 피하며, 오히려 선한 싸움을 싸우는 자가 설교자이다. 그들은 그리스도가 약속하신 영생과 구원 그리고 하나님의 나라에 대하여 시큰둥하다. 성경이 하나님의 영감 된 절대 진리임에 대하여 반론을 역설한다. 성경의 저자들에 대한 실제성과 역사성을 부정하고 기록된 창조의 말씀을 신화로 여긴다. 말씀의 단순하고도 명백한 가르침보다 정치참여나 사회정의구현 등에 플래카드를 들고나오기도 한다. 하지만 거룩한 하나님 말씀 자체의 순종과 권위에는 늘 비판적인 이들이다. 이들에게서 명백하게 떠나야 한다. 가치를 부여하지 말아야 한다. 이것은 설교자의 영적인 필연적 싸움이다.

### 나가는 말

실상 아무도 아무에게 그대는 설교자의 자격이 있는지 없는지에 대해 말할 수 있는 권리는 없다. 그 말은 아무도 완벽한 설교자는 없다는 말이다. 그렇다고 설교자의 자격 기준을 말하지도 말고 참견하지 말라는 그런 논리도 옳지 않다. 필자는 본서에서 적어도 하나님을 감동시키는 설교를 하는 신본주의 성서적 설교자는 아래와 같은 기준을 가지고 자신을 설교자로서의 부르심을 스스로 진단해야 한다고 본다. 어쩌면 단순히 청중의 감동시키는 설교를 하는 사람은 말하는 은사를 가지고도 할 수 있을 것이다. 그러나 설교를 명하시고 설교를 부탁하신 설교의 원천이 되시는 하나님 자신을 감동시킬 수 있는 설교자는 진정한 의미에서 아래의 기준들을 성실히 새겨보아야 할 것이다.

1. 무엇보다도 먼저 부르심을 입은 설교자는 하나님의 말씀을 통하여 구원의 확신과 감동을 경험한 사람이어야 한다.
2. 구원의 감격을 넘어서는 하나님의 설교자로 부르시는 부름의 확신이 확인되어야 한다.
3. 무엇보다도 먼저 부르심을 입은 설교자는 하나님의 말씀을 통하여 구원의 확신과 감동을 경험한 사람이어야 한다.
4. 말씀을 선포하는 설교자로의 부름에 대한 성령의 내적 확신이 있어야 한다.

5. 말씀을 선포하고 설교하고자 하는 내면의 소원과 열정과 더불어 내가 그 말씀대로 살고자 하는 의지와 헌신을 스스로 확인 하는가 이다.
6. 하나님의 말씀을 가장 사랑하는가?
7. 성경 말씀을 하나님의 직접 영감 된 완전무오한 말씀으로 확신하는 사람이다
8. 설교자로서 하나님과 동행하는 그리고 동행하고자 하는 영성 있는 삶이 있는가?
9. 설교자로서 쉽게 당면하게 되는 하나님의 말씀과 무관한 때론 거스르는 종교적 규범과 제도들 율법주의적 전통들 심지어 신학적인 법적 구속들 이런 형태들의 율법주의에 대하여 스스로 자유할 수 있는가?
10. 설교자는 자신의 몸과 영혼을 주장할 수 있는 죄들로부터 자유한 사람이어야 한다.
11. 사회적 영적 죄악들에서 자유해야 한다.
12. 설교자는 영적 투쟁의 싸움에서 상처와 아픔을 감내할 준비된 자이어야 한다.
13. 자유주의 신학과 신학자들에게서 완전히 떠나야 한다.

**생각의 관점**

- 나는 위의 열세 가지 기준 가운데 어떤 부분이 장점이고 어떤 부분이 약점이라고 생각합니까?

- 그 약점들이 있다면 그것들이 나의 설교에 어떤 영향을 미치고 있다고 생각합니까?

- 여러 약점이 있다고 믿어지면서도 만약 내가 설교해야 한다면 그 이유는 무엇일까요?

- 나는 이런 기준들에 대하여 나의 배우자에게서 어떻게 조언받고 있습니까?

## 맺는말

지금은 세상에 없지만 나에게 히브리서를 열정과 애정으로 강의했던 스탠리 튜세인트 교수는 "사람이 하나님의 말씀을 대하는 데는 세 가지 근본 태도가 있다"고 말했다.

첫째는 하나님의 말씀을 나보다 항상 아래에 두고 "이것은 단순히 사람이 쓴 사람의 말일뿐이야"라고 말하면서 무시해 버리는 태도이다. 둘째는 자기 자신과 하나님의 말씀을 동등한 수준에 놓아 그 말씀을 자신의 잣대를 가지고 판단하는 태도이다. 이 태도는 말씀 중 일부 자신이 수긍 가능한 정도를 수용하고, 자신의 정치적, 이성적 신념과 배치되는 부분은 거부함으로써 자신이 하나님 말씀에 대한 판단자로 군림하려는 태도이다. 마지막 셋째는 나 자신을 항상 하나님의 말씀 아래 놓고 사무엘이 "여호와여 말씀하옵소서 주의 종이 듣겠나이다"(삼상 3:9), 라고 했던 것과 같이 말씀에 순종하는 태도이다. 그러면서 "설교자는 반드시 세 번째 태도를 가져야 한다. 하나님의 영광스러운 말씀에 겸허함과 은총 안에서 순복하는 태도여야 한다"고 말했다.

얼마나 단순하면서도 간결한 설교자의 정신 핵심인가? 어찌 보면 아주 당연한 이 진리가 실상은 지극히 어려운 시련과 도전 속에 격동하고 있다. 격동을 일으키는 근본 원인은 설교의 인본주의 물결 때문이다. 설교의 인본주의는 설교자가 겉으로는 하나님의 말씀을 대언한다 하면서 인간 이성의 우월성, 사람의 요구, 바람, 인기, 자랑에 매몰되는 되는 이중성을 보이는 방식으로 드러난다. 사람에게 인정받아야 생존이 가능하고 사람을 움직여야 교회도 운영될 수 있다는 현실적 절박감은 이런 설교의 이중성을 스스로 눈감게 한다. 뿐만 아니라 조직적으로 합법화하면서 신학적으로, 논리적으로 그 기반을 구축하여 설교자들을 혼돈과 유혹 가운데 끌어들이고 있다.

설교의 인본주의를 주창하는 학자, 설교자들의 논리는 이렇다. "사회 환경이 변하고, 인간의 삶의 패턴이 변하고, 사고방식의 틀이 변하고, 철학과 심리학이 변하는데 어떻게 과거에 절대 진리로만 선포하는 것을 고집하며 할 수 있느냐? 과거의 설교는 과거에 합당했고, 지금의 설교는 지금의 요구에 적응해야 한다"라는 논리이다. 지금은 포스트모더니즘의 개별주의, 비 절대주의, 다원주의, 개개인의 의견존중과 상대적 윤리와 도덕의 당위성의 인정 인권 지상주의의 시대이다. 그러므로 현대 청중에 맞는 내용과 방법으로 바뀌는 것이 마땅하다는 논리는 보편적 지지를 확보하고 있다.

심지어는 과거에 그렇게 성경 말씀의 절대적 권위와 선포를 주장하던 이들조차도 심히 흔들리고 있다. 복음주의 성경신학자로 널리 알려진 월터 브루그만이 설교에서의 종교 다원주의 입장을 논하면서 "설교와 관련하여 크게 변한 현실은 지역교회의 해석공동체에 존재하는 다원주의"라고 지적하고 "완전히 폐쇄되어 있는 예배공동체를 제외한 모든 교회는 어쩔 수 없이 이질적인 성격을 가질 수밖에 없고, 따라서 현대의 종교 다원주의는 더 이상 절대적 진리를 주장함으로 극복될 수 없다"라고 주장했다. 그러면서, "설교자이든 누구이든 이런 절대 진리의 주장은 현실을 달리 보고 경험하는 사람들을 교회 밖으로 내몰고 있다."라고 주장했다. 또한 "결국 하나님 말씀의 완전함과 불변함의 입장의 열정이 강할수록 교회의 더 많은 분열을 초래한다"라고 변증했다. 이러한 입장은 다원주의에 익숙한 청중을 충족시키지 못하는 하나님의 절대 진리를 선포하는 설교자와 교회를 완전 폐쇄된 예배공동체로 낙인찍는 것과 같다. 또한 이 주장도 옳고, 저 주장도 일리가 있고, 너도 나도 다 만족할 다원주의 설교를 옹호하고 있다.

실상 이런 주장들은 이론적으로 변증을 시도하고 있지만 그 근본 원인이 있다면, 설교의 성공주의라고 말할 수 있다. "인간의 본성 중 가장 큰 비극 중의 하나는 우리가 소위 말하는 교회 성장의 성공을 가지고 설교의 철학과 실제를 증명하려고 하는 것이다. 다시 말해 한 교회가 숫자적 성장을 이루었다면 그 목회자의 설교 방식이 올바른 것이거나 가치 있는 것으로 쉽게 모델이 된다는 것이다"라고 지적한 짐 새딕스(Jim Sadix)의 관점은 매우 깊이 새겨 볼 유의한 지적이다. 이런 주장은 실망의 정도를 넘어서 지극히 위험하고 복음주의 설교자들을 패망으로 이끌 수 있는 트릭이 될 수 있는 것이다.

설교는 당연히 청중을 향하고 청중을 대상으로 함이 마땅하다. 그리고 청중은 시대와 문화 사고방식의 유행을 따라 실시간으로 변화한다. 그러기에 설교자가 청중을 분석하고 청중의 사고방식과 삶의 환경을 목양적 심정으로 살피는 것은 필수적이다. 그러나 분명한 것은 하나님의 절대 진리는 바뀔 수 없다. 불변하는 하나님의 절대 진리를 변경 가능하게 접근하는 자체가 하나님에 대한 도전이다. 이것은 마치 활 쏘는 자가 타깃에 활을 쏘는 것에 비유할 수 있다. 활 쏘는 자는 움직이는 과녁을 예의 주시하며 자신의 자세와 활시위의 방향을 바꿔야 한다. 하지만 활시위는 바뀌지 않는다.

움직이는 청중에게 반드시 적중시켜야 할 활시위는 절대불변이신 하나님의 말씀 자체이다. 설교의 전달 기술과 접근방법은 시대에 따라 적절하게 조정할 수 있으나 불변의 진리는 변할 수 없는 심령의 과녁을 관통하는 화살인 것이다. 다원주의를 선호하고 다양한 의견에 동의를 수렴하고자 하는 설교자들에게 이런 비유는 불편하고 거북스러운 일이다. 그렇기에 현대사회에서 설교함은 실로 엄중하고 삶과 죽음의 기로에 스스로 서는 위험을 초래한다.

존경하는 워렌 위어스비가 하나님의 메시지를 선포하는 일은 지극히 엄중해서 때론 삶과 죽음을 결정짓는 문제라고 고백한 것은 절대적으로 동의되는 고백이다. 하나님께서 나단 선지자에게 말씀을 주어 다윗에게 보내실 때 그 말씀은 나단의 생과 사를 가르는 치명적인 말씀이었다. 다윗이 헷 자손 우리야를 암몬 자손의 칼로 죽게 한 것을 다윗왕의 죄악으로, 그것도 모자라 그의 처 밧세바를 빼앗아 자기의 처로 삼은 일을 직설적으로 선포한 것은 자기의 죄를 본성적으로 합리화 시키는 인간성에 선포자의 생명을 건 순종이 아닐 수 없기 때문이다. 나단은 순간적 다윗의 판단에 의해 즉시 처형당할 수 있는 위험을 오직 하나님 말씀의 엄위한 명령과 순종으로 감당했던 것이다(삼하 12:1-15).

나단의 설교로 죽었던 다윗이 다시 살아났다. 나단의 설교의 목적이 다윗의 정죄에 있지 않았다. 치료와 회복이 근본 목적이었다.

"다윗이 나단에게 이르되 내가 여호와께 죄를 범하였노라 하매 나단이 다윗에게 말하되 여호와께서도 당신의 죄를 사하셨나니 당신이 죽지 아니하려니와"(삼하 12:13)

나단은 하나님의 말씀을 사명으로 받는 순간부터 이 말씀의 선포가 정죄의 분노가 아니라 회개의 치료에 있음을 알았고, 믿었고, 확신했다. 설교가 그러하다. 성경에 기록된 바는 없지만, 나는 하나님께서 나단의 이 선포를 하늘에서 들으시면서 지극히 감동받으셨을 것이라고 믿는다. 설교는 이 시대를 살아가는 청중에게는 목양적 치료를 위한 도전을 주고 말씀을 주신 하나님께는 그 주신 말씀대로 전함에서 오는 감동을 드리는 거룩한 사역이다.

포스트모더니즘이 물든 현대인과 종교 다원주의를 주창하는 설교자들과 신학자들 그리고 오직 청중의 동의에 목을 매는 감성주의 설교자들에게 이런 나단의 태도는 매우 우매하고 어리석고 폐쇄된 설교자로 여겨질 것이다. 이 시대의 진정한 설교자, 하나님을 감동시키는 설교자는 나단 선지자의 후예들이다. 나는 곳곳에 이런 이름 없는 설교자들이 많이 있음을 확신한다.

## 참고문헌

- Andrew, 장두만, 『강해 설교 작성법』, 서울: 요단서적, 2000년
- Bernard Ramm, *Protestant Biblical Interpretation*, Grand Rapids, Mishigan: 1970.
- Bill, Hybols. Stuary, Briscoe. Hoddeon, Robbinson. *Mastering Contemporary Preaching*, Portland: Multnomah Christian Today Inc, 1984.
- Daniel, Akin. David Allen, Ned Mattews. 김대혁 옮김, 『본문중심으로 설교하라』, 서울: 이든북스, 2012.
- D. Martyn, Lloyd-Jones. *Preaching & Preachers*, Grand Rapids, Michigan: Zondervan Publishing House, 2011.
- Douglas, M.White. *The Excellence of Exposition*, Neptune, New Jersey: Loizeaux Brothers, 1977.
- Donald R. Sunukjian. 채경락 옮김, 『성경적 설교의 초대』, *Invitation to Biblical Preaching*, 서울: 기독교 문서 선교회, 2007.
- Graeme, Goldworthy. 김재영 옮김, 『성경신학적 설교 어떻게 할 것인가』, 서울: 성서유니온 선교회, 2010.
- Graham Johnston, *Preaching to a Postmodern World*, Grand Rapids, Michigan: Baker Books, 2001.
- Greg, Heisler. 홍성철, 오태용 옮김, 『성령이 이끄는 설교』, *Spirit-Led Preaching*, 서울: 베다니 출판사, 2010.
- Haddon, W, Robinson. *Biblical Preaching*, Grand Rapids: Baker Book House, 1980.
- H. C. Brown, Jr. H. Gordon Clinnard, Jesse, J. Northcutt. *Steps to the 'sermon*, Nashville: Brodman Press, 1963

- Harold, E. Knott, *How to Prepare an Expository Sermon*, Standard Publishing,co, 1973.
- Harold, Lindsell. *The Battle for the Bible*, Grand Rapids, Michigan: Zovdervan Publishing House, 1981.
- Haward G. Hendrick. William D. Handricks. *Living by the Book*, Chicago: Moody Press, 1991
- Henry, A. Virkler. *Hermeneutics*, Grand Rapids, Mishigan: Baker Book House, 1981.
- James, W. Cox. *Handbook of Themes for Preaching*, Louisville: Westminster John Konx Press, 1991.
- James, W. Cox. 원광연 옮김, 「설교학」, 서울: 크리스천 이제스트,2009.
- John A. Martin. Luke, *The Bible Knowledge Commentary*, Wheaton Illnois: 1983.
- J. Grant, Howard. *Creativity in Preaching*, Grand Rapids, Michigan: Ministry Resources Library, Zondervan Publishing House, 1995.
- John R. Bisagno, *Principle Preaching*, Nashville, Tennessee: 2002.
- John Nollannd. *Word Biblical Commentary Vol. 35A*, Dallas, Texas: Word Books Publisher, 1989.
- John Stott. *I believe in Preaching* , London: Hodder &Stoughton, 1982.
- John, Stott. 정성구 옮김, 「현대교회와 설교」, Between Two Worlds, 서울: 생명의 샘, 2001.
- John MacArthur, Jr. Richanrd Mayhue. *Rediscovdring Expository Preaching*, Dallas, Texas: Word Publishing, 1992
- 이동원, 「청중을 깨우는 강해 설교」, 서울: 요단출판사, 2008.
- 이명희. 「현대 설교론」, 대전: 에이스ACE, 2007.
- Lee Young Ho. *Expository Preaching and Communication*, Seoul Korea: The Word of Life Publishing, 1988.
- Leland Ryken. *How to Read the Bible as Literature*, Grand Rapid, Michigan: Acade Books Zondervan Publishing House, 1984.
- LLoyd, M. Perry. *Biblical Preaching for Today's World*, Chicago: Moody Press, 1990.

- Lenski R.C.H. *The Interpretation of St. Luke's Gospel*, Minneapolis, Missesota. 1946

- Lloyd D. Perry. *Biblical Preaching for Today's World*, Chicago: Moody Press, 1973

- Merrill F. Unger. *Principles of Expostory Preaching*, Grand Rapids: Zondervan, 1955

- Merriam–Webster, *Webster's Ninth NewCollegragtes Dictionary*, Springfield, Asaa: Merriam Webster, 1987.

- Michael Duduis. *Handbook of Contemporary Preaching*, Nashville, Tennessee: Broadman Press,1992.

- Milton Crum Jr. *Manual on Preaching*, Walley Forge: Judson Press , 1977

- Olettga Wald. *The Joy of Discovery*, Minneapolis: Augsburg Publishing House, 1975.

- Paul J Hussey. *Principles and Prectice of Expository Preaching*, Unpublished Master's Thesis, Dallas Theological Seminary, Dallas: 1975.

- Ramesh Richard. *Preparing Expository Sermons*, Grand Rapids, Michigan: Baker Books, 2001.

- Robert H. Stein. *A Basic Guide to Interpreting the Bible*, Grand Rapids, Michigan: Baker Academic, 1994.

- Robert, A. Traina. *Methodical Bible Study*, Grand Rapids, Michigan: Francis Asbury Press, 1980.

- Roy, B. Zuck. *Basic Bible Interpretation*, Wheaton, Illinois: SP Publications, 1995.

- Sidney Greidanus. *The Modern Preacher and the Ancient Text*, Leicester: Inter–Varsity Press, 1988.

- Simon Vibert. *Excellence in Preaching*, Downers Grove, Illinois: IVP Books2011.

- Stephen, F. Olford. *Anointed Expository Preaching*, Nashville, Tennessee: A&H Academic, 1998.

- Sung Ku Chung. *History of Expository Preaching*, A articale of a Korean Preaching Journel The Word Seoul : Durano Publishing , 1992.

- Stanley D. Toussanint, *God's Revelation and Our Response*, Veritas, Vol 18, Dallas Theological Seminary, Dallas: 2018

- Stanley E. Porter & Beth M. Stovell, *Biblical Hermeneutics Five Views*, Downers Grove, Illinois: IVP Academic, 2012.

- Stanley, J. Grenz, 김운용 역, 『포스트모더니즘의 이해』, *A Primer on Postmodernism*, 서울: 예배와 설교 아카데미, 2010.

- Tenney, Merrill Chapin Douglas, J. Dixon, *The New International Dictionary of the Bible*, Grand Rapid: Zondervan Publishing House, 1987.

- Tim Ralston, *Expository Preaching III 605 Expository Preaching Class Materials*, Dallas Theological Seminary, Dallas: 1992

- Timoty S. Warren, *Expository Preaching I*, Class Materials, Dallas Theological Semianry, Dallas, Texas: 1988

- Theodre S. Brewer, *How to Develop Effective Sermon Illustrations*, Unpublished Master's Thesis , Dallas Theological Seminary, Dallas: 1976.

- Walter, Brueggemann, 홍병룡 옮김, 『텍스트가 설교하게 하라』, 서울: 성서유니온 선교회, 2012.

- Walter, L. Liefeld, *The Expositor's Bible Commentary*, Vol. 8 Luke, Grand Rapid: Zondervan Publishing House, 1984

- Walter, Bauer, *A Greek-English Lexicon of the New Testament*, Chicago: University of Chicago Press, 1979

- Warren Biersbe &David Wiersbe, *The Elements of Preaching*, Carol Stream, Illinois: Tyndale House Publisher, 1986.

- Warren, W. Wiersbe, *Preaching & Teaching with Imagination*, Wheaton, Illinois: Victor Books, 1984.

## 하나님께서 감동하시는 설교를 하라

초판 1쇄 발행 2019년 3월 5일

| | |
|---|---|
| 지은이 | 이재창 |

| | |
|---|---|
| 발행인 | 이요섭 |
| 기획 | 김성집 |
| 편집 | 강성모 |
| 디자인 | 조운희 |
| 제작 | 박태훈 |
| 영업 | 김승훈, 김창윤, 이대성, 정준용 |
| | 이영은, 김경혜, 최우창, 백지숙 |

| | |
|---|---|
| 펴낸 곳 | 요단출판사 |
| 등록 | 1973. 8. 23. 제13-10호 |
| 주소 | 07238) 서울특별시 영등포구 국회대로 76길 10 |
| 기획 문의 | (02)2643-7390 |
| 영업 문의 | (02)2643-7290 |
| | Fax(02)2643-1877 |
| 구입 문의 | 인터넷서점 유세근 |
| | 요단인터넷서점 www.jordanbook.com |

ⓒ 요단출판사 2019

값 17,000원
ISBN 978-89-350-1738-6  03230

---

이 책의 한국어판 저작권은 요단출판사가 소유하고 있습니다.
출판사의 사전 승인 없이 책의 내용이나 표지 등을 복제, 인용할 수 없습니다.